耕耘与收获

中共宁夏区委党校（宁夏行政学院）2019年公开发表论文汇编

中共宁夏区委党校（宁夏行政学院） 编

黄河出版传媒集团
宁夏人民出版社

图书在版编目（CIP）数据

耕耘与收获：中共宁夏区委党校（宁夏行政学院）2019年公开发表论文汇编/中共宁夏区委党校（宁夏行政学院）编. -- 银川：宁夏人民出版社，2020.10
ISBN 978-7-227-07285-0

Ⅰ. ①耕… Ⅱ. ①中… Ⅲ. ①社会科学—文集 Ⅳ. ①C53

中国版本图书馆CIP数据核字（2020）第212013号

耕耘与收获：中共宁夏区委党校（宁夏行政学院）2019年公开发表论文汇编　　中共宁夏区委党校（宁夏行政学院）编

责任编辑　周淑芸
责任校对　闫金萍
封面设计　邵士雷
责任印制　马　丽

黄河出版传媒集团 宁夏人民出版社 出版发行

出 版 人　薛文斌
地　　址　宁夏银川市北京东路139号出版大厦（750001）
网　　址　http://www.yrpubm.com
网上书店　http://www.hh-book.com
电子信箱　nxrmcbs@126.com
邮购电话　0951-5052104　5052106
经　　销　全国新华书店
印刷装订　宁夏银报智能印刷科技有限公司
印刷委托书号（宁）0018929

开　　本　710 mm × 1000 mm　1/16
印　　张　21
字　　数　260千字
版　　次　2020年10月第1版
印　　次　2020年10月第1次印刷
书　　号　ISBN 978-7-227-07285-0
定　　价　52.00元

目 录

马列·科社

党史·党建

经济学

法　学

社会与文化

管理学

马列·科社

马克思主义是共产党人理想信念的灵魂

——如何看待马克思主义的真理性

王丛霞

摘　要：对马克思主义的信仰，对社会主义和共产主义的信念，是共产党人的政治灵魂。如何看待马克思主义的真理性，既关系中国举什么旗，走什么路，又关系中国的前途命运，对马克思主义真理性问题的理论回应意义重大。实践真理观是判断真理与谬误、分析马克思主义真理性的理论基础。从实践真理观认识马克思主义的真理性，有利于在新的实践中坚持和发展马克思主义。

关键词：马克思主义；真理；共产党人；理想信念

习近平总书记在全国党校工作会议上就加强党的理论教育提出了"十三个如何"的重要课题，列在首位的是"如何看待马克思主义的真理性"。2019年4月17日，习近平总书记在重庆考察时强调，要围绕"中国共产党为什么能、马克思主义为什么行、中国特色社会主义为什么好"等重大问题，广泛开展宣传教育，加强思想舆论引导。在新中国成立70周年的历史节点，习近平总书记提出这一问题，意义深远。"如何看待马克思主义的真理性"这一问题，既涉及基本原理，又涉及现实生活；既是广大党员干部普遍关注的深层次问题，也是回答好这三个问题的基础。马克思主义在当今中国的指导地位是历史的选择,也是人民的选择。但是,个别党员干部对马克思主义的真理性认识上存在偏差,对马克思主义的指导意义、马克思主义中国化理论成果的重要意义认识不清,这种状况在一定程度上影响和阻碍了党的理论创新。“如何看待马克思主义的真理性”,既关系中国举什么旗,走什么路,又关系中国的前途命运。

一、对马克思主义真理性问题的理论回应

170多年来,马克思主义极大地改变了世界,并不断丰富和发展,但一段时间以来,所谓“马克思主义过时论”“共产主义失败论”“指导思想多元论”等各种“陈词滥调”也不容忽视。这些论调与历史虚无主义、“普世价值”等思潮和言论嫁接,对主流意识形态领域形成强大冲击,其现实危害性不可小觑。

一是事关党和国家指导思想的巩固。指导思想是一个政党的精神旗帜,马克思主义就是中国共产党的精神旗帜。坚持马克思主义,就要回答为什么指导思想只能是一元的,而不能搞多元化。历史是最好的教科书,也是最好的清醒剂。马克思主义指导地位的丧失是苏联解体的重要现实原因。以史为鉴,马克思主义的指导地位在任何时候任何情况下都不能有丝毫动摇,否则,我们党就会失去灵魂、迷失方向。

二是事关我国意识形态领域的安全。维护马克思主义在意识形态领域的指导地位,面临着马克思主义“过时论”“无用论”仍有市场、马克思主义存在被边缘化空泛化标签化的倾向、马克思主义的传统话语对普通民众的影响呈现弱化趋势等内部挑战,以及西方的意识形态渗透的长期性、青年日益成为意识形态渗透的主要对象、渗透的形式日趋多样和隐蔽等外部斗争。维护意识形态安全,从根本上讲,就是揭露各种错误思潮的实质,用马克思主义战胜反马克思主义,巩固马克思主义在

意识形态的指导地位，巩固全党全国各族人民团结奋斗的共同思想基础。

三是事关党员干部理想信念的坚定。中国共产党是用马克思主义武装起来的政党，对马克思主义的信仰，对社会主义和共产主义的信念，是共产党人的政治灵魂，是共产党人经受住任何考验的精神支柱。世界社会主义实践的曲折历程告诉我们，理想信念动摇是最危险的动摇，理想信念滑坡是最危险的滑坡。中国共产党成立 98 年来，已有 9059.4万党员、461 万个基层党组织，需要马克思主义这面旗帜来凝聚党员干部。坚定的理想信念必须建立在对马克思主义科学性和真理性的深刻理解之上，建立在对历史规律的深刻把握之上。

二、从实践真理观认识马克思主义的真理性

真理来源于实践、实践是检验真理的唯一标准、真理在实践中不断发展是实践真理观的主要内容。实践真理观是判断真理与谬误、分析马克思主义真理性的理论基础。

马克思主义理论体系来源于实践。19 世纪上半叶，面对历史和时代发展提出的“人类历史发展的动力究竟是什么？陷入经济、政治和社会发展困境的资本主义究竟向何处去？”等问题，不管是德国古典哲学家、英国古典政治经济学家还是空想社会主义者都未能对这些难题作出成功的回答。恩格斯对此做了分析，“不成熟的理论，是同不成熟的资本主义生产状况、不成熟的阶级状况相适应的。解决社会问题的办法还隐藏在不发达的经济关系中，所以只有从头脑中产生出来”。马克思、恩格斯直面现实问题，扎根于物质生产实践、投身于社会政治实践、吸收了科学文化实践成果，把唯物辩证法和历史唯物主义的方法论融汇到对经济现实的批判之中，剖析了资本主义社会的生产关系，分析了商品的特性和运行规律，进一步发现了资本主义生产的秘密——“剩余价值”,在唯物史观和剩余价值学说的基础上,揭示了人类历史发展的普遍规律,创立了马克思主义理论体系。

实践检验了马克思主义的真理性。当代资本主义没有完全按照马克思所预料的那样发展,出现了一些新的变化。如何看待这些新变化,资本主义的新变化能否改变其必然灭亡的趋势?对这个问题的回答,需要我们对资本主义的发展变化进行深入分析。其一,资本主义之所以出现社会矛盾的表现形态、科学技术发展创新水平、工人阶级的生活处境和工作条件等新变化,与资产阶级在一定程度上“执行”了马克思主义的理论有关,与资本主义制度有较大的回旋余地和制度弹性有关。例如,采取收缩举措应对“需求不足”的危机,采取扩张举措应对“供给不足”的危机,使资本主义世界体系得以延续,但资本主义的自我调整和回旋空间是有限度的,这个限度就是资本本身。资本主义越发展,生产社会化与生产资料的私人占有之间的社会基本矛盾就会越突出。正如当代西方著名学者海尔布隆纳在《马克思主义:赞成和反对》中所说:“只要资本主义存在着,我就不相信我们能在任何时候宣布马克思关于资本主义内在本性的分析有任何错误。”其二,中国特色社会主义彰显着马克思主义的蓬勃生机。马克思曾经说过:“人们自己创造自己的历史,但是他们并不是随心所欲地创造,并不是在他们自己选定的条件下创造,而是在直接碰到的、既定的、从过去承继下来的条件下创造。”中国特色社会主义是伴随着改革开放的决定开始的。改革开放40年的辉煌成就,是我们党坚持实事求是这一马克思主义中国化理论成果的精髓、马克思主义的人民立场、马克思主义社会基本矛盾理论的必然结果。马克思主义的科学性和真理性在中国得到了充分检验,人民性和实践性在中国得到了充分贯彻,开放性和时代性在中国得到了充分彰显。

马克思主义的真理性在实践中不断发展。一部马克思主义发展史，就是马克思主义者根据时代、实践、认识的发展，不断丰富自己的历史。其一，理论体系的开放性。马克思主义开放发展、与时俱进的理论品格，使它既能海纳百川、博采众长，又能扎根实践，坚持根本。苏联的马克思主义者创立了列宁主义，中国的马克思主义者把马克思主义基本原理与中国具体实际相结合，创立了毛泽东思想和中国特色社会主义理论体系。其二，理论内容的发展性。马克思、恩格斯最初关于社会主义革命在西方诸国同时胜利的结论，是建立在对社会历史发展一般规律的判断上。后来他们分析了社会历史发展的特殊性，提出东方国家可以跨越资本主义制度的“卡夫丁峡谷”，但是资本主义已历经的市场经济和生产力高度发展的自然历史过程却是不可逾越的，这是建立在对社会历史发展的特殊性判断上。列宁分析了帝国主义历史阶段经济政治发展的不平衡性，提出社会主义革命可以率先在资本主义统治的薄弱环节突破的科学论断，并成功发动了俄国十月革命，从实践上证明了马克思主义经典作家关于非资本主义道路的设想是科学的，也体现了马克思主义理论内容的发展性。中国共产党人总结了社会主义国家建设的经验和教训，坚持一切从实际出发，回答了“原来经济文化落后的国家在夺取政权，并确立了社会主义制度以后，如何建设社会主义，如何巩固和发展社会主义”这一世界性难题。这是在认识、实践、再认识、再实践的循环往复的过程中对马克思主义的丰富和发展。其三，理论运用的灵活性。具体问题具体分析，随时随地都要以当时的历史条件为转移，是马克思主义活的灵魂。毛泽东运用马克思主义基本原理，结合中国实际，走出一条农村包围城市的革命道路。毛泽东曾在《星星之火，可以燎原》一文中指出，马克思主义者不是算命先生，未来的发展和变化，只应该也只能说出个大的方向，不应该也不可能机械地规定时日。马克思主义在实践中不断发展,是马克思主义永葆生机活力的内在要求。

三、在新的实践中坚持和发展马克思主义

中国特色社会主义进入新时代,改革发展稳定任务之重、矛盾风险挑战之多、治国理政考验之大等新的实践,要求我们必须坚持和发展马克思主义。

以科学的态度对待马克思主义。态度问题是导致实践走向何处的关键性因素。我们必须以“在坚持中发展,在发展中坚持”的科学态度对待马克思主义,克服教条主义、实用主义、形式主义、主观主义对待马克思主义的错误态度。教条主义的态度把马克思主义本身当作教条对待,拘泥于马克思主义经典作家在特定条件下的具体论述,固守马克思主义的个别论断,把马克思主义当作解决一切问题的“灵丹妙药”。这种态度有违马克思主义开放发展、与时俱进的理论品质,必然会抑制马克思主义的生机与活力。实用主义的态度依据一定的实际需要“剪裁”和“搬用”马克思主义,用有限的现实去框定、限制理论的普遍应用,用局部的不实用否定理论的普遍适用性。这种态度有违马克思主义是绝对真理和相对真理有机统一的理论特点。形式主义的态度把马克思主义“符号化”“标签化”“口号化”,重形式轻内容。这种态度有违马克思主义理论具体问题具体分析的活的灵魂。主观主义的态度按照主观意愿,而非实事求是地对待马克思主义。这种态度有违马克思主义的科学精神。

念好马克思主义“真经”。习近平总书记指出,如果“真经”没念好,总想着“西天取经”,就要贻误大事。其一,马克思主义是共产党人的“真经”。共产党人与马克思主义是“体”与“魂”的关系。二者互为存在的前提,舍弃一方就没有另一方。不熟悉马克思主义基本原理,就不可能真正了解和掌握中国特色社会主义理论体系和马克思主义中国化

的最新理论成果。其二,共产党员必须念好“真经”。共产党人应该通过读原著、学原文、悟原理,学习贯穿马克思主义理论体系中蕴含的工人阶级、人民大众的立场、实践观、群众观、阶级观、发展观、矛盾观等观点和辩证唯物主义与历史唯物主义的方法论。其三,树立“理论联系实际”的马克思主义学风。理论要联系实际,实践也要联系理论。马克思指出,“光是思想力求成为现实是不够的,现实本身应当力求趋向思想”正说明了这个道理。实践中,要及时总结经验,找出规律性,使之上升为理论,为进一步工作提供科学的理论指导。

践行当代中国马克思主义。习近平新时代中国特色社会主义思想是马克思主义中国化的最新成果,是当代中国马克思主义、21 世纪马克思主义。新时代践行马克思主义就要做好五个贯通。一是将学习实践马克思主义关于“人类社会发展规律”的思想与坚定“四个自信”要求贯通起来,坚守共产党人的理想家园,坚定共产党人的理念信念。二是将学习实践马克思主义关于“坚守人民立场”的思想与以人民为中心的发展思想贯通起来,明确发展为了谁、发展依靠谁、发展成果由人民共享的价值取向。三是将学习实践马克思主义关于“生产力和生产关系”“人民民主”“文化建设”“人与自然”“社会建设”等系列思想和统筹推进“五位一体”总体布局、协调推进“四个全面”战略布局贯通起来,推进中国特色社会主义伟大事业。四是将学习实践马克思主义关于“世界历史”的思想与构建“人类命运共同体”思想贯通起来,创新和丰富全球治理理念。五是将学习实践马克思主义关于“政党建设”的思想与习近平总书记关于党的建设的重要论述贯通起来,按新时代党的建设总要求,用新时代党的建设的总要求指导党的自我革命,通过自我革命实现社会变革。

(原载于《中国党政干部论坛》2019 年第 7 期)

马克思主义观点层次论

王学平

摘　要:马克思主义观点具有基本观点与具体观点(非基本观点)之分。马克思认为唯物史观是他研究的“总的结果”,即我们今天所说的基本观点;马克思主义的其他基本观点(非基本观点),都能从唯物史观中找到线索;唯物史观是马克思主义的基本观点,既符合马克思主义的历史,又有利于马克思主义的未来。探索运用社会发展规律推进人类文明进步是唯物史观的题中应有之义;革命范式转换为建设范式是新时代唯物史观中国化的当务之急;同向原理与效率定律是新时代唯物史观中国风格的创新。马克思主义的其他观点(非基本观点)都是唯物史观的延伸以及与具体客观实际相结合的必然结果。“四个全面”是对马克思主义基本观点的历史性新贡献,具有重要的学术价值与历史意义。

关键词:马克思主义;基本观点;具体观点;习近平总书记;新贡献

“将‘坚持马克思主义’说成是‘坚持马克思主义的立场、观点、方法’,这在我国是个已成定式的表述。但若再问:马克思主义的立场、观点和方法又是什么?又该如何坚持?人们的回答就不一样了。虽然长期讨论,迄今仍无共识。”[1]434解答这一难题的关键,在于将马克思主义的基本立场、观点、方法，与具体的立场、观点、方法科学地加以区别。马克思主义的基本观点是唯物史观。马克思主义其他观点都是唯物史观的延伸以及与客观实际相结合的必然结果。

一、马克思主义观点“基本”与“具体”的联系与区别

有人认为，阶级和阶级斗争是马克思主义的基本观点[2]23；有人认为，“发展概念是马克思主义最基本的观点”[3]70；有人认为，“群众观点是马克思主义的基本观点”[4]；有人认为，“生产力的观点是马克思主义的基本观点”[5]49；更有权威教材认为，辩证唯物主义与历史唯物主义，同时都是马克思主义的基本观点；有人认为马克思主义基本观点有多个，而并非一个。陈家超就认为，马克思主义的基本观点可以集中概括为五个方面：一是唯物史观的基本观点，二是唯物辩证法的基本观点，三是劳动和劳动价值论的基本观点，四是资本主义社会矛盾的基本观点，五是发展社会主义民主的基本观点[6]9。曾狄将马克思主义的基本观点概括为六个方面：一是世界统一于物质的观点，二是世界是以辩证的方式存在的观点，三是人的认识是一种能动反映的观点，四是生产劳动的观点（或更进一步抽象为社会实践的观点），五是群众史观，六是社会进步论和人类解放论[7]151~152。造成人们对马克思主义基本观点理解与认识不一致的原因较多，但最主要的就是混淆了或者说没有搞清楚马克思主义基本观点与具体观点（非基本观点）的联系和区别。

马克思主义的观点有层次之分：基本观点（根本观点）是马克思主义的内核；具体观点、特殊观点、个别观点[8]8是基本观点随时随地与实际相结合的结晶。马克思主义基本观点的稳定性、长期性或者说非易变性，不会也不可能阻碍马克思主义的创新和发展。刘国彬在《对马克思主义中国化发展中基本观点突破的再思考》一文中提出，“在马克思主义中国化过程中，由于人们对马克思主义认识的水平和对中国革命、

建设和改革实际情况的掌握不同,使得对马克思主义基本观点进行突破时多方面有局限性"[9]7,显然是混淆了马克思主义具体观点和基本观点的区别与界限。试想,马克思主义的基本观点都被"突破"了,那不就等于为马克思主义"过时论"打开了方便之门吗?

马克思主义的基本观点,由马克思和恩格斯创立,是现在和未来人们认识社会发展规律最重要的基本遵循;并且为今后的发展和创新留下充裕的空间。

《马克思主义经典著作基本观点研究60年中的主题转换》一文认为,60年来马克思主义经典著作基本观点研究中发生了八个重大的主题转换,分别为从"以阶级斗争为纲"到"以人为本"的科学发展观与和谐社会建设的转换;从"无产阶级专政"到"人民民主"的政治学转换;党建研究主题从革命党到执政党的转换;从单纯的计划经济到社会主义市场经济的转换;从单纯公有制到以公有制为主体多种经济形式并存和社会所有制的转换;从分配上的平均主义到按劳分配与按生产要素分配相结合的转换;从单一的国家中心体制到政府—社会—市场的多主体社会结构(制度)的转换;从崇尚"征服自然"到强调"保护自然"的自然观转换[10]14~18,10~14。这些研究成果只能说明,阶级斗争、无产阶级专政、单纯的计划经济、单纯的公有制、平均主义、单一的国家中心体制等都不是马克思主义的基本观点,而是具体观点、特殊观点,甚至是"个别观点"。

二、唯物史观是马克思主义的基本观点

马克思主义基本观点是唯物史观,原因有以下几个方面。

第一,马克思自己认为唯物史观是他研究的"总的结果"。这里的"总的结果"应该就是我们现在所说的基本观点。1859年,马克思在《〈政治经济学批判〉序言》中这样写道:"我所得到的、并且一经得到就用于指导我的研究工作的总的结果,可以简要地表述如下:……物质生活的生产方式制约着整个社会生活、政治生活和精神生活的过程。不是人们的意识决定人们的存在,相反,是人们的社会存在决定人们的意识。社会的物质生产力发展到一定阶段,便同它们一直在其中运动的现存生产关系或财产关系(这只是生产关系的法律用语)发生矛盾。于是这些关系便由生产力的发展形式变成生产力的桎梏。那时社会革命的时代就到来了。随着经济基础的变更,全部庞大的上层建筑也或慢或快地发生变革。"[11]32~33

第二,包括阶级斗争在内的其他"基本观点",都能够从唯物史观中找到依据,或者结合实际得出结论。经济基础发生变更,全部庞大的上层建筑需要发生变革,但原有的统治阶级却不愿意放弃既得的统治利益。只有个别的先进分子起来与之做斗争,结果只能是鸡蛋碰石头。这时候,阶级斗争就应该当仁不让地登上历史舞台。群众是真正的英雄的观点,不仅能够在阶级斗争中表现得淋漓尽致,而且在社会物质财富和精神财富的创造中更是如此。群众路线是中国共产党将唯物史观与中国革命建设实际相结合最成功的典范之一,这正好说明马克思主义的基本观点不是群众路线,而是唯物史观。"发展概念是马克思主义最基本的观点",至少有两个方面的不妥:一是马克思主义基本观点不仅仅只是某一概念;二是马克思主义不仅"解释世界,问题在于改变世界"[12]57,"发展"概念解释性不足,改造性缺失。"生产力的观点"只是唯物史观基础性观点(或者说概念)之一,离开唯物史观其他必不可少的内容,生产力除了是生产力外,什么都不是,换言之,生产力与马克思主义不能画等号,生产力从人类产生以来一直就存在,而绝对不能认为马克思主义从存在生产力的时代开始就一直存在。

将辩证唯物主义和历史唯物主义都认定为马克思主义基本观点的

主张,存在以下三个方面严重的“硬伤”:一是马克思和恩格斯没有在任何地方谈起过辩证唯物主义是“我所得到的,并且一经得到就用于指导我的研究工作的总的结果”,也就是说缺乏马克思主义创始者的文本理论依据。二是辩证唯物主义系苏联马克思主义理论界20世纪30年代研究马克思主义哲学所得,马克思恩格斯没有在任何地方使用过“辩证唯物主义”这个概念,也就是说缺乏马克思主义创始者的文本概念依据。三是将辩证唯物主义与历史唯物主义相提并论,不符合马克思主义的历史逻辑与基本史实,辩证唯物主义是马克思、恩格斯发现唯物史观的基础、手段或者说前提。可以说,唯物史观已经完全地涵盖了辩证唯物主义的内容——“不是人们的意识决定人们的存在,相反,是人们的社会存在决定人们的意识”,这是唯物主义;生产关系应该适应生产力、上层建筑应该适应经济基础,生产关系和上层建筑分别对生产力和经济基础具有反作用,这是辩证法。将唯物史观与唯物辩证法、劳动和劳动价值论、资本主义社会矛盾论、社会主义民主论并列的马克思主义基本观点,与将唯物史观排除在外的世界统一于物质、世界是以辩证的方式存在、人的认识是一种能动反映、生产劳动、群众史观、社会进步和人类解放的“多元”论一样,实际上都没有真正搞清楚马克思主义基本观点的核心要义。特别需要强调的是,马克思主义基本观点与马克思主义基本立场和基本方法,应该是互不隶属、互不交叉的。

第三,马克思主义基本观点是唯物主义的,既符合马克思主义的历史,又有利于马克思主义的未来。研究与坚持马克思主义基本观点,当然是为了更好地坚持和发展马克思主义。有人坚持马克思主义的基本立场是无产阶级解放,有意无意地为马克思主义在中国的“过时论”提供了前提,因为中国的无产阶级确实已经在20世纪的前半叶解放了;还有诸如“马克思主义是关于无产阶级革命的学说”等,难道马克思主义就不能是关于社会主义建设的科学吗？这样的现象不应该再继续下去了。唯物史观以探索人类社会发展规律为己任，因而只要人类存在，马克思主义就不会过时，规律无穷无尽，人类永远无法到达所有社会发展规律都已经被探索解答完毕再也没有任何规律需要探索的那一天。

三、马克思主义基本观点时代新论

中国人民大学安启念教授在《从〈1857—1858 年经济学手稿〉看马克思的唯物史观》中这样写道："应该如何理解主要由马克思创立的唯物史观，目前学术界存在严重分歧……近年来学术界做了大量讨论，但至今仍无共识。"[13]143"横看成岭侧成峰，远近高低各不同。不识庐山真面目，只缘身在此山中。"唯物史观的情形及其原因，大抵也如此。唯物史观永远是"活"的，而不是"死"的。

（一）探索运用历史规律"改变世界"是唯物史观的题中应有之义

社会发展有其自身的规律，这是唯物史观的基本结论。唯物史观与历史主义的最大不同在于，唯物史观要运用探索到的历史规律"改变世界"，而历史主义的最大功用不过是"解释世界"[12]61。历史主义与马克思、恩格斯之前的哲学家有异曲同工之"妙"。"历史事实具有一次性、历史现象具有相似性、历史规律具有重复性。"[14]4 历史学或者说历史主义，关注历史事实；唯物史观关注历史规律。历史规律与真理一样，人们的认识只能接近，而永远无法"达到"。换言之，历史规律具有无限性，但任何个人认识和运用规律的程度与效果，又往往具有有限性。过去在认识历史规律与把握历史规律上独领风骚的伟人，谁也没有办法确保他在下一刻的所作所为不违背历史客观规律。"改变世界"除了运用历史发展规律，多快好省地推动人类文明进步外，再不应该有任何其他含义。

探索历史发展规律永无止境，运用历史发展规律永无止境，"改变世界”永无止境,三者缺一不可。1878年6月11日,恩格斯在《反杜林论》三个版本序言之“一”中的那段名言,至今仍然没有褪去唯物史观的刺眼光芒。“所谓科学自由,就是人们可以撰写他们所没有学过的一切,而且这被冒充为唯一的严格科学的方法。杜林先生正是这种放肆的伪科学的最典型的代表之一,这种伪科学现在在德国到处流行,并把一切淹没在它的高超的胡说的喧嚷声中。诗歌、哲学、政治学、经济学、历史学等中有这种高超的胡说;讲台和论坛上有这种高超的胡说;到处都有这种高超的胡说;这种高超的胡说妄想出人头地并成为深刻思想,以别于其他民族的单纯平庸的胡说;这种高超的胡说是德国智力工业最具特色和最大量的产品,它们价廉质劣,完全和德国其他的制品一样,只可惜它们没有和这些制品一起在费城陈列出来。甚至德国的社会主义,特别是自从有了杜林先生的范例以后,近来也十分热中于高超的胡说,造就出以‘科学’自炫但对这种科学又‘确实什么也没有学到’的各色人物。”[15]345

习近平新时代中国特色社会主义思想,就是探索运用规律的结果。习近平总书记在党的十九大报告中指出:“十八大以来,国内外形势变化和我国各项事业发展都给我们提出了一个重大时代课题,这就是必须……紧密结合新的时代条件和实践要求,以全新的视野深化对共产党执政规律、社会主义建设规律、人类社会发展规律的认识,进行艰辛理论探索,取得重大理论创新成果,形成了新时代中国特色社会主义思想。”[16]18~19

(二)从革命范式转换为建设范式是新时代唯物史观中国化的当务之急

毋庸讳言,无论是马克思在《〈政治经济学批判〉序言》中的“简要表述”[11]32,还是恩格斯在《社会主义从空想到科学发展》中的“唯物主义历史观从下述原理出发”[15]740，都是较为典型的革命范式。那时，马克思主义政党的主要任务就是寻找当时社会生产关系与生产力、上层建筑与经济基础之间“不适应”的矛盾，组织人民、带领人民推动社会革命时代早日到来，最终导致全部庞大的上层建筑尽快发生变革。

新时代中国特色社会主义阶段，要运用唯物史观的思维方式就必须从革命范式转换为建设范式。第一，生产力与生产关系、经济基础与上层建筑之间的社会基本矛盾无处不在、无时不在。不承认或者是设法掩饰社会基本矛盾的人，不是真正的马克思主义者。第二，生产力与生产关系、经济基础与上层建筑之间的矛盾有量、质、度之别。生产力与生产关系的运动变化具有绝对性，也就是每时每刻都在变化，但生产关系与上层建筑又必须具有相对的稳定性，即在一个时间段内保持连续性。因此，生产力、生产关系总和构成的经济基础与上层建筑范围之内的运动和变化，属于量的变化。当原有的生产关系与上层建筑，从生产力与经济基础健康运行发展的促进因素转换成阻碍因素的时候，质的变化苗头就显现了出来。生产关系和上层建筑什么时候应当保持相对稳定，什么时候进行适当调整，如何调整，这就需要把握好度。第三，革命时代，马克思主义政党希望既定的生产力与生产关系、经济基础与上层建筑之间的矛盾越尖锐越好；社会主义时期，马克思主义政党的主要任务就是主动适应生产力和经济基础的发展要求，生产力与生产关系、经济基础与上层建筑之间的矛盾越缓和越好。

唯物史观及其基本原理都具有客观性，不以人的主观意识为转移，再伟大的政党、再英明的领袖也同样如此。伟大的政党、英明的领袖，之所以伟大和英明，原因不在别处，就在于他们遵从了历史客观规律。不遵从历史客观规律，曾经伟大的政党也有被人民抛弃的可能，苏联共产党就是如此；曾经英明的领袖，也终有被历史重新拷问的那一天。唯物史观各要素之间具有系统性。生产力发展、生产关系变革，导致“全部庞大的上层建筑也或慢或快地发生变革”[11]33。上层建筑的变革也存在一个量、质、度的问题。不是所有上层建筑的变革都是质变，都是一种社会制度代替另一种社会制度的变革。中国共产党的领导是中国特色社会主义最本质的特征，中国共产党领导的适应生产力、生产关系、经济基础发展要求的任何上层建筑的变革，只要越变越有利于中国共产党的领导、有利于社会主义制度的完善、有利于中华民族的伟大复兴，都是量变的范畴。

(三)同向原理与效率定律：新时代唯物史观中国风格的创新与破题

存在与意识的关系具有方向性。存在决定意识，但意识对存在又具有反作用。任何作用力都有方向性，不管是有形的作用力，还是无形的作用力。当存在与意识对事物的决定和能动作用同向时，事物发展进步的动力是存在与意识二者作用之和。当存在与意识对事物的决定和能动作用反向时，事物发展进步的动力就是存在与意识二者作用之差。如果将存在与意识对事物的作用用数学分值来表示的话，假定双方同向作用的最佳理想结果为100分，唯物主义认为存在的决定作用最少不会低于50分，意识的能动作用最多不会高于50分。存在与意识的关系具有相对性：自然相对于精神是存在，生产力相对于生产关系是存在，经济基础相对于上层建筑是存在，但上层建筑内部的体制机制相对于纯粹的意识形态而言也是存在。新时代中国特色社会主义，必须全力以赴追求意识与存在的同向合力，尽量克服意识与存在作用力的“角度差”，坚决避免意识与存在的反向损耗。

当意识与存在的反作用力与作用力不同向时，意识的能动作用随着时间递减。“不讲多劳多得，不重视物质利益，对少数先进分子可以，对广大群众不行，一段时间可以，长期不行。革命精神是非常宝贵的，没有革命精神就没有革命行动。但是，革命是在物质利益的基础上产生的，如果只讲牺牲精神，不讲物质利益，那就是唯心论。”[17]146同样，相对于体制机制而言，意识形态是精神。当体制机制落后于实际需要，仅靠先进的意识形态，对少数先进分子可以，对广大群众不行，一段时间可以，长期不行。因此，党的十八大以来习近平总书记特别重视制度建设，“坚决破除一切不合时宜的思想观念和体制机制弊端”[16]21。新时代中国特色社会主义，只能是意识与存在同向合力递增，否则，就有悖于新时代的时代要求和中国特色社会主义的性质。

四、习近平新时代中国特色社会主义思想对马克思主义基本观点历史性新贡献

党的十八大以来，习近平总书记既坚持马克思主义的基本观点坚定不移，又坚决破除对马克思主义某些具体观点的教条式理解和错误附加，为新时代马克思主义观点的丰富与发展，作出了新的历史性贡献。限于篇幅，这里重点论述习近平新时代中国特色社会主义思想中“四个全面”对马克思主义基本观点丰富与发展的新贡献，窥一斑而知全豹。

（一）全面建成小康社会对唯物史观的新贡献

马克思、恩格斯发现唯物史观时关注的是人如何能够生活下去，全面建成小康社会关注的是如何实现人民日益增长的美好生活需要。全面建成小康社会的重点[18]62和关键[19]17在“全面”。首先，全面建成小康社会的“全面”，是指小康社会要惠及全体人民。在实现全面建成小康社会的过程中，决不能让一个少数民族、一个贫困地区掉队，特别是老、少、边、穷地区，要实现各族人民共同繁荣发展。其次，全面建成小康社会的“全面”，指构成小康社会的经济、政治、文化、社会和生态文明等各方面的全面发展，而不仅仅是经济领域的单方面发展。党的十九大对

全面建成小康社会提出新要求:“紧扣我国社会主要矛盾变化,统筹推进经济建设、政治建设、文化建设、社会建设、生态文明建设……使全面建成小康社会得到人民认可、经得起历史检验。”[16]27这实际上就是对唯物史观在坚持基础上的进一步创新与发展。

(二)全面深化改革对唯物史观的新贡献

2013年12月3日下午,第十八届中央委员会政治局围绕历史唯物主义基本原理和方法论问题进行第十一次集体学习。习近平总书记在主持学习时强调,我们提出进行全面深化改革,就是要适应我国社会基本矛盾运动的变化来推进社会发展。社会基本矛盾总是不断发展的,所以调整生产关系、完善上层建筑需要相应地不断进行下去。改革开放只有进行时、没有完成时,这是历史唯物主义态度[20]。

综观国内外改革成功经验与失败教训,结合习近平总书记关于全面深化改革的重要论述,可以得出如下结论:第一,改革有是非。适应生产力和经济基础发展要求的改革,才是正确的改革。逆生产力和经济基础发展要求的“改革”,不但不能发展社会主义、发展马克思主义,而且还可能断送社会主义、断送马克思主义。苏联和东欧的惨痛教训在于采取的改革措施不正确,而不是因为进行了改革。第二,改革要全面。“只有既解决好生产关系中不适应的问题,又解决好上层建筑中不适应的问题,这样才能产生综合效应。”[20]第三,改革需要深化。中国的改革开放已经进行了40年。40年前,改革从农村家庭联产承包开始,继而扩大至城市经济体制;从市场机制的引入,到社会主义市场经济的建立;从经济领域的全面深化改革,到经济、政治、社会、文化、生态文明的“五位一体”。“完善和发展中国特色社会主义制度,推进国家治理体系和治理能力的现代化”[21]3,实际上已经将改革的重点进一步深化到以国家治理体系和治理能力现代化为重点的上层建筑。

(三)全面依法治国对唯物史观的新贡献

社会主义条件下的治国方式究竟以什么形式为最好?有人相信人治的效率高,有人迷信"阶级斗争一抓就灵"见效快。改革开放前的实践证明:阶级斗争虽然是无产阶级革命的最好武器,但却不是社会主义建设的最好方式。党的十八届四中全会,习近平总书记将全面依法治国提到治国理政的日程上来。全面依法治国新思想新理念新实践,对唯物史观的新贡献主要集中在以下三个方面。第一,全面深刻地理解和把握法的双重属性。法是唯物史观中上层建筑的重要组成部分。"法治是人类文明的重要成果之一……我们要学习借鉴世界上优秀的法治文明成果。"[22]5"但是,学习借鉴不等于是简单的拿来主义……不能搞'全盘西化',不能搞'全面移植',不能照搬照抄。"[22]5第二,明确了法律在意识形态中的基础地位。意识形态是唯物史观的一个重要范畴。马克思在《〈政治经济学批判〉序言》中写道:"那些法律的……简言之,意识形态的形式"[11]33。2014年10月23日,习近平总书记《在中共十八届四中全会第二次全体会议上的讲话》中强调:"法律是治国理政最大最重要的规矩。"[23]6这就是说,存在决定意识具有层次性。上层建筑内部各要素之间还存在着二级层次的作用与反作用的关系。意识形态是上层建筑的重要范畴,意识形态内部的作用与反作用是唯物史观的三级层次的作用与反作用关系。法律在意识形态中具有基础性地位,这是习近平总书记对唯物史观的重大新贡献。第三,正确处理党与法的关系。"党和法的关系是一个根本问题,处理得好,则法治兴、党兴、国家兴;处理得不好,则法治衰、党衰、国家衰。"[24]12

(四)全面从严治党对唯物史观的新贡献

长期以来,思想建党一直是中国共产党建设方式的重中之重。党的十九大将政治建设摆在首位,这是党的建设方式的重大自我完善。

制度有不同层次之分,社会制度和国家制度大于政党制度。革命时期,马克思主义政党与当时的社会制度和国家制度是严重对立的,革命的本质实际上就是先进意识形态对落后制度的否定。当然,革命时期的马克思主义政党自身内部也制定了一系列行之有效的政党制度。马克思主义政党革命成功成为执政党后,不仅要继续利用好政党制度建设自己,而且应该用好社会制度和国家制度来建设自己。

西方政治学特别强调甚至崇拜“他律”,基本上等于否定了自律的可能性及其效果。党的十九大之前,习近平总书记就指出:“现在我们不断完善党内监督体系,目的就是形成科学管用的防错纠错机制,不断增强党自我净化、自我完善、自我革新、自我提高能力。”[25]214 习近平总书记关于党的自我净化理论,是对马克思主义唯物史观的新贡献。

习近平总书记关于党的自我净化理论,首先是民主理论,强调的是让人民监督权力,让权力在阳光下运行。需要特别强调的是,西方政治学以个人主义为本位,将“我”与“人民”对立起来,认为除自己以外的人都是“他”。习近平总书记站在人民立场之上,将人民视为“自我”。因此,党的自我净化理论,实际上同时也是人民民主净化理论。其次,习近平总书记关于党的自我净化理论中的“自我”是具有9000多万党员的中国共产党。个人自我监督,确实效果有限,甚至可以说基本无效,但是拥有9000多万党员的执政党“强化自上而下的组织监督,改进自下而上的民主监督,发挥同级相互监督作用,加强对党员领导干部的日常管理监督。深化政治巡视……深化国家监察体制改革……改革审计管理体制,完善统计体制。构建党统一指挥、全面覆盖、权威高效的监督体系,把党内监督同国家机关监督、民主监督、司法监督、群众监督、舆论监督贯通起来,增强监督合力”[16]66~67,加强自我净化,与西方政治学中的“自我”即个人的自我监督,绝对不能同日而语。

参考文献

[1]韩东屏.坚持马克思主义的社会终极价值[M]//孙麾,郝立新.唯物史观与中国问题.北京:中国社会科学出版社,2015.

[2]李敬德.坚持马克思主义关于阶级和阶级斗争的基本观点[J].思想政治课教学,1991(4).

[3]刘峻锋.发展概念是马克思主义最基本的概念[J].甘肃理论学刊,1994(2).

[4]朱虹.群众观点是马克思主义的基本观点[N].江西日报,2013-07-22.

[5]赵纯古.生产力的观点是马克思主义的基本观点[J].沈阳大学学报,2001(3).

[6]陈家超.什么是马克思主义的基本立场、观点和方法[J].学习月刊,2004(5).

[7]曾狄.论马克思主义基本原理的基本内容:兼论马克思主义的立场、观点、方法[J].马克思主义与现实,2006(5).

[8]金正一.立场、观点和方法的内涵及其基本特征——马克思主义立场、观点和方法基本范畴研究(一)[J].延边大学学报:社会科学版,2005(2).

[9]刘国彬.对马克思主义中国化发展中基本观点突破的再思考[J].桂海论丛,2011(2).

[10]李惠斌,周凡,朱昔群.马克思主义经典著作基本观点研究60年中的主题转换:上,下[J].理论视野,2010(3,4).

[11]马克思恩格斯选集:第二卷[M].北京:人民出版社,1995.

[12]马克思恩格斯选集:第一卷[M].北京:人民出版社,1995.

[13]安启念.从《1857—1858年经济学手稿》看马克思的唯物史观

[M]//孙麾,郝立新.唯物史观与中国问题.北京:中国社会科学出版社,2015.

[14]陈先达.历史唯物主义的史学功能[M]//孙麾,郝立新.唯物史观与中国问题[M].北京:中国社会科学出版社,2015.

[15]马克思恩格斯选集:第3卷[M].北京:人民出版社,1995.

[16]党的十九大报告辅导读本[R].北京:人民出版社,2017.

[17]邓小平文选:第二卷[M].北京:人民出版社,1993.

[18]肖贵清.全面建成小康社会的内涵、战略地位和制度保障[N].思想理论教育导刊,2015(9).

[19]洪虎,陈建华.全面建成小康社会关键在“全面”[N].红旗文稿,2013(4).

[20]习近平在中共中央政治局第十一次集体学习时强调推动全党学习和掌握历史唯物主义更好认识规律更加能动地推动工作[EB/OL].新华网:http://www.xinhuanet.com//politics/2013-12/04/c_118421164.htm.

[21]中共中央关于全面深化改革若干重大问题的决定[R].北京:人民出版社,2013.

[22]习近平.加快建设社会主义法治国家[J].求是,2015(1).

[23]习近平关于全面依法治国的一组论述[J].党的文献,2015(3).

[24]习近平.在省部级主要领导干部学习贯彻党的十八届四中全会精神全面推进依法治国专题研讨班上的讲话[J].党的文献,2015(3).

[25]习近平关于全面从严治党论述摘编[M].北京:中央文献出版社,2016.

(原载于《宁夏社会科学》2019年第6期)

“生产资料社会占有”历史之谜解答

王学平

摘　要：随着生产力突飞猛进地发展，生产资料的边界也在相应地随之拓展。21世纪马克思主义视域下的生产资料，已经不仅局限于土地、森林、河流、矿藏等，自然、资本、科学技术已成为生产资料的主要内容。生产资料社会占有，就是自然、资本、科学技术等生产资料的所有权属于全社会，不应该成为一部分人剥削另一部分人的工具，但究竟由谁经营、如何经营应该遵守效率与公平原则，谁能使效率最大化、谁能使公平最大化，就应该由谁来经营；什么办法能使效率最大化、公平最大化，就用什么办法来经营，不合法的使它合法起来。

关键词：马克思主义；生产资料；社会占有；重建个人所有制

习近平在《领导干部要重视学习马克思主义经典著作》中，重申了恩格斯在《社会主义从空想到科学的发展》中论述的社会主义社会的基本特征[1]232，特别强调“要破除对马克思主义的教条式理解，澄清一些人附加在马克思主义名义下的错误观点”[1]239。“生产资料社会占有”就是恩格斯在《社会主义从空想到科学的发展》中全面论述的社会主义社会基本特征之一。《社会主义从空想到科学的发展》虽然是恩格斯所著，但马克思为其作序，称之为“科学社会主义的入门”[2]689。但是，教条式理解和错误附加却将生产资料社会占有变成了历史之谜,以致改革开放后每当生产资料社会占有向前推进一步的时候,有些所谓的“理论家”“政治家”就拿大帽子吓唬人[3]375,对改革开放说三道四、横加阻拦。现在是破除对生产资料社会占有教条式理解、澄清一些人附加在生产资料社会占有上错误观点的时候了。

一、21世纪马克思主义生产资料新论

马克思主义是探索运用社会发展规律谋求人的解放的科学。21世纪的马克思主义,自然就是从21世纪的实际出发,探索运用社会发展规律、谋求人的解放的科学。人类进入21世纪以来,新挑战、新机遇层出不穷,特别是自然环境恶化、一体化方兴未艾、科学技术突飞猛进。以往,我国理论界对“生产资料”的理解,基本是基于《〈资本论〉辞典》的解释:生产资料是“人们从事物质资料生产所必需的一切物质条件,即劳动资料和劳动对象的总和,它包括自然物和经过劳动加工的产品,如土地、森林、河流、矿藏……是构成生产力的物的要素,起决定性作用的是生产工具”[4]551。随着生产力突飞猛进地发展,生产资料的边界也在相应地随之拓展。21世纪马克思主义视域下的生产资料,已经不仅局限于土地、森林、河流、矿藏等。

(一)自然是生产资料

自然与自然物不完全相同,自然物指自然中的某些特定部分,如土地、森林、河流、矿藏等。这里强调的“自然”将阳光、降水、空气等被传统生产资料理论忽视或者说“遗忘”的要素,也纳入生产资料范围之内。

“任何科学理论的孕育、创立和发展都有其特定的‘对象域’。”[5]83马克思以资本主义为研究对象,说资本主义的生产资料一般可包括土地、厂房、机器设备、工具、原料等等,没有任何错误或者不当。但是,当我们离开具体的资本主义,研究一般意义上的生产资料的时候,仍然将

生产资料主要局限于“土地、厂房、机器设备、工具、原料等等”就有可能陷入教条主义的泥潭。农业生产的生产资料，除了土地外，还有种子、空气、阳光、降水及农用工具等等。农用工具与工用工具，虽然都是工具，但显然实际使用范围与功能有异。将马克思研究资本主义生产时经常提到的工业生产资料，囫囵吞枣地归为一般意义上的生产资料，教条主义就轻而易举地发生了。

自然是生产资料，要义是正确处理人与自然的关系。人与自然的关系问题一直是学术界关注的热点话题，尤其是20世纪50年代以来，面对日益严重的全球性生态危机，理论界对这一问题进行了热烈讨论和广泛研究，形成了诸多流派，人类中心主义与非人类中心主义是其中最突出的两大派别。马克思恩格斯在人与自然的关系问题上，既不是人类中心主义，也不是非人类中心主义，而是坚持马克思主义的正确立场。

首先，人与自然关系的出发点是人对自然的依赖性。人类不仅是自然界发展到一定历史阶段的产物，而且是直接的自然存在物，是自然界的一部分。基于这样的认识，马克思、恩格斯明确了人与自然关系的基础：人离不开自然界，要靠自然界生活，自然界是人类生存和发展的外部环境。从人与自然关系的起源上看，先有自然界，后有人类社会，人类社会出现以前，自然界就存在。人类是自然界长期演化的产物。自然界可以不因人的存在而存在，人却不能离开自然界而生存。人与自然的关系，实际上是人对自然界的依存关系。

其次，劳动是人与自然关系的中介。人类通过生产劳动不断地认识自然、利用自然和改造自然，从而创造了一个“人化的自然界”。人类在运用工具改造自然界的劳动过程中也不断改变和推动人与自然的关系状况。人的一些活动优化了自然，同时也恶化了自然。人类与自然之间通过物质能量的转化,表现为相互联系、相互依存和相互制约的关系。“劳动首先是人和自然之间的过程,是人以自身的活动来中介、调整和控制人和自然之间的物质变换的过程”[6]177,“人在生产中只能像自然本身那样发挥作用,就是说,只能改变物质的形态”[6]121。

再次,人与自然关系实现形式的社会性。人与自然关系的背后,隐藏着深刻的人与人的关系。马克思恩格斯提出要立足人与人的社会关系去解决人与自然的关系,要实现人与自然的和谐首先应从调整、改善人与人的关系着手;必须对人类直到目前为止的生产方式,以及同这种生产方式一起对人类的现今的整个社会制度实行完全的变革。马克思认为在资本主义制度的框架内不可能科学地解决人与自然的冲突对立,只有变革社会制度,建立共产主义社会,才能真正解决人和自然之间、人和人之间的矛盾。

21世纪马克思主义将整个自然界视为人类的生产资料,科学性不容置疑,实践性意义巨大。第一,自然是生产资料的本源。一切生产资料,不论是现在自然物还是人工物,都最终来自于自然,至少部分来自于自然。第二,人类与自然规律的关系,顺之者昌,逆之者亡。“之”指自然规律,“昌”和“亡”都是人类争取或者不得不面对的结果。人类的活动顺应自然规律,最终的结果是人类自己兴旺昌盛;如果逆自然规律而动,最终遭殃的还是人类。社会与自然在马克思主义视域中不是并列关系,自然是社会的基础,社会生成与发展在自然之上。马克思主义与自然中心主义不同,关注、研究、遵从自然规律的目的,仍然是为了社会健康发展,最终有利于人的解放。第三,保护自然,就是保护生产资料。为了人类可持续发展,只有保护自然,生产资料才能满足人类日益增长的美好生活需要。

(二)21世纪“资本”新论

21世纪的“资本”,需要破除对马克思《资本论》及“资本”的教条式理解。马克思的《资本论》否定与批判的是资本主义制度,而不是“资本”本身。马克思在《资本论》序言中写道:“我要在本书研究的,是资本主义生产方式以及和它相适应的生产关系和交换关系。”[7]8“资本”在《资本论》及马克思那里是能够带来剩余价值的价值。“人们自己创造自己的历史,但是他们并不是随心所欲地创造,并不是在他们自己选定的条件下创造,而是在直接碰到的、既定的、从过去承继下来的条件下创造。”[8]585这种“从过去承继下来的条件”的物质部分,在资本主义社会就表现为“资本”。换言之,“资本”就是截至“今天”的已有剩余价值,资本就是人类文明成果的完成式。广而言之,资本也可以包括人类精神文明成果在内。但是,我们这里讨论的“资本”,仅从狭义而言,只包括物质,不包括科学技术在内的精神。

马克思的《资本论》以剩余价值贯穿全书。第一卷 7 篇 25 章,研究剩余价值的生产;第二卷 3 篇 21 章,研究剩余价值在流通中的实现;第三卷 7 篇 52 章,阐述资本主义剩余价值的分配;第四卷剩余价值学说史、剩余价值理论,系统地批判 17 世纪中叶以后资本主义政治经济学的各派学说,详述了剩余价值理论的建立过程。《资本论》的德文标题是“DasKapitaL,kritikderpolitischenkonomie”,翻译界通常将这部巨著的标题译为正、副标题,即将正标题译为“资本论”,副标题译为“政治经济学批判”。但是,从这部巨著的正副标题的内在关联上看,这部巨著本身是对资本主义的“政治经济”及其“政治经济学”的双重批判:对资本主义的“政治经济”的“现实的历史”的批判,以及对这个“现实的历史”的意识形态即“政治经济学”的批判[9]1~14。

市场经济与资本密不可分。“计划多一点还是市场多一点,不是社会主义与资本主义的本质区别。计划经济不等于社会主义,资本主义也有计划;市场经济不等于资本主义,社会主义也有市场。计划和市场都是经济手段。”[3]373同样,资本也不是区别社会主义与资本主义的本质特征,资本主义可以利用,社会主义也可以利用,资本主义市场经济和社会主义市场经济都不能没有资本。没有“资本”的社会,唯有一穷二白,再什么也没有。原始社会是人类唯一的无“资本”社会,祖先没有为后代留下任何剩余价值,今天的自己不能为明天的发展进步积累任何有价值的东西。

“资本”本来是个好东西,问题出在人剥削人的制度上。前提性是“资本”的重要特点:“资本”,要么是前人创造,要么是当代人辛勤积累的结果。总之,人类发展到今天的“资本”是人类文明进步的共同成果,非少数人或少数国家独自创造,只是不同时代不同民族国家的贡献大小不同而已:包括中国在内的古文明大国在前资本主义社会,为后世的人类文明积累了大量的“资本”;近现代以来300年,欧美一些国家在“资本”的积聚方面,独领风骚。后者的“资本”来源于两个方面:一是包括众多科学大家在内的人民创造,二是这些国家资本主义制度对全世界人民的掠夺。中华民族上下5000多年,财富的积累、文明的创造,非哪家哪族从始而终。四大发明中的指南针、火药,现在都无发明人载入史册,说明这些本来就是许多人的集体创造;蔡伦造纸和毕昇胶泥活字印刷术,不用说,也是集众多前人经验而大成;陶瓷是中华民族的一张靓丽名片,仅从现在已经发掘的遗址来看,东北雪原、黄河长江源头、江南秀美古镇,到处都有千年之前著名窑口的蛛丝马迹;中华民族人口世界第一,中医的呵护作用不可小觑,中国古代十大名医扁鹊、华佗、张仲景、皇甫谧、叶桂、孙思邈、钱乙、宋慈、李时珍、葛洪,没有哪两个人是同宗同姓。

北京和台北故宫博物院的奇珍异宝,绝大多数没有留下创作者的姓名。不劳专家学者考证,创造这些奇珍异宝的人,绝不是秦皇、汉武、唐宗、宋祖及其他的王公大臣，而是当时社会地位极其卑微的普通劳动者。即使有名有姓的书画名作，绝大多数的现代持有者基本都与作者没有任何血缘上的关系。只有以唐诗宋词为代表的优秀传统文化，属于每一个热爱它的人们。

一句话，“资本”是人类文明共同成果，本应该像唐诗宋词一样属于每一个热爱它的人。但是，资本主义及其之前的剥削社会却将它们归少数人垄断和独占，用来剥削绝大多数人，而这绝大多数人恰恰可能就是历史上为“资本”的积累作出较大贡献的后人们。马克思毕其一生写下 300 多万字的《资本论》，目的是终结少数人用“资本”剥削多数人的制度，而不是“资本”本身。马克思主义是人类文明的继承者、发展者、繁荣者，不是终结者。如何从资产阶级手里接过“资本”，运用好“资本”，创造更多更好的物质精神财富，造福全人类，这才是马克思主义的真正历史使命。

社会主义不但不应该抑制“资本”，相反，比资本主义更加需要“资本”，因为资本主义垄断的“资本”只能使少数人富裕，社会主义却要使全体人民共同富裕。缺乏作为重要生产资料要素的资本，社会主义的共同富裕就无法实现。改革开放后，围绕资本与资本主义的关系问题，教条主义者数次兴风作浪，他们将引进外资视为发展资本主义，实际上是将“资本”与资本主义混为一谈，结果与将形而上和形而上学混为一谈一样，既无知，又可笑。与将“资本”等同于资本主义的教条主义相比，引进“资本”更接近社会主义和马克思主义。引进“资本”是生产资料社会占有制度下退而求其次的方式，虽然让“资本”的垄断者们获得了相应甚至巨额的好处，但社会主义总算用和平的手段和方式利用了“资本”，发展了自己，积累了相应的新“资本”。因此，改革开放以来，中国引进“资本”发展生产力，不是偏离了社会主义，而是真正地在建设和发展社会主义。将资本与社会主义对立起来的教条式假马克思主义,应该过时了!

资本的运作与经营是科学。社会主义需要大批高素质的运作资本、经营资本的"资本家"。与资本主义的资本家运作、经营资本的目的是为了剥削和压迫劳动者不同,社会主义的"资本家"同其他科学家一样,运作、经营的目的是为全社会创造更多更好的财富,造福全体社会成员。资本是经济基础的重要因素,经济基础决定上层建筑。因此,同将权力关进制度的笼子一样,社会主义要将资本及其资本家关进社会主义制度的笼子,取其利,避其害。资本本身就是一种权利和权力。作为经济基础的资本权利,对上层建筑的社会公共权力具有决定作用。进一步完善关资本和"资本家"的笼子,最大化地取资本及其"资本家"之利,最大化地避资本及其"资本家"之弊,是习近平全面深化金融体制改革、全面依法治国的题中应有之义。

(三)科学技术是生产资料

马克思说:"资本是以生产力的一定的现有历史发展为前提的,——在这些生产力中也包括科学。"[10]211"一种不费资本分文的生产力,是科学力量。"[11]411~417"科学技术是第一生产力"顺理成章的结论就是科学技术是第一生产资料,因为生产资料是生产力三要素之一。在生产力的三要素生产者、生产资料和生产对象中,科学技术是第一生产资料最为切题。同样是一块土地的耕作,耕作者使用畜力和使用机械的效率大不相同;手工机床与数控机床甚至3D打印的精度与附加值不能同日而语。科学技术在生产资料中的价值与功能的重要性,由此可见一斑。

科学技术不但能极大地提高生产资料的效用,而且是取之不尽、用之不竭的资源。现在一般认为,科学是人类对客观世界的认识,是反映客观事实和规律的知识体系,是一项追求知识的社会活动事业,具有认识的、文化的、哲学的价值。技术是根据科学原理和实践经验发展起来的各种工艺操作方法和技能体系,目的在于利用自然规律来改造自然,增加人类的物质财富。两者相互渗透、相互转化,促进了科学技术化、技术科学化和技术与科学整体化的发展。规律具有无限性,一方面规律的广度具有无限性,一方面规律的深度也具有无限性,人类永远只能认识和探索规律,无法穷尽规律。这就决定了科学技术的取之不尽。科学技术与一般实体物质财富的最大不同,就在于它的用之不竭性:一般实体物质财富都具损耗性,一只苹果,一个人享用,其他人就无法享用;科学技术可以重复利用而毫发无损。至于越来越多的人使用同样的科学特别是技术生产出的产品越来越多,价格和利润越来越低,无法使少数人从中获得暴利的问题,不是科学技术本身的问题,而是社会问题。需要强调的是,在马克思主义那里,这不仅不是问题,反而正是人类应该奋斗的正确方向:生产力的高度发达,财富的极大丰富,剥削现象的消失。毋庸置疑,这一切都最终有待于科学技术的高度发达。

科学技术的出现离不开人类社会,它是人类社会特有的现象。科学技术的进步与人类社会的发展呈正相关。科学技术是人类社会发展的"助推器"和"牵引机",人类社会又是科学技术进步的"实验田"和"加速场"。社会发展的需要是科学技术得以产生应用的根本原因。离开了社会的需要,科学技术就将成为无源之水、无本之木。社会发展程度的不断提高,使科学技术向纵深发展有了广阔的前景。离开了社会发展需要,科学技术的深入发展也就无从谈起。科学技术在社会文明进步中的作用日渐重要,社会"科学化"和科学"社会化"趋势方兴未艾。

科学技术,既不是从天上掉下来的,也不靠任何神灵的启示,它们来源于科技劳动者长期艰辛的摸索与提炼。探索是科学技术生产的必然途径,创新是科学技术生产的灵魂,实验是科学技术生产重要的实践手段,理论思维是科学技术生产取得成果的关键性因素。将科学技术的生产者排除在劳动者之外是对马克思主义的最大误解,或者说是最大伤害。改革开放前,中国部分科技劳动者受到不公正的待遇,政治上被划入小资产阶级甚至"资产阶级"之列,给党、国家和受到不公正待遇的知识分子本人,都造成了一系列的不幸甚至灾难。理论上的教条主义是"铸错"的重要原因。

自然是现时的生产资料,毫无疑问应该由社会所共有;"资本"是历史上人类文明成果的凝结,理应为全社会共同享有,当然,共享的方式应该多样,而且可以多样;科学技术必将创造未来更多的生产资料,取之不尽,用之不竭。保护自然生产资料、共享历史生产资料、创造更多取之不尽用之不竭的科学技术生产资料,人类的未来就一定能更加美好。这就是21世纪马克思主义的生产资料观。21世纪马克思主义生产资料观为生产资料的社会占有,开拓了更加广阔的前景,提供了更多更好的可能性与可行性。

二、马克思主义经济学"哥德巴赫猜想"的实践解答

马克思在《资本论》中提出"重建个人所有制"。长期以来,学术界对"重建个人所有制何以可能""个人所有制到底'姓资'还是'姓社'"等问题,认识不统一,不少人甚至对"重建个人所有制"本身感到费解。就这样,马克思的"重建个人所有制"被誉为马克思主义经济学的"哥德巴赫猜想"。①

2017年3月上旬,在中国知网以"重建个人所有制"为主题,检索可得近900篇文献(3月6日16时35分为857篇)。2008—2014年,中国

①《马克思重建个人所有制理论与社会主义所有制关系研究》,徐祥军,2012年河南大学博士研究生论文;《马克思"个人所有制"思想再研究——破解所称经济学的"哥德巴赫猜想"》,卢云峰,2007年山东师范大学硕士学位论文;等等。

人民大学教授、博士生导师卫兴华与中国社会科学院经济研究所研究员王成稼，先后在《经济学动态》《当代经济研究》《经济纵横》《河北经贸大学学报》《江苏行政学院学报》等刊物，对马克思的“重建个人所有制”思想到底是要重建生产资料个人所有制，还是重建消费资料个人所有制问题，进行了深入讨论。

卫兴华教授持重建个人生产资料所有制的观点，王成稼研究员持重建个人消费资料的观点。早在2007年9月25日，卫兴华教授的《正确理解马克思关于“重建个人所有制”的理论观点》，作为中央马克思主义理论研究与建设工程的理论研究成果在《光明日报》发表。卫兴华与王成稼的争论，就学说甚至文本与翻译对错的纠缠多，实践观照少。卢云峰、徐祥军等人虽然联系到了实际，但最终只将马克思重建个人所有制的“阳光”照射在股份制、股票等个别问题上，可谓大材小用。不论是卫兴华、王成稼等前辈，还是卢云峰、徐祥军等“后生”，都主要囿于马克思恩格斯个人学说层面的“你来我往”，没有能够在马克思主义科学层面，立足发展的实践，既总结改革开放以来中国在重建个人所有制问题上对恢复与发展马克思主义的新贡献，也没有在马克思主义重建个人所有制思想的指导下为未来生产资料的社会占有，提出更多有价值的新观点。

马克思、恩格斯个人的思想和观点是学说，马克思主义是经实践检验的马克思主义经典作家学说中的正确部分。马克思、恩格斯个人思想和观点中出现个别“矛盾”甚至不正确的地方，既没有必要大惊小怪，也不影响马克思主义的正确性与科学性。人类的文明进步史不存在某个人的思想和观点全是科学的“奇迹”，更不能因为某个伟大的科学家的哪句话不正确，而推翻他其他全部正确的东西。要求马克思、恩格斯的每句话都正确和科学的做法，本身就不正确、不科学。真正的马克思主义者应该全面系统地继承马克思、恩格斯思想和观点中的正确部分，理论联系实际，在实践中运用马克思主义的基本立场、观点和方法，研究新情况，解决新问题，开拓马克思主义的新局面。在马克思、恩格斯个人思想观点的“鸡蛋”中挑“骨头”，不是马克思主义者应有的态度与方法，极易走向反马克思主义的邪路。

马克思、恩格斯在《共产党宣言》中已经清楚地表明共产党人对所有制的态度：“共产主义的特征并不是要废除一般的所有制，而是要废除资产阶级的所有制。”“但是，现代的资产阶级私有制是建立在阶级对立上面、建立在一些人对另一些人的剥削上面的产品生产和占有的最后而又最完备的表现。”“从这个意义上说，共产党人可以把自己的理论概括为一句话：消灭私有制。”[8]286这就是说：第一，私有制是建立在阶级对立上面、建立在一些人对另一些人剥削上面的产品生产和占有，一切建立在非阶级对立、不主张和鼓励一些人对另一些人剥削上面的产品生产和占有的所有制，都不能称其为私有制；第二，共产党人只要求废除建立在阶级对立、建立在一些人对另一些人剥削上面的产品生产和占有的资产阶级私有制，并不是要废除资产阶级私有制外的其他一般所有制；第三，马克思要重建的个人所有制，就是没有阶级对立、没有人剥削人的产品生产和占有的所有制度。没有阶级对立、没有人剥削人的个人所有制，“姓社”不“姓资”。

个人所有制是生产资料社会占有的重要实现形式。分工与协作是社会的重要特征。个人之间的分工与协作就是社会。非剥削与压迫的个体所有制，就是生产资料社会占有的一种形式。生产资料社会占有的实现形式应该而且可以多样，甚至可以说具有无限性，因为人与人之间的分工与协作具有无限性。股票是资本与资本的协作。股份合作制是生产资料与生产资料的协作。

民营经济是生产资料社会占有的一种实现形式，前提是没有建立在阶级对立之上，社会制度及其政权不刻意保护资本的拥有者和经营管理者对劳动者的剥削。剥削是一种复杂的社会现象。马克思主义者应该在剥削问题上，特别重视两个方面的问题：一是弱势群体（被剥削者）的认知与感受，二是社会制度与政权是否刻意维护剥削者对被剥削者的剥削。当劳动者不承认自己被资本方剥削的时候，挑拨离间劳动者与资本方关系的人，不是合格的马克思主义者；当被剥削的劳动者有反抗之心，却无反抗之力和无反抗之法的时候，无动于衷不是真正的马克思主义者。社会主义条件下，因历史或者不当政策导致的分配不公等，与剥削无关。当然，除了以问题为导向，全面深化改革，不遗余力地追求公平正义外，社会主义再别无选择。否则，社会主义的性质就面临被改变的危险。

改革开放以来，教条主义者数次打着“马克思主义”的旗号，给个体经济、民营经济戴上资本主义私有制的帽子，颠倒马克思主义的是非，阻碍改革开放和中国特色社会事业的顺利推进。现在是摘下这些人马克思主义者甚至是“马克思主义理论家”帽子的时候了！“马克思主义者”不是礼物，不应该谁想送给谁，就送给谁。一个人到底是不是马克思主义者，要看他一生的所作所为，到底是为马克思主义添了彩，还是为马克思主义抹了黑。马克思主义不是既卖矛又卖盾的“杂货铺”。邓小平是伟大的马克思主义者，把反对邓小平大力发展个体经济和民营经济思想和观点的人，也说成是马克思主义者，这是对马克思主义和邓小平的极大亵渎。

中国特色社会主义是对马克思重建个人所有制思想的伟大成功实践。中国特色社会主义建设30多年来，解放生产力、发展生产力的成就举世公认。社会主义本质的最终实现，在中国可能也需要三步走：第一步,解放生产力,发展生产力;第二步,消灭剥削,消除两极分化;第三步,实现共同富裕。重建个人所有制,大力发展个体经济和民营经济,在中国实现社会主义本质第一步的过程中功不可没。与此相关的两个是非,现在应该拨乱反正:一是大力发展个体经济和民营经济,不是偏离了马克思主义和科学社会主义,而是真正地回归了马克思主义和科学社会主义;二是中国特色社会主义,没有丝毫地偏离马克思主义和科学社会主义,而是真正地实践马克思主义和科学社会主义。中国特色社会主义的"特"字,最初针对苏联模式而言,实践已经证明,苏联模式不是教条主义原来所推崇的那样——马克思主义和社会主义的"正宗"。今天,我们应该理直气壮地说,中国特色社会主义是对马克思主义和科学社会主义的最好坚持与实践。这就是坚持道路自信、制度自信的马克思主义理论底气。

三、生产资料国家(集体)占有与社会占有关系论

教条主义有个毛病,这就是对马克思、恩格斯个人论断中的正确部分,往往不怎么坚持。"生产力归国家所有不是冲突的解决,但是它包含着解决冲突的形式上的手段,解决冲突的线索。"[2]753 恩格斯《社会主义从空想到科学的发展》中的这句话,是理解生产资料社会占有以及生产力归国家所有与社会主义之间关系的重要线索。但是,教条主义者几乎都绝口不提。

首先,不是国有经济能够决定社会主义的制度,而是社会主义应该决定国有经济的性质。国有即社会主义、社会主义即国有的教条,来源于僵化的斯大林模式。恩格斯早在"生产力归国家所有不是冲突的解决,但是它包含着解决冲突的形式上的手段,解决冲突的线索"之前的两个自然段中的一个长注,就对这个问题进行了详尽的说明和辛辣的讽刺。"资本主义社会的正式代表——国家终究不得不承担起对生产

的领导。”[2]752恩格斯在“不得不”的后面加了一个注。注的内容较长，这里详引如下：“我说‘不得不’，因为只有在生产资料或交通手段真正发展到不适于由股份公司来管理，因而国有化在经济上已成为不可避免的情况下，国有化——即使是由目前的国家实行的——才意味着经济上的进步，才意味着达到了一个新的为社会本身占有一切生产力作准备的阶段。但是最近，自从俾斯麦致力于国有化以来，出现了一种冒牌的社会主义，它有时甚至堕落为某些奴才气，无条件地把任何一种国有化，甚至俾斯麦的国有化，都说成社会主义的。显然，如果烟草国营是社会主义的，那么拿破仑和梅特涅也应该算入社会主义创始人之列了。比利时国家出于纯粹日常的政治和财政方面的考虑而自己修建国家铁路干线，俾斯麦并非考虑经济上的必要性，而只是为了使铁路能够更好地适用于战时，只是为了把铁路官员训练成政府的投票家畜，主要是为了取得一种不依赖于议会决定的新的收入来源而把普鲁士的铁路干线收归国有，这无论如何不是社会主义的步骤，既不是直接的，也不是间接的，既不是自觉的，也不是不自觉的。否则，皇家海外贸易公司、皇家陶瓷厂，甚至陆军被服厂，以致在30年代弗里德里希-威廉三世时期由一个聪明人一本正经地建议过的妓院国营，也都是社会主义的设施了。”[2]752

不但资本主义有国有经济，中国奴隶社会和封建社会时期也有大量的国有经济。1999年，《当代经济研究》第9期刊登的《求是》杂志社编审郑宗汉的《中国历史上的国有经济》（署名“宗寒”），已经提供了详尽的历史资料，这里不再赘述。当然，因为资本主义可以有国有经济，中国历史上的奴隶社会、封建社会和国民政府都以“国有”的形式搜刮了民脂民膏，社会主义就不能或者说没有必要再搞国有经济的想法，也是教条主义。这种错误观点的另一个“有力”论据就是马克思、恩格斯一直坚持国家的最终消亡。“国家消亡”与国有经济是悖论,持有这种错误观点的人,这样据“理”以争。正确的答案仍然在恩格斯对社会主义社会基本特征的阐述和实践之中。“国家真正作为整个社会的代表所采取的第一个行动,即以社会的名义占有生产资料,同时也是它作为国家所采取的最后一个独立行动。那时,国家政权对社会关系的干预在各个领域中将先后成为多余的事情而自行停止下来。那时,对人的统治将由对物的管理和对生产过程的领导所代替。”[2]755

这就是说,国家的消亡主要指“对人的统治”,即一个阶级剥削另一个阶级职能的消亡;也可以说,对物的管理和对生产过程的领导代替对人的统治,就是政治国家消亡。政治国家消亡,社会形态的国家仍然可以存在。社会主义国有经济,就是对物的管理和对生产过程的领导,应该同样是生产资料社会占有的一种具体实现形式。现在的问题是,国有经济如何才能更好地体现社会主义性质,更好地实现生产资料的社会占有?

其次,农村土地承包制不是生产资料社会占有的退却,而是生产资料社会占有的实现。土地是最重要的生产资料之一。我国农村土地集体所有制,实际上是生产资料社会占有的一种具体实现形式。承包没有改变土地属于社会(集体)的性质,只是生产单元落实到家庭这个社会的最低层次,这是由当时农村普遍落后的生产力水平所决定的。一些“理论家”将家庭联产承包责任制以来的中国农村所有制状况,视为公有制的退却,耿耿于怀,寝食难安,担心“小资产阶级”的汪洋大海会迟早淹没或者侵蚀社会主义制度的性质。事实刚好相反,中国农村集体土地承包制,是生产资料社会占有的又一具体中国实现形式,是中国特色社会主义的重要组成部分,原因是承包制不但没有建立在阶级对立基础之上,没有出现一部分人剥削另一部分人,而且极大地促进了粮食生产能力，解决了十几亿人的温饱问题，为全面建成小康社会立下了头功。经过30多年的实践探索，中共中央2017年一号文件鼓励农村土地的承包权与经营权分离，为土地的适度规模经营和农业现代化的实现奠定了政策与制度基础，这是生产资料社会占有中国方案或者说中国智慧的再升华。中国农村土地所有权、承包权和经营权“三权分离”，是对马克思主义生产资料社会占有实现形式的重大实践贡献。

总之，生产资料不但应该而且能够被社会占有，没有任何输理的地方。原有的将生产资料社会占有与国有经济完全等同起来的“已有公论”，是对马克思主义的教条理解和错误附加，应该过时了。消灭阶级，消除两极分化，既是社会主义国有经济的基础，又是社会主义国有经济的目的，国有经济应该是不断探索生产资料进一步社会占有可复制、可推广经验的典范。生产资料社会占有，就是自然、资本、科学技术等生产资料的所有权属于全社会，不应该成为一部分人剥削另一部分人的工具，但究竟由谁经营、如何经营应该遵守效率与公平原则。谁能效率最大化、谁能公平最大化，就应该由谁来经营，什么办法能使效率最大化、公平最大化，就用什么办法来经营，不合法的使它合法起来[12]323。

参考文献

[1]习近平党校十九讲[M].北京：中共中央党校出版社，2014.

[2]马克思恩格斯选集：第三卷[M].北京：人民出版社，1995.

[3]邓小平文选：第三卷[M].北京：人民出版社，1993.

[4]宋涛.《资本论》辞典[M].济南：山东人民出版社，1988.

[5]刘冠军.现代科技劳动价值论[M].北京：中国社会科学出版社，2009.

[6]马克思恩格斯选集：第二卷[M].北京：人民出版社，1995.

[7]马克思恩格斯文集:第五卷[M].北京:人民出版社,2009.

[8]马克思恩格斯选集:第一卷[M].北京:人民出版社,1995.

[9]孙正聿.《资本论》与马克思主义哲学[J].学习与探索,2014(1).

[10]马克思恩格斯全集:第四十六卷:下[M].北京:人民出版社,1980.

[11] Muncy, James A. Measuring Perceived Brand Parity [J]. Advances in Consumer Research,1996(23).

[12]邓小平文选:第一卷[M].北京:人民出版社, 1993.

(原载于《贵州师范大学学报》2019年第3期)

党史·党建

如何提高新时代党的建设质量

李 喆

摘 要：党的建设新的伟大工程必然要求不断提高党的建设质量，为此要明确党的建设质量的衡量标准，构建提高党的建设质量的制度法规体系和工作运行机制，创新提高党的建设质量的有效模式、方法和手段，推动新时代党的建设不断提高。

关键词：党的建设质量；衡量标准；制度机制；模式方法手段

党的建设质量是党的建设本身的优劣程度以及通过党的建设达到的党的功能和作用的发挥程度。党的建设质量决定党的建设成效，关乎党的生命。提高党的建设质量的重点、难点是明确党建质量标准，构建确保党的建设质量提高的法规制度体系和工作运行机制，创新党建模式、方法和手段。当前亟须以质量为导向，在以下方面下大气力、着力提升，打造优质的党的建设质量工程。

一、明确党的建设质量的衡量标准

党的建设要取得高质量，必须有高标准。党的十九大报告指出："不断提高党的建设质量，把党建设成为始终走在时代前列、人民衷心拥护、勇于自我革命、经得起各种风浪考验、朝气蓬勃的马克思主义执政党。"其中"不断提高党的建设质量"是总要求，后面的表述是在这一要求下达到的目的。这样看来,“把党建设成为始终走在时代前列、人民衷心拥护、勇于自我革命、经得起各种风浪考验、朝气蓬勃的马克思主义执政党”就可作为党的建设质量是否提高的重要衡量标准。

“把党建设成为始终走在时代前列的马克思主义执政党”,明确了在党的建设过程中对规律性的根本遵循。党的建设既是一项具体工作,也是一门科学。作为科学范畴,必然有其自身规律。习近平总书记指出:“党和人民事业发展到什么阶段,党的建设就要推进到什么阶段。这是加强党的建设必须把握的基本规律。”党的建设是为实现党的历史使命和中心工作保驾护航的,要始终围绕党领导的伟大事业、党的中心任务进行。我们党带领人民进行伟大斗争、推进伟大事业、实现伟大梦想,就必须遵循这一基本规律,发挥好党的建设新的伟大工程的决定性作用,把党建优势转化为发展优势,把党建成果转化为发展成果,使党的建设各项制度设计和制度安排更加科学,进而不断提高党的建设质量。

“把党建设成为人民衷心拥护的马克思主义执政党”,强调了在党的建设过程中对人民性的全面贯穿。中国共产党的根本宗旨是全心全意为人民服务。这一宗旨贯穿党的建设和党领导的事业始终,贯穿党中央治国理政一系列理论与实践中。习近平总书记明确提出:“人民对美好生活的向往,就是我们的奋斗目标。”党的十九大之后,习近平总书记再次重申:“共产党就是为人民谋幸福的,人民群众在哪方面感觉不幸福、不快乐、不满意,我们就在哪方面下功夫,千方百计为群众排忧解难。”中国共产党一切工作的标准就是人民拥护不拥护、赞成不赞成、高兴不高兴、答应不答应。将人民利益放在首位、以人民为中心是提高党的建设质量的价值取向。

“把党建设成为勇于自我革命的马克思主义执政党”,彰显了在党的建设过程中对先进性和纯洁性的始终保持。习近平总书记指出:“我们党面临的执政环境是复杂的,影响党的先进性、弱化党的纯洁性的因素也是复杂的,党内存在的思想不纯、组织不纯、作风不纯等突出问题尚未得到根本解决。”“党面临的执政考验、改革开放考验、市场经济考验、外部环境考验具有长期性和复杂性,精神懈怠危险、能力不足危险、脱离群众危险、消极腐败危险具有尖锐性和严峻性。”这些问题的存在会腐蚀党的健康肌体,要求我们党必须具有强大的自我修复能力,通过自我净化、自我完善、自我革新、自我提高,永葆先进性和纯洁性。敢于自我加压、勇于自我革命是我们党的鲜明特质,也是提高党的建设质量的题中应有之义。

“把党建设成为经得起各种风浪考验的马克思主义执政党”,体现了在党的建设过程中对风险和挑战的有效应对。2019 年 1 月 21 日,在省部级主要领导干部坚持底线思维着力防范化解重大风险专题研讨班上,习近平总书记指出当前在政治、意识形态、经济、科技、社会、外部环境、党的建设等领域的重大风险。2019 年 9 月 3 日,习近平总书记在中央党校(国家行政学院)中青年干部培训班开班式上发表重要讲话,再一次指出危害中国共产党领导和我国社会主义制度的,危害我国主权、安全、发展利益,危害我国核心利益和重大原则,危害我国人民根本利益,危害我国实现“两个一百年”奋斗目标、实现中华民族伟大复兴的各种风险挑战。面对这些具有新的历史特点的风险挑战,党员干部特别是领导干部要发扬斗争精神、增强斗争本领。斗争性体现了党对自身抵御风险能力的要求。经过风浪考验,中国共产党才会愈加坚强、愈加成熟。

“把党建设成为朝气蓬勃的马克思主义执政党”,表明在党的建设过程中对政党形象的良好塑造。政党形象是政党自身精神面貌和风格特征的整体表现。党的十九大报告指出:“全党同志一定要……以永不懈怠的精神状态和一往无前的奋斗姿态,继续朝着实现中华民族伟大复兴的宏伟目标奋勇前进。”“永不懈怠的精神状态和一往无前的奋斗姿态”也就是十九大报告所讲的“朝气蓬勃”,体现出一个马克思主义政党不惧艰难险阻,昂扬向上、锐意进取的斗志。这样的政党才能始终保持马克思主义政党本色,才能具有领导力、引领力、组织力、号召力,才能为世界政党建设树立标杆,共同构建人类命运共同体,创造人类幸福美好的未来。

二、构建保障党的建设质量有效提高的法规制度体系和工作运行机制

以党内法规制度体系的严格遵循和不断完善界定质量规范。党内法规制度体系是以党章为根本,以准则、条例等党内法规为主干,由各领域各层级党内法规制度组成的有机统一整体。党章是党的总章程,是党的根本大法。《中国共产党纪律处分条例》《中国共产党支部工作条例(试行)》《中国共产党问责条例》等党规来源于党章,又是党章的具体化。一个时期以来之所以出现政治意识淡化、基层党组织“三化”、一些党员干部“三不为”等党建质量不高的表现,归根到底就是缺乏“对标”意识,没有对照党章党规规范言行。因此,必须把党内法规制度体系作为质量规范,切实维护党内法规的统一性、权威性,为提高党的建设质量提供根本性、基本性、全面性、具体性的“高线”和“底线”。另外还需要补齐制度短板,为党建质量提高提供更加科学完备的制度保障。

以党建质量责任制的建立健全和狠抓不懈确保落实到位。提高党的建设质量,说到底是个责任问题。建立健全党的建设质量责任制有利于推动提高党的建设质量的职责分层传递、任务分级执行,上下联动、层层落实,并在贯彻落实过程中及时发现问题、矫正问题。要强化党建工作的领导责任、直接责任、主体责任，把强基固本的责任承担好、执行好；严格落实党组织设置、“三会一课”、组织生活会、民主评议党员、谈心谈话、主题党日、党员组织关系和党费管理等党建基本制度规定，决不能简单以会议贯彻会议、以文件落实文件，对落实不力的要严肃追究责任。

以党建质量评价体系的科学制定和推行实施判定绩效优劣。一是确定评价主体，可分为党组织自身评价、人民群众评价以及第三方评价。党组织自身评价方面，实行党建工作专项巡视（巡察）、定期督查检查和述职评议考核，强化问题导向，推动责任落实；人民群众评价方面，把人民满意不满意、高兴不高兴、认可不认可作为党建工作的最高要求和标准；第三方评价方面，如组织专家评估小组，设立若干评价指标，赋以相应的分值，根据评估对象的党建工作实际进行评分。二是设定评价指标。一方面明确共性指标，把党章党规的总体性、宏观性标准量化、细化、具体化；另一方面根据不同领域的党建实际设定类别性指标，分类别具体指导、分领域统筹推进。三是明确评价导向。把对党建工作方式、手段、途径、过程、程序的评估变为对党建工作质量和实效的评价，构建“质量导向型”党建工作评价体系，避免党建质量评价过程中出现的形式化、程式化、过程化现象。

三、以党建模式、方法和手段的创新提高党的建设质量

注重党的建设的系统性，凸显放大效应。党的建设的主体是党组织、党员，此外还涉及群众。提高党建质量要考虑这三者之间的内在耦合。就党组织而言，要注重政治功能的强化，并将政治功能与服务功能有机结合。就党员而言，要增强“四个意识”、坚定“四个自信”、做到“两个维护”，保持干事创业良好状态。就党组织和党员之间而言，党组织要切实担负起教育党员、管理党员、监督党员的职责，对生活困难的党员和老党员进行关爱帮扶;党员要服从党组织的命令和安排,同时对党组织的工作提出意见和建议。就党组织、党员和群众而言,党组织要承担组织群众、宣传群众、凝聚群众、服务群众的职责;党员要突出带头和引领作用,带着群众干、干给群众看;群众要坚决贯彻党的基本理论、基本路线、基本方略,同时加强对党组织和党员的监督。另外,要整合党建资源,使制度资源、组织资源和活动资源最优化,更好地发挥党的政治优势、组织优势和人才优势。

构建"互联网+党建"新格局,彰显时代特质。互联网具有时域性、开放性、互动性等特点,为新时代党的建设带来了新的机遇,也对提高党的建设质量提出了新的更高要求。这就要求我们善于运用互联网技术和信息化手段推动党建工作,促进新时代党建工作朝着智能化、便捷化、直观化发展。建立规范科学的大数据数字模型,对党的组织生活开展活动情况进行数据抓取比对;发挥大数据技术的实时监控功能,探索建立基于大数据技术的党员管理系统,实现对党建工作的可视化管理;建立完善的网络监督平台,鼓励党员和群众通过平台评议党建工作情况,并将其作为党组织质量考核的重要依据。

尝试质量管理法则和精髓的有机融入,体现科学底色。党的建设是一门科学,科学管理中的质量管理法则和精髓完全可以通过有机转化运用于提高党建质量。如项目管理,通过阶段化管理、量化管理和优化管理,实现项目的效益最大化。党建工作可以借鉴,对某项党建工作出台项目清单,细化量化工作内容,推动目标任务具体化、实施运行规范化、督导考评严格化,以项目为抓手带动党建工作任务落到实处。

(原载于《中国党政干部论坛》2019年第10期)

习近平总书记关于党的建设重要论述：生成逻辑、内在理路和实践要求

王　琼

摘　要：党的十八大以来，以习近平同志为核心的党中央基于对党的建设面临的新情况和新问题之准确判断，突出强调了新时代党的建设新的伟大工程，以自我革命的精神品格提出了全面从严治党的创新理论和实践要求。这既是伟大历史实践所形成的经验总结，也是内外部条件互动之下政党自身建设的发展方向，进一步丰富和发展了马克思主义党建理论，也成为习近平新时代中国特色社会主义思想的重要组成部分。

关键词：党的建设；从严治党；习近平新时代中国特色社会主义思想

党的十八大以来，以习近平同志为核心的党中央面对政党自身建设中不可避免的出现“不适应症”和深层次的“内源性风险”，在领导全面从严治党的实践中，坚持继承与发展、反思与借鉴、实践与创新的辩证关系，不断开拓管党治党的新境界。以全面从严治党新理念的提出并将其确立为“四个全面”总体战略布局的重要组成部分为标志，进一步擢升了党的建设在治国理政中的突出地位，开启了党的建设新的历

史阶段,形成了马克思主义党建理论发展新的里程碑。

一、习近平总书记关于党的建设重要论述的生成逻辑

习近平总书记关于党的建设重要论述承接马克思主义党建理论,在坚持继承与发展、反思与借鉴、实践与创新的基础上,创造性地提出了一系列新论断新观点新理念。继承与发展是中国共产党清晰准确的价值坐标,反思与镜鉴是中国共产党治党管党的高度自觉,实践与创新是中国共产党自我革命的前进印迹。这是历史逻辑、理论逻辑和政治逻辑的辩证统一,更是正确理解、系统把握并务实践行习近平总书记关于党的建设的重要论述的逻辑起点。

(一)继承与发展是习近平总书记关于党的建设重要论述生成的历史逻辑

"党要管党,从严治党",这是中国共产党对自身一以贯之的要求,是由党所肩负的历史使命所决定的。中国共产党有着丰富的管党治党经验,注重总结历史经验和继承发展更是中国共产党重要的历史传统,在新的历史条件下,以习近平同志为核心的党中央带领全党在传承优良传统的基础上,赋予了其更贴近时代特征的新鲜形式和内容。

第一,从思想上建党。强调从思想上建党,是中国共产党对马克思主义建党学说的一个创造性发展,是中国共产党能够保持工人阶级和中华民族先锋队性质、不断提高战斗力的重要保证和基本经验。在新民主主义革命和社会主义建设时期,中国共产党也曾遇到政党治理的种种矛盾与问题,在党风、学风、文风等方面也出现过不良倾向和错误的思想苗头,这一时期多采用整风整党的方式解决,"集中一段时间,在全党进行马克思主义教育,就是运用学习文件、检讨思想、总结经验的方法,运用批评和自我批评的方法,自觉纠正缺点和错误,对党的思想、作风和组织进行整顿"[1]。在改革开放之后,这种行之有效的

方式仍然在治党管党中发挥着重要作用。以教育和自律为依托形成的"软约束"的确在党的历史上取得了一定的治理效果,对党的建设与发展产生了重大影响,但是也有过沉痛的教训。党的十八大以来,党的群众路线教育实践活动、"三严三实"专题教育和"两学一做"学习教育坚持继承与发展,呈现了以下几个方面的特点。一是坚持思想性,把马克思主义教育作为必修课,统一思想认识,在思想认识和行动方略上与以习近平同志为核心的党中央保持高度一致;二是坚持个体性,将"批评与自我批评"作为重要武器,以"咬耳扯袖、红脸出汗"等形式赋予了这一优良传统新的内涵,更成为各级组织和干部查找深层次思想问题根源的有力抓手;三是坚持群众性,提高群众的参与程度,着力解决群众反映强烈的突出问题,将成效评价的权力交到群众手中,保证不走过场、务求实效;四是坚持常态化,解决"运动式整风"的弊端,向"活动式"和"常态化"转变,有效避免了"运动式整风"所产生的疾风劲雨情绪化倾向或者"突击式整风"所产生的"雨过地皮湿"阵风现象。

第二,坚持群众路线。群众路线是党的生命线和根本工作路线,是中国共产党对历史经验的深刻总结,是集体智慧的结晶,是对马克思主义群众观的独创性运用发展和新的理论贡献,更是中国共产党一笔珍贵的精神财富。在坚持继承与发展的基础上,党的十八大以来群众路线的新实践也表现出以下三个方面的特点。一是坚持深入群众,坚决反对脱离群众的不正之风,要求党员干部放下架子,听群众的心里话,急群众之所急,想群众之所想,抓住问题关键;二是坚持服务群众,着力建设马克思主义服务型政党,提高党的领导水平和长期执政能力;三是坚持为了群众,坚持以人民为中心的价值追求,时刻把党和人民放在心中至高位置,从党和人民事业出发思考问题,从最广大人民的根本利益出发处理问题。

第三,加强纪律建设。中国共产党是靠坚定的革命理想和铁的纪律组织起来的马克思主义政党,中国共产党对纪律建设具有高度的自觉,纪律严明是中国共产党的光荣传统和独特优势。在革命、建设和改革的不同历史时期,为了保证各项目标的实现、任务的完成、信念的坚定、作风的弘扬,纪律建设发挥了突出的作用。党的十八大以来,全党深入开展纪律教育,坚持用纪律管住全党,把纪律建设摆在了突出位置。一是遵守以党章为"总规矩和总章程"的党内法规体系,以党章为最高行为准则和规范,及时发现和查处违纪行为,充分发挥对党员和党员干部的约束效力。二是进一步重申党内规矩,继承党的优良工作传统,强化"软约束",树立起全党的规矩意识,增强"严于律己"的自觉性和坚定性。

(二)反思与镜鉴是习近平总书记关于党的建设重要论述生成的理论逻辑

中国共产党既是一个善于总结历史经验的政党,更是一个勤于自我反思的政党。以习近平同志为核心的党中央以历史为镜、以世界政党为鉴,通过纵向和横向的比较查找问题、总结规律,展现出了强大的自我纠错能力和改革创新能力。

第一,对政党权威的反思。世界上任何一个政党都不可能脱离民众而孤军奋战,政党的事业需要民众的服从与支持,这就是政党权威的体现。如果政党的权威弱化或者说失去权威,政治动员能力和社会号召能力必然下降,各项事业势必步履维艰。邓小平同志就曾经讲过:"如果没有中央的权威,就办不到。各顾各,相互打架,相互拆台,统一不起来。谁能统一?中央!"[2]278政党权威具有团结全党、聚合民意、调动民力、维护稳定的重要作用。综观改革开放以来世界政党的兴衰起伏,苏联共产党的"公开性"放手让民众撕开历史的疮疤,自民党的内讧失去了民众的信任,墨西哥的系列政治经济危机,印度国大党的日渐式微,印尼专业集团一党专制的失败等等,这都是摆在中国共产党面前值得借鉴的教训。中国共产党的权威地位是历史形成的,更是通过宪法原则得到确认,并且在实践中经受住了验证。但是随着国情、世情、党情的迅速变化,外部思想文化的渗透、权威的转型、内部政治资源掌控、山头主义和宗派主义的出现、部分党员领导干部的形象败坏等都对中国共产党的权威地位产生了一定的冲击。党的十八大以来,以习近平同志为核心的党中央对这一问题的深刻反思和剖析,强化政党权威成为全面从严治党新理念的丰富内涵之一。一是强调党的权威和集中统一的领导,不断强化各级党组织和党员的政治意识、大局意识、核心意识和看齐意识,坚决维护习近平总书记党中央的核心、全党的核心地位,树立鲜明的政党权威理念;二是牢牢把握意识形态领导权,增强政党的价值理念认同,做好舆论宣传工作,更好凝聚民心民力;三是发扬密切联系群众的传统优势,坚定政党立场和人民立场的一致性,夯实政党权威最深厚的群众基础;四是加强政党自身建设,正风肃纪,消除一切危害或者销蚀政党权威的现象,查找并减少一切有可能动摇政权权威的消极因素。

第二,对政党执政规律的认识反思。现代国家的政权绝大多数通过政党掌权的方式来实现,政党在国家和社会政治生活中处于中心地位。"虽然各国政党的执政模式不同,它们的性质、信仰、纲领、执政理念、社会基础等都千差万别,但作为执政党,这些党在执政能力建设方面仍然存在一些共同的规律。"[3]无论哪个政党要想取得成功,必须重视这些共同的规律。党的十八大以来,以习近平同志为核心的党中央在研究世界政党现状和反思自身成败得失的基础上,更加注重政党建设规律的重要性。一是政党要保持与群众的密切关系,政党理念的转换和政策的出台必须关注是否整合了不同阶层的利益和要求,是否能够最大化地反映新时代民众的诉求;二是政党要及时推进自身的角色转换和目标设计,注重加强对自身的使命、理念、目标和组织结构等的调整,扩大其意识形态的包容性和吸引力,组织系统的开放性和驾驭力等等,以适应政治环境的变化;三是政党要为社会的改革选择好路径,坚持在改革中面对问题、解决问题,推动形成治国理政新篇章。

第三,对制度建设的反思。邓小平曾经在总结"文化大革命"教训时,就一针见血地指出:"国要有国法,党要有党规党法。"[4]147"我们过去发生的各种错误,固然与某些领导人的思想、作风有关,但是组织制度、工作制度方面的问题更重要。"[4]333强调制度问题更带有根本性、全局性、稳定性和长期性,将制度建设摆在了突出的位置。党的十八大以来,以习近平同志为核心的党中央将党的制度建设摆在了突出位置,出台《深化党的建设制度改革实施方案》,着力塑造政党的制度化、法治化、科学化特征,使政党的内部治理和外部活动体现制度特征,这也是现代政党政治的内在要求。

(三)实践与创新是习近平总书记关于党的建设重要论述生成的政治逻辑

实践是人类创造性、社会性的活动。对于政党而言,实践意味着认识规律、运用规律的探索过程,而这个过程必须坚持问题导向和目标导向,回答时代课题、解决现实矛盾,所以,它往往也意味着一个冲破束缚和除旧布新的过程。实践是创新的原动力,只有真正将理论与实践相结合,才能产生创新的理念与崭新的思路。这不仅是政党和国家创新理念的问题,更是以创新为驱动力的实践要求。

党的十八大以来,以习近平同志为核心的党中央坚持实践破题,在实践中寻找症结、查摆问题、解决问题，着重从思想和作风、体制和机制、方式和方法、素质和本领等方面加强和改进党的建设，有力地推动了党和国家事业的发展。这既是实践创新的过程，也是理论创新的过程，为政党发展和政党活动拓展了更广阔的空间。一是以作风建设为切入，科学分析改革开放以来党的作风建设呈现的新动向、新问题、新变化和新特点，以人民群众反映最强烈、最突出的问题为切入点整风肃纪，使党的作风建设的成效贯穿到党的日常活动当中，形成党的建设合力；二是以从严治吏为突破口，在深刻把握从严的要求上，真管真严、敢管敢严，大力解决在干部工作中的“重使用轻管理”现象，反思选人用人“唯年龄、唯分数、唯票数、唯 GDP”倾向的得失，下决心整顿吏治腐败，肃清党员干部队伍中的“害群之马”，为好干部的成长提供了广阔空间和坚强后盾；三是以“思想建党和制度治党相统一”为目标，将自律和他律有机结合起来，一方面构建科学、完备、有效、管用的制度体系，另一方面则是以整风精神严格党内生活，让“廉洁从政、干净为官”逐渐成为党员干部的内在信仰；四是以严肃党内政治生活为抓手，“贵在经常、重在认真、要在细节”，从根本上规范党内政治生活的内容、程序和形式，彰显党内政治生活具有的鲜明政治功能、团结功能、教育功能和监督管理功能。

二、习近平总书记关于党的建设重要论述的内在理路

时代是思想之母、实践是理论之源。习近平总书记关于党的建设的重要论述是改革开放以来尤其是党的十八大以来中国共产党治党管党经验的高度凝练，厘清其内在理路和逻辑对于不断提高党的建设质量具有决定性作用。

（一）将党的建设置于“四个伟大”的有机整体中进行顶层设计

“凡事预则立，不预则废。”党的建设同样也需要总体的设计规划。

中国特色社会主义最本质的特征是中国共产党领导。中国共产党的领导地位、核心作用、历史使命、时代责任和精神品格决定了其在推进国家治理过程中所肩负的担当与重责。改革开放是一场新的伟大革命,其复杂性、艰巨性、曲折性和长期性对党新的伟大工程建设有着强大的内生需求。党的十九大报告将"伟大斗争、伟大工程、伟大事业、伟大梦想"作为一个完整的体系提出,这是党的一个重大理论创新。对建设伟大工程具有决定性作用,是进行伟大斗争、推进伟大事业、实现伟大梦想的重要保证。习近平总书记关于党的建设的重要论述中"顶层设计"就是从全局的战略高度对党的建设进行统筹规划,以期全面推进党的建设科学化水平,推进党的建设伟大工程,构建中国共产党要往哪里去的大格局观点。

(二)以全面从严治党为主轴推动国家治理体系和治理能力现代化

"治国必先治党,治党务必从严。"全面从严治党是中国特色国家治理体系的最大特点,是推进国家治理现代化的根本保证。党的十八大以来,以习近平同志为核心的党中央立足于新形势、新发展和新要求,提出了许多极具思想性、理论性、创新性、前瞻性、系统性的观点和论断,对于共产党执政规律的认识也提升到了一个新的境界。新时代的管党治党从作风建设突破,紧盯"四风"问题的解决。随后在党的群众路线第二批教育实践活动总结大会上,习近平总书记首次提出"全面推进从严治党"。在其后的江苏调研中,习近平总书记明确提出"全面从严治党",并将其确立为"四个全面"总体战略布局的重要组成部分,进一步擢升了党的建设在治国理政中的突出战略地位,开启了党的建设新的历史阶段。强调理想信念是精神之钙、严肃党内政治生活、抓住"关键少数"、坚持群众路线、严明党的政治纪律和政治规矩、"老虎""苍蝇"一起打等等,都成为全面从严治党的载体和抓手。以习近平同志为核心的党中央在全面从严治党的基础上，整合社会资源和实现社会聚合的能力不断增强，善于运用制度和法律治理国家的执政水平不断提高，逐步构建起了系统完备、科学规范、运行高效的党和国家机构职能体系，国家治理体系和治理能力更加适应现代社会发展要求。

（三）以自我革命的勇气推动新时代大党发展之路

政党在不同的历史时期所面临的条件、资源、环境、使命都是不同的。如果封闭僵化、故步自封，用“老经验”“老办法”解决新问题肯定会有所偏差。如果拘泥一隅、不求开拓，将解决某一地区或某一领域的改革做法推向更大范围，效果也必将大打折扣。“自我革命”的重点在于提高政党对外部变化的适应能力，能够综合内外部条件不断进行调整，强化自身能力优势，发现问题及时有效纠偏。“自我革命”要求打破惯性思维和固定心智模式，各级党组织和党员都面临着管党治党思维转变的问题、突破传统理念束缚的问题、从宽松软走向严实硬的问题，没有决心和信心、没有稳定全局的能力和担当，就有可能引发系统性的“多米诺骨牌”效应。党的十八大以来，从“打铁还需自身硬”到“打铁必须自身硬”，以习近平同志为核心的党中央再一次明确了全面从严治党的坚强决心。认识危机、深刻反思，是中国共产党治党管党的高度自觉；直面危机、砥砺奋进，是中国共产党自我革命的时代记录；化解危机、面貌焕然，是中国共产党清晰准确的价值取向。“自我革命”的勇气和魄力就是要使党的长期执政能力与“大党的样子”相符合，创造无愧于新时代的新作为新担当。

三、习近平总书记关于党的建设重要论述的实践要求

深入贯彻落实习近平总书记关于党的建设的重要论述，关系政党的兴旺发达，更关系着党和国家的前途命运。因此，必须准确把握“四个全面”的有机统一和“四个伟大”的相互联系,重点聚焦,找准着力点,全力推动各项要求和任务落实到位。

(一)根本:整体推进、系统治理

“政党政治是一个复杂的系统工程,涉及政治生活的方方面面。”[5]101如果强调重点而忽视全面、注重局部而忽略全局,不能系统推进党的建设伟大工程的话,还是会陷入“头疼医头头更疼、脚痛医脚脚更痛”的危局当中。在全面深化改革的攻坚期,“改革发展稳定任务之重前所未有、矛盾风险挑战之多前所未有”[6]170,党面临着“四种考验”“四大危险”,这不是纪律松弛、组织涣散、精神懒散、形象败坏等孤立层面的问题,而是在长期执政背景下,在严峻的内外部环境中所显露出的政党治理系统性危险,必须高度警醒。

当前在党建的各个领域存在一些突出问题,具体表现在以下几个方面。在政治建设上,如何能够旗帜鲜明讲政治,分清是非界限、正本清源、统一思想认识;在思想建设上,放松学习、思考和研究,缺少科学理论武装的头脑容易被搞乱;在组织建设上,部分基层组织不同程度的虚化、弱化和淡化,建设高素质专业化干部队伍任务艰巨;在作风建设上,领导作风蛮横专断或精致利己、工作作风慵懒散软、生活作风骄奢淫逸的情形还不同程度存在;在纪律建设上,亟待构建科学、完备、有效、管用的纪律体系,将权力关进制度的笼子。由于党的建设是一项复杂的系统工程,党的建设各个领域之间存在着相互制约和相互促进的关系。例如作风问题的背后可能是思想建设没有及时跟上、制度建设严重滞后;而腐败问题的深层次根源是作风建设没有“抓早抓小”、制度监管存在“漏洞”,最终导致小错酿成大罪。任何一个问题都是“牵一发动全身”,所以面对内源性的系统危险,要深入贯彻落实习近平总书记关于党的建设的重要论述,必须坚持治标治本、齐抓共管、整体推进、系统治理。

(二)基础:全面覆盖、突出重点

习近平总书记关于党的建设的重要论述最重要的根基就是“全面”,因为在党的建设各个领域几乎都存在不同程度的问题和矛盾。全面从严治党的“全面”,就是要“管全党、治全党”[7]177,在领域、对象、环节、责任落实各方面都要做到全覆盖、无死角,全面推动而不是有选择地推进,从而形成管党治党的强大合力。但是“强调整体推进党的各项建设,并不是说不分主次,而是要统筹兼顾,处理好治标与治本、重点突破与整体推进的关系”[8],要保证做到全面覆盖和突出重点的辩证统一。

第一,管党治党的领域全覆盖,突出政治建设的统领地位。党的十八大以来,在推进全面从严治党的进程中,习近平总书记提出并强调了“政治纲领”“政治路线”“政治理想”“政治方向”“政治立场”“政治定力”“政治意识”“政治勇气”“政治责任”“政治任务”“政治品质”“政治能力”“政治纪律”“政治规矩”“政治底线”“政治合格”“政治言论”“政治行为”“政治清明”“党内政治生活”“党内政治生态”“政治鉴别力”“政治敏锐性”“做政治上的明白人”“对党忠诚”等一系列党的政治建设方面的概念,进一步丰富发展了党的政治建设的内涵和话语体系。在继承优良革命传统和总结党的十八大以来管党治党新鲜经验的基础上,党的十九大提出“把党的政治建设摆在首位”[9],这是因为中国共产党必须带领人民有效应对重大挑战、抵御重大风险、克服重大阻力、解决重大矛盾,任务繁重前所未有、局面复杂超乎想象、挑战严峻世所罕见。党的政治领导是各项工作沿着正确方向前行的保证,这需要非凡的政治勇气、政治胸襟、政治定力和政治清醒。将政治建设纳入党的建设总体布局,突出政治建设的统领地位,体现了这样的历史责任和时代担当。

第二,管党治党的对象全覆盖,突出“关键少数”。管党治党的对象全覆盖,就是要将各级党组织、全体党员都及时纳入有效的管理之中,确保对每个党组织、每名干部、每个党员都做到情况摸透、问题清晰、措施扎实。将党内教育活动和常态化机制、党内监督的制度安排、激励帮扶的政策真正落实到底,出实招、见实效。实践证明,党员领导干部这个“关键少数”的手中掌握着绝大部分的公权力和公共资源,领导干部岗位重要、责任重大,只有重点抓住领导干部这个“关键少数”,才有可能真正影响、带动、管住“绝大多数”。这就要求党员领导干部要带头示范、走在前、做表率,确保管党治党全面推进。

第三,管党治党的环节全覆盖,突出监督执纪问责。管党治党的环节全覆盖,就是要保证从顶层的党建目标和党建要求设定,到中观层面的法规制度建立健全,再到具体实践中的党员教育、管理、监督等环节要做到全覆盖。在每个具体的工作推进过程中,从事前的动员、宣传、预防,到事中的推进、控制、监管,再到事后的整改、奖惩、总结等都要做到不留真空、不留死角。突出监督执纪问责的目标是为了精确定向、精准发力。这就需要提高政治站位、坚持问题导向,针对各个领域存在的症结问题和群众反映强烈的问题,统筹调配各方面的力量,构建监督体系、强化执纪措施、加大问责力度,多措并举、形成合力,力求重点问题能够得到有效整改。

第四,管党治党的责任全覆盖,突出党委(党组)主体责任。管党治党的责任全覆盖是指每一个党组织和每一个党员都要切实把管党治党的责任给扛起来,强化各级党组织和党员干部的责任担当与行为自觉,做到人人有责、尽责、守责。落实党委(党组)主体责任是将习近平总书记关于党的建设的重要论述落到实处的关键。如果各级党委(党组)不担责、不扛责,全面从严治党就有可能落空。这就要求各级党委(党组)切实增强主体责任意识,强化“不抓党建是失职,抓不好党建是不称职”的认识,自觉担当起抓好党建、管党治党这个首要责任。党委(党组)主要责任人要清醒认识党建工作第一责任人的使命与角色,只有“一把手”把责任担起来,层层落实,党组织班子和班子成员履职尽责才能真正尽心尽力,“一岗双责”才能真正从制度设计落实到实践当中。

(三)关键:严字当头、实处着力

习近平总书记在河南省兰考县考察调研中引用了古语“取法于上,仅得为中,取法于中,故为其下”,意思是制定了高目标的情况下仍仅仅可能达到中等的水平,如果制定的目标是中等的,最后的结果极有可能不尽如人意。贯彻落实习近平总书记关于党的建设的重要论述,必须要求从严、措施从严、落实从严、查处从严,才能够将治党的要求一以贯之地贯彻到位。

第一,真管真严。全面从严治党是具体的而不是抽象的、一抓到底而不是得过且过,动真碰硬而不是敷衍塞责,如果仅仅将全面从严治党的要求写在文件里、要求在口头上,势必重蹈形式主义覆辙。管党治党必须实现形式与内容的统一、理论与实践的统一,只有真管才能严治。如何做到真管,必须全面落实和强化责任意识,明确“为什么管”“管什么”“怎么管”的相关主体、内容和流程,落实各项工作机制。真管真严主要体现在对各类各种违纪违法案件的“零容忍”查办态度,这是群众判断党中央是否能够做到真管真严的重要标志。

第二,敢管敢严。“敢”是全面从严治党的决心和魄力,敢管敢严需要的是一颗无私无畏的“公心”,敢于直面问题和矛盾,不怕得罪人;敢于在大是大非面前亮剑,不搞语焉不详;敢于纠正错误捍卫党纪国法,不惧打击报复;敢于面对失误承担责任,不怕自己丢了“乌纱帽”。敢管敢严,是对党、对国家、对人民的负责担当的表现,是一个政党坚定信心和勇气力量的重要体现。古代讲“刑不上大夫”,如何处理违纪的高级领导干部是判断一个政党是不是“敢管敢严”的一个重要标志。

第三,长管长严。“长管长严”是一种持久性的政治定力和攻坚态度,而不是管一阵放一阵、严一阵松一阵。长管长严,必须把全面从严治党作为长期任务明确下来,推动各项机制的常态化和长效化,充分发扬钉钉子的精神,抓常、抓实、抓细、抓长,以持久行动的作风、久久为功的态度和工作实际成效回应社会期盼。

第四,实处着力。一切危险和挑战只有在实干中才能破解,一切要求和部署只有在实干中才能见效,一切机遇和机会只有在实干中才能抓好用好。如何将“严”的要求、部署、措施落到实处,就是要牢固树立“关键是抓好落实”的理念,始终保持常抓的韧劲、长抓的耐心,紧紧围绕党建领域的新动向和新变化推进部署,及时跟进各种对策措施。

参考文献

[1]卢尚纯,韦绍福,翁 洁.中国共产党员整风整党历史经验考察[J].广西社会科学,2000(5).

[2]邓小平文选:第三卷[M].北京:人民出版社,1993.

[3]王家瑞.国外政党的执政经验教训值得研究借鉴[N].学习时报,2004-11-16.

[4]邓小平文选:第二卷[M].北京:人民出版社,1993.

[5]王韶兴.政党政治论[M].济南:山东人民出版社,2011.

[6]东方治.新常态新理念:践行五大理念,决胜全面小康[M].北京:国家行政学院出版社,2016.

[7]吴黎宏.把纪律挺在前面[M].北京:中共中央党校出版社,2016.

[8]方涛.把握全面从严治党的时代特征——学习习近平总书记系列重要讲话体会之九十二[J].前线,2015(7).

[9]习近平.决胜全面建成小康社会夺取新时代中国特色社会主义伟大胜利——在中国共产党第十九次全国大表大会上的报告[N].人民日报,2017-10-28(03).

(原载于《宁夏党校学报》2019年第1期)

习近平总书记“社会主义是干出来的”伟大号召的两个维度探析

李　喆

摘　要：“社会主义是干出来的”伟大号召是习近平总书记立足宁夏，放眼全国，对中国特色社会主义发展历程的实践奋斗、对中国特色社会主义未来前景的蓝图绘就而生成的深刻感悟和深入思考，是习近平新时代中国特色社会主义思想的有机组成部分。从纵向维度看，这一伟大号召是悠久的文化传统、科学的理论基础、深厚的传承基因和丰富的实践来源的宏大历史集成；从横向维度看，这一伟大号召形成了一个包括政治方向、目标指向、价值取向、实践路径、保障机制、评价标准在内的系统理论架构。

关键词：习近平；社会主义是干出来的；中国特色社会主义

2016年7月，习近平总书记在宁夏考察时指出：“社会主义是干出来的，就是靠着我们工人阶级的拼搏精神，埋头苦干、真抓实干，我们才能够实现一个又一个的伟大目标，取得一个又一个的丰硕成果。”[1]这一伟大号召，是习近平总书记立足宁夏，放眼全国，对中国特色社会主义发展历程的实践奋斗、对中国特色社会主义未来前景的蓝图绘就而生成的深刻感悟和深入思考，蕴含着十分丰富的内容，是习近平新时代中国特色社会主义思想的有机组成部分,对于在新时代进一步干事创业,推动中国特色社会主义不断取得新的更大成就、奋力实现"两个一百年"奋斗目标和中华民族伟大复兴中国梦具有重要的现实意义和深远的历史价值。对于这一伟大号召,笔者试从纵向维度和横向维度两个层面进行分析和研究。

一、从纵向维度看,习近平总书记"社会主义是干出来的"伟大号召是悠久的文化传统、科学的理论基础、深厚的传承基因和丰富的实践来源的宏大历史集成

习近平总书记"社会主义是干出来的"伟大号召的生成是一个历史过程,是悠久的中华优秀文化传统、马克思主义科学的理论基础、中国共产党人深厚的传承基因和中国特色社会主义丰富的实践来源的集合体。

(一)文化传统:"知行合一"且"重于行"的思想

中国优秀传统文化是一个博大精深的思想宝库,有着异常丰富的思想资源和文化意涵。讲求知行合一、慎言力行的思想便是优秀传统文化的精髓组成。孔子主张"言必信,行必果","言过其行"应引以为耻。荀子主张"不闻不若闻之,闻之不若见之,见之不若知之,知之不若行之,学至于行而止矣"。宋代理学家朱熹强调"知之愈明,则行之愈笃;行之愈笃,则知之益明"。明代学者王廷相认为"讲得一事即行一事,行得一事即知一事,所谓真知矣。徒讲而不行,则遇事终有眩惑"。这些思想都是强调"知"(思想、认识、言论、感悟)与"行"(行动、实践、做法、躬行)的统一性和一致性,同时强调"行"的重要性和突出性,蕴含着丰富的务实品格和实干内涵,是中国传统治国理政的重要经验。习近平总书记"社会主义是干出来的"伟大号召就是秉承中华先贤们的智慧并进行创造性转化、创新性发展,从中国优秀传统文化中汲取有益养分而形成的具有时代意蕴的"至理名言"。

(二)理论基础:马克思主义的科学实践观

马克思主义认为,认识来自于实践,又反作用于实践,认识世界的目的在于改造世界。实践活动是人类有目的的自觉活动。正如马克思指出的“全部社会生活在本质上是实践的”[2]135。苏俄十月革命胜利之后,列宁针对新生的苏维埃政权面临的实际问题,提出“应当把组织工作中的讲求实际和求实精神作为当前首要的、最主要的任务”[3]145~146。同时在这一时期,列宁第一次提出“实干”的概念。他在苏俄国民经济委员会第二次代表大会上的讲话中指出:“我们需要的是实干,再实干!如果无产阶级取得政权以后不能利用自己的政权,不能实际地提出问题和实际地解决问题,它就失去了很多东西。”[4]394在《国家与革命》一书中,列宁进一步指出:“做出‘革命的经验’是会比论述‘革命的经验’更愉快、更有益的。”[5]221可见,马克思主义作为一种积极解释客观世界、自觉改造主观世界的科学理论,从其诞生之初就具有注重“干”的价值意蕴和实践品格,并随着实践的发展不断得以深化。科学的实践观是马克思主义的基本观点和极其重要的理论旨趣。习近平新时代中国特色社会主义思想作为当代中国的马克思主义、21世纪的马克思主义,蕴含其中的“社会主义是干出来的”伟大号召必然体现这一思想的理论底蕴和精神特质,是站在新时代新起点上对马克思主义科学实践观的新贡献。

(三)传承基因:中国共产党人一以贯之的实干品格

早在民主革命时期,毛泽东针对一个时期内党内存在的马克思主义教条化的倾向明确指出:“对于马克思主义的理论,要能够精通它、应用它,精通的目的全在于应用。”[6]822面对改革开放进程中出现的关于姓“资”、姓“社”的种种争论,邓小平同志以深圳的快速发展为例强调:“深圳发展这么快,是靠实干干出来的。”“不干,半点马克思主义也没有。”[7]221为加快改革发展,江泽民同志强调“落实,落实,再落实,因为这是做好一切工作的关键环节"[8]150。党的十六大以来，胡锦涛同志多次指出"求真务实、真抓实干"。要"坚持发扬共产党人的革命精神和坚持科学务实态度的统一，脚踏实地，埋头苦干，讲实效，办实事，坚决反对形式主义和官僚主义。"[9]84党的十八大以来，习近平总书记更是反复强调"空谈误国、实干兴邦"。他指出："党和国家事业发展，离不开全党脚踏实地、真抓实干。""实现中国梦，创造全体人民更加美好的生活，任重而道远，需要我们每个人继续付出辛勤劳动和艰苦努力。""大家撸起袖子加油干，我们就一定能够走好我们这一代人的长征路"。党的十九大报告提出"要以永不懈怠的精神状态和一往无前的奋斗姿态，继续朝着实现中华民族伟大复兴的宏伟目标奋勇前进"，强调的是"干"应具备的状态和"干"要拥有的勇气和信心。党的十九大之后，习近平总书记仍然一如既往强调"干"的问题。如"幸福都是奋斗出来的"，"社会主义是干出来的，新时代也是干出来的"。"我们都在努力奔跑，我们都是追梦人。"所有这些，其核心就是"干"。"干"是成事之要、发展之道、创业之基。正如习近平总书记指出的："实干是成就事业的必由之路。"[10]可见，习近平总书记"社会主义是干出来的"伟大号召是中国共产党优秀政治基因的接续传承，是对"崇尚实干"这一中国共产党人始终恪守的政治气质和品格标识的时代宣示。

（四）实践来源：中国共产党领导中国人民进行社会主义建设和改革开放的伟大实践

新中国成立以来、改革开放以来，特别是党的十八大以来，中国共产党领导中国人民历经千辛万苦，排除艰难险阻，迎接风险挑战，顽强拼搏奋进，推动社会主义事业在各个时期各个领域取得令世人瞩目的成就。习近平总书记在庆祝改革开放40周年大会上的讲话中所展示的改革开放40年来"十个始终坚持"的伟大成就，就是中国共产党人用科学理论为引领、用千百倍的汗水和付出一点一滴"干出来"的。习近平总书记"社会主义是干出来的"伟大号召肇始于宁夏,而宁夏回族自治区成立60年来取得的辉煌成就正是全区人民在党的正确领导下一步一步"干出来"的。60年来,宁夏经济总量从1958年的3.28亿元达到2018年的3705.2亿元,60年间增长了1129.6倍;居民人均可支配收入从1958年的172.68元达到2018年的22400元,增长了129.7倍;城镇人均可支配收入和农村人均可支配收入分别由1958年的218元、103元增长到2018年的31895元、11708元,增幅分别达到146倍和113倍;特色产业从过去几乎没有,到今天形成了包括煤化工、高端装备制造、节能环保、生物制药、冶金建材、枸杞、葡萄酒等在内的特色主导产业、战略性新兴产业和传统优势产业,构筑起结构相对完整的现代经济体系。宁夏回族自治区成立60年来经济社会发生的根本性变化实际上就是遵循习近平总书记"社会主义是干出来的"伟大号召实践的生动写照,是这一伟大号召在宁夏这样的欠发达地区经济社会发展进程中取得辉煌成就的实践缩影。实践证明,唯有"干",中华民族伟大复兴的中国梦才会展现光明的前景,才会越来越接近目标。习近平总书记"社会主义是干出来的"伟大号召,是中国社会主义建设、改革开放实践特别是党的十八大以来的历史性成就和历史性变革的成果展示和经验总结,是被历史和实践反复证明的真理,体现了中国特色社会主义发展道路的根本途径和内在规律。

二、从横向维度看,习近平总书记"社会主义是干出来的"伟大号召形成了一个包括政治方向、目标指向、价值取向、实践路径、保障机制、评价标准在内的系统理论架构

(一)政治方向:中国特色社会主义

党的十九大报告指出:"中国特色社会主义是改革开放以来党的全

部理论和实践的主题,是党和人民历尽千辛万苦、付出巨大代价取得的根本成就。”[11]16这就明确告诉我们,中国共产党改革开放以来所做的一切工作,都是围绕中国特色社会主义这一政治方向展开的理论创新和实践创新。就理论创新而言,包括邓小平理论、“三个代表”重要思想、科学发展观、习近平新时代中国特色社会主义思想在内的中国特色社会主义理论体系的核心都是在不同历史时期就如何开创、坚持和发展中国特色社会主义、如何把中国特色社会主义不断推向前进的政治宣示;就实践创新而言,改革开放以来中国经济社会发展取得的伟大成就、积累的宝贵经验就是中国特色社会主义一步步展现勃勃生机和活力的现实写照。中国特色社会主义需要“干出来”。无论“干”什么,还是怎么“干”,发展的方向特别是政治方向绝对不能偏离正确的轨道,绝对不能走“老路”和“邪路”,必须沿着“人间正道”砥砺前行。中国特色社会主义道路、中国特色社会主义理论体系、中国特色社会主义制度和中国特色社会主义文化这一中国特色社会主义整体格局的形成和确立既是历经艰辛“干出来”的,也是根本性的不可动摇的政治原则、政治立场、政治命脉。

(二)目标指向:实现中华民族伟大复兴的中国梦

关于“中国梦”,习近平总书记指出:“实现中华民族伟大复兴的中国梦,就是要实现国家富强、民族振兴、人民幸福。”[12]39这就告诉我们,中国梦是中华民族实现伟大复兴的情结和夙愿,是中国人民顽强拼搏、不懈奋斗的目标指向。目标是行动的源泉。只有目标明确了,奋斗和行动才会有动力。愿望和憧憬是美好的,但必须看到愿望和憧憬的实现不是一蹴而就的,而是需要一代代中国人民干在每一天、干好每件事,一步一个脚印干出来。习近平总书记多次强调“空谈误国,实干兴邦”。在他的公开讲话和文章中,这八个字提及近10次。如习近平总书记在参观复兴之路展览时指出:“空谈误国,实干兴邦。我们这一代共产党人一定要承前启后、继往开来,把我们的党建设好,团结全体中华儿女把我们国家建设好,把我们民族发展好,继续朝着中华民族伟大复兴的目标奋勇前进。”[12]36“兴邦”的“邦”,就是国家命运、社稷前途。“实干兴邦”,就是通过“干”,不间断、不止步,干一件成一件,积少成多、集腋成裘,奋力实现民族复兴这一中华民族几代人梦寐以求的美好憧憬和向往,使中国这一东方大国、中华民族这一伟大民族重新屹立于世界之巅,真正走进世界舞台中央,为人类进步与发展贡献中国智慧、中国力量。

(三)价值取向:满足广大人民对美好生活的向往

中国共产党的宗旨是全心全意为人民服务,中国共产党的初心和使命之一是为人民谋幸福。为人民谋幸福就是满足人民对美好生活的向往,让人民有充分的获得感、幸福感和安全感。人民的美好生活愿望实现之日,就是中国共产党宗旨、初心和使命充分履行和彰显成效之时。这个过程是中国共产党人不懈奋斗的结果。奋斗靠什么?要靠一代代共产党人领导全国人民接续谋实事、努力干事业。通过“干”,解决人民群众最关心最直接最现实的利益问题,不断保障和改善民生,促进社会公平正义,让人民群众享有“更好的教育、更稳定的工作、更满意的收入、更可靠的社会保障、更高水平的医疗卫生服务、更舒适的居住条件、更优美的环境、更丰富的精神文化生活”[13]61。满足广大人民对美好生活的向往、实现全体人民共同富裕、让人民共享发展成果,是“干”的最鲜明的价值取向。

(四)实践要求:苦干、实干、巧干

“社会主义是干出来的”这一重要论述在实践中的要求就是“如何干”,即“干”的手段、方式、路径。一要埋头苦干。苦干,就是面对每项工作、各种困难能够吃苦耐劳、不畏艰难，比别人吃更多的苦、流更多的汗，付出更多的艰辛与努力。苦干不等于苦熬，苦熬显现的是一种被动性、无奈性、观望性；苦干则讲求环境的适应性、意志的坚定性、毅力的持久性。二要真抓实干。“大道至简，实干为要。”实干，就是勤勤恳恳、踏踏实实，没有牢骚和抱怨，稳妥有序做好每一件事情、完成每一项工作。实干强调的是一种干事创业的态度，一种质朴的、不浮夸、不做作的品质。干事创业既需要统筹发展、通盘考量的战略谋划，也需要“踏石留印、抓铁有痕”的实干底色。三要科学巧干。巧干讲求的是做事情、干工作有新颖性、独创性，能够独辟蹊径、转换角度，突出用心干事、用脑干事，是一种更加便捷、高效的工作思路和方法，能够达到事半功倍的效果。必须明确，巧干不是盲干和蛮干，而是讲究“干”的思路、“干”的视角、“干”的方法和技巧。苦干、实干、巧干三者之间有着紧密的逻辑联系。苦干是境界，实干是态度，巧干是方法。干事创业有了高尚的精神境界，有了良好的工作态度，有了科学的方法思路，才能攻坚克难、创造辉煌，中国特色社会主义才能“干”出真正的业绩。

（五）保障机制：用人导向、容错纠错、监督制约

要使“干”产生效果，除了“干”的主体——各级党员干部和广大群众的主观努力之外，推动“干”产生效果的客观因素也是十分重要的。为此要切实构筑“干”的保障机制。一是用人导向机制。这一用人导向机制就是习近平总书记指出的“要坚持求真务实，察真情、说实话，出真招、办实事，下真功、求实效，让埋头苦干、真抓实干的干部真正得到重用、充分施展才华，让作风飘浮、哗众取宠的干部无以表功、受到贬责”[14]。选拔任用干部，既要看平时工作中的责任意识和担当精神，又要看急难险重关键时刻的具体表现。正如习近平总书记指出的：“考察领导班子，要看班子日常运转和决策执行情况，看领导干部政治素质和

行为表现如何,不能简单进行结果性评价。”[15]二是容错纠错机制。既鼓励大胆创新、勇于突破、敢闯敢试,也宽容干部在改革创新中的失误错误。按照“三个区分开来”的要求,“把干部在推进改革中因缺乏经验、先行先试出现的失误错误,同明知故犯的违纪违法行为区分开来;把尚无明确限制的探索性试验中的失误错误,同明令禁止后依然我行我素的违纪违法行为区分开来;把为推动发展的无意过失,同为谋取私利的违纪违法行为区分开来”[16]。三是监督制约机制。习近平总书记指出:“要健全权力运行制约和监督体系,有权必有责,用权受监督,失职要问责,违法要追究,保证人民赋予的权力始终用来为人民谋利益。”[12]142干事创业,必须牢固树立依规尽职、依法干事的理念,以党的纪律和规矩以及国家法律法规规范“干”的行为,明确“干”的底线,以党纪国法不折不扣的贯彻落实追求完美的工作实绩。

(六)评价标准:实践标准、人民标准和历史标准的统一

习近平总书记指出:“党的干部必须勤勉敬业、求真务实、真抓实干、精益求精,创造出经得起实践、人民、历史检验的实绩。”[12]413这句话给我们提供了一个评价工作好坏、科学认识“干”的绩效的整体性标准。首先是实践标准。实践标准是马克思主义认识论的一条基本原则,任何成就、业绩都要回到实践中去,通过“主观见之于客观”的行动才能得到证明。实践是检验真理的唯一标准,实践也是检验“干”的绩效的重要标准。其次是人民标准。人民标准是衡量一切工作的根本性标准。习近平总书记多次提出要把人民拥护不拥护、赞成不赞成、高兴不高兴、答应不答应作为衡量一切工作得失的根本标准。人民标准就是让广大人民来检验“干”的各项工作是否满足人民对诸如物质利益、精神追求、公平正义、自我价值实现等美好生活的向往,就是“干”的效果与人民利益诉求的一致性。再次是历史标准。历史标准是指现实的绩效

要由历史来检验是否符合发展规律,是否推动社会进步,是否既让今人满意,又让后人受惠。实践标准、人民标准和历史标准是一个统一的整体。实践标准是客体标准、人民标准是主体标准,历史标准是价值研判标准。三者的有机结合,才能使“干”呈现动态性、立体性、综合性,确保“干”的成效客观、真实、全面地展现出来。

参考文献

[1]习近平在宁夏考察[EB/OL].http://politics.people.com.cn/2016-07-20.

[2]马克思恩格斯选集:第一卷[M].北京:人民出版社,2012.

[3]列宁全集:第三十四卷[M].北京:人民出版社,1985.

[4]列宁全集:第三十五卷[M].北京:人民出版社,1985.

[5]列宁选集:第三卷[M].北京:人民出版社,1995.

[6]毛泽东选集:第三卷[M].北京:人民出版社,1991.

[7]邓小平文选:第二卷[M].北京:人民出版社,1994.

[8]江泽民.论党的建设[M].北京:人民出版社,2001.

[9]十六大以来重要文献选编(上)[M].北京:中央文献出版社,2005.

[10]习近平.在纪念邓小平同志诞辰110周年座谈会上的讲话[N].人民日报,2014-08-02.

[11]习近平.决胜全面建成小康社会 夺取新时代中国特色社会主义伟大胜利——在中国共产党第十九次全国代表大会上的报告[M].北京:人民出版社,2017.

[12]习近平谈治国理政[M].北京:外文出版社,2014.

[13]习近平谈治国理政:第二卷[M].北京:外文出版社,2017.

[14]习近平指导兰考县委常委班子专题民主生活会[EB/OL].http://henan.people.com.cn/2014-05-11.

[15]习近平总书记参加河北省委常委班子专题民主生活会纪实[EB/OL].http://politics.people.com.cn/2013-09-27.

[16]中共中央办公厅.关于进一步激励广大干部新时代新担当新作为的意见[EB/OL].http://politics. people.com.cn/2018-05-21.

(原载于《宁夏党校学报》2019年第4期)

“用学术讲政治”的内在运行机理探析

李　喆

摘　要：“用学术讲政治”本身就是一个紧密联系的逻辑体系：“讲政治”是党校的根本特征和基本要求，党校讲好“政治”就需要“用学术讲政治”，“用学术讲政治”必须明晰包括明确政治导向、做好政治与学术的嫁接、构建学术框架、运用合适的语言表现形式等环环相扣的内在运行机理。“用学术讲政治”是党校整体工作创新变革的过程，需要注重诸环节、各方面、诸领域之间的联系和对接，这就迫切要求构建包括教育引导、协同配合、教改跟进、教师能力提升等切实有效的运作机制，以整体性、全面性、系统性的机制的有效运行确保“用学术讲政治”达到真正的效果，推动干部教育培训工作再上新台阶。

关键词：“用学术讲政治”；理论逻辑；运行机理；运作机制

2018 年 11 月颁布的《2018—2022 年全国干部教育培训规划》明确指出要“着力提高教师用学术讲政治的水平”，表明“用学术讲政治”已经由一般性的要求上升为战略指向和规划目标，这是新时代党中央对干部教育培训工作的新部署新要求，是干部教育培训工作高质量发展、高水平提升的必然趋势。当前，“用学术讲政治”在全国党校（行政学院）系统全面铺开，正在紧锣密鼓实施。如何真正落到实处，除了相关的实践举措之外,也需要理论层面的跟进,需要从理论的高度研究“用学术讲政治”的理论架构、逻辑体系和运作机制。笔者试对“用学术讲政治”的运行机理进行分析,旨在从学理上厘清这一新要求的内在规律、运行特质和实践范式。

一、“用学术讲政治”本身是一个系统和体系,需要符合科学规律的运行机理确保完成和实现

如果细加分析可以看出,“用学术讲政治”是一个紧密联系的体系架构,是通过学术性的分析框架、研究方法,建构起一个提出问题、分析问题、解决问题的学理支撑,揭示出政治的逻辑关系和逻辑走向,体现出学术的政治价值和政治的学术逻辑。这一逻辑体系具体表现为:党校必须“讲政治”→在新时代新形势下党校要讲好“政治”必须“用学术讲政治”→要用“学术”讲好“政治”必须明确如何用“学术”讲好“政治”。“用学术讲政治”还是一个过程。在这一过程中,有两个关键词,即“学术”和“政治”。两者是什么关系?必须明确,政治是根本,是核心;学术是方法,是手段。“用学术讲政治”,“讲政治”是目的,“用学术”是方法,是“讲政治”所采用的手段和途径。单纯罗列学术观点和理论依据不是真正意义上的“用学术讲政治”。“过程”需要科学、有效的运行才能实现,而过程运行得科学、有效是需要逻辑和规律来支撑的,逻辑和规律的具体运用就体现为相应的内在机理的生成和运作。所谓机理,是指为实现某一特定目标,一定的系统结构中各要素的内在工作方式以及诸要素在一定环境条件下相互联系、相互作用的运行规则。具体就“用学术讲政治”这一特定范畴而言,“用学术讲政治”的运行机理就是为了达到用“学术”讲好“政治”的目的,系统内各个构成要素之间呈现的内在的、整体性的运行范式,包括坚定政治方向→明确问题导向→探寻政治与学术的切口→构建学术框架→选择合适的表述风格这一系列紧密衔接、环环相扣、层层递进的环节、程序和步骤。

二、坚定政治方向，突出政治性，这是“用学术讲政治”的根本遵循

讲政治是马克思主义政党的根本要求和突出优势。习近平总书记指出：“讲政治，是我们党补钙壮骨、强身健体的根本保证，是我们党培养自我革命勇气、增强自我净化能力、提高排毒杀菌政治免疫力的根本途径。”党校因党而立、因党而办、因党而兴、因党而强。“姓党”是党校的政治基因，“讲政治”是党校的根本属性。《中国共产党党校工作条例》明确规定：党校是党委直接领导下培养党员领导干部和理论干部的学校，是党委的一个重要部门，是培训轮训党员领导干部的主渠道，是党的哲学社会科学研究机构。这一特殊功能定位和职责使命，决定了党校必须把“讲政治”放在首位，把坚持正确的政治方向作为办学第一位要求。正如习近平总书记所说的：“如果党校不姓党了，那党校就没有必要存在了。”党校的教学科研工作和一切办学活动必须坚持以党的旗帜为旗帜、以党的意志为意志、以党的使命为使命，把牢固树立政治理想作为坚实基础，把正确把握政治方向作为根本遵循，把切实担负政治责任作为崇高使命，把严格遵守政治纪律作为坚强保障，增强“四个意识”、坚定“四个自信”、做到“两个维护”，在思想上政治上行动上同党中央保持高度一致。党校教师无论什么样的学科背景，也无论讲什么专题，只要在党校讲的都是政治，只不过有的是直接讲政治，有的是间接讲政治。讲政治是党校的天职，党校教师一定要有这样的政治自觉，要理直气壮地讲政治。只有这样，才能真正做到在大是大非面前旗帜鲜明，在风浪考验面前无所畏惧，在各种诱惑面前立场坚定。

三、解决学员困惑，强调问题性，这是“用学术讲政治”的现实前提

在坚决“讲政治”的基础上讲好“政治”，需要了解和掌握学员的学习需求。到党校培训的学员大都是来自各行各业的领导干部，长期从事各个领域的具体工作,有着较为丰富的实践经验,同时也有着较为深厚的理论积淀。他们到党校学习都是带着问题来的,回到工作岗位也是要解决实际问题的。一般而言,他们带来的问题:一是思想认识上的问题,二是工作中的问题,三是社会的热点、焦点问题。如果通过党校一个阶段的学习能够解决这些问题或困惑,学员必定感到学有所获、学有所值、不枉此行。但现实状况是不少学员感到党校的课程或者学非所需,或者不够解渴,这在一定程度上反映出党校教学的问题意识不强,没有围绕学员所思所想进行课程布局和专题设置。因此,"用学术讲政治"必须以学员需求为中心,必须以问题导向为牵引。党校的各类课程一定要对学员的各种困惑或问题给出理论上的回应,使学员受到启发或有所感悟,这样有利于他们回到工作岗位后解决实际问题。坚持问题导向是马克思主义科学的思想方法和工作方法。党校就是用学术解决学员思想问题的地方。学员通过全面系统的学习,解决了他们思想认识上存在的困惑,回答了他们实践过程中遇到的难题,思想问题解决了,思想认识统一了,行动自然就与党的步调一致了,这就是最好的"讲政治"。

四、寻找学术接口,注重转换性,这是"用学术讲政治"的关键环节

了解和掌握了学员需求,也就有了问题意识,便可进入"讲政治"的环节。但党校讲"政治",不能仅仅用文件解读文件、用现象解释现象、用事实诠释事实,或者简单地引用经典著作的个别词句讲理论问题和现实问题。而是通过讲授,既要让学员对党的基本理论、基本路线、基本方略,即党中央的精神、决策、方针、部署、要求全面把握,达到"知其然"的目的,更要让他们清楚"政治"背后的逻辑或规律,即"知其所以然"。为此,需要寻找"政治"与"学术"的接口,也就是将理论与现实问题转换成学术问题,把政治与学术进行"无缝连接"。只有转换到位了,才能用学术去分析，否则理论和现实很容易成为“两张皮”。“用学术讲政治”的关键是要能够找到理论或现实问题的学术接口，把它转换到学术问题上，进而构建起相应的学术框架，用学术阐释党的理论和党中央重大决策部署，从专家的视角对重大理论和现实问题进行学理分析。不仅要讲清楚党的理论和中央精神是什么，还要回答为什么，讲清楚党的理论和中央精神背后的理论逻辑、历史逻辑、现实逻辑；不仅要帮助学员从理论上弄清楚问题的实质，还要让学员掌握理论分析的方法。要善于从不同角度、不同专业、不同领域分析研究，努力寻找最合适的学术切入点，在学术空间内找到学术与政治的最佳结合点。这样的课程才能是既有理论深度、历史厚度，又有现实针对性，能解决学员思想困惑和工作问题的好课程。

五、构建学术框架，体现逻辑性，这是“用学术讲政治”的核心所在

“学术”与“政治”的接口找到了，就需要构建一个学术框架对“政治”进行学理分析。学术本身是科学。确切地讲，科学是一种严密逻辑推演而形成的体系。由此，学术框架就是学术分析的逻辑结构，即逻辑推演过程。同时，科学揭示的是规律。自然学术框架就是逻辑推演后的科学规律的展现。通过层层缜密的逻辑推导和演绎，把学员关注或困惑的理论和现实问题讲清楚、讲透彻、讲深入，把党的创新理论或重大现实问题用学术转变为学员能够准确把握和深刻理解的内容，让学员廓清迷雾、豁然开朗。有了完整学术框架的贯通和导引，“用学术讲政治”才能顺其自然、水到渠成。如何构建学术框架？最重要的是认真反复研读马克思主义经典著作。马克思主义经典著作蕴含和集中体现马克思主义基本原理，是马克思主义理论的本源和基础，马克思主义中国化一系列创新理论成果的“老祖宗”就是马克思主义，因此，马克思主义经典著作所蕴含的理论思维和理论意涵必然是新时代中国特色社会主义发展进程中战胜各种风险和挑战的理论支撑。研读经典,不仅要把握马克思主义经典作家要解决的问题,概括出其思想观点及其价值,而且要读出贯穿其中的学术框架和学理逻辑。另外,全面把握本学科领域的核心观点或核心理论,如在党建领域的相关教学中,可用“组织化权威”这个核心概念作为理论视角和分析框架,对党的建设重大理论和现实问题进行深入阐述,使授课的视角独特、深度增强。只有把学术分析框架和学理逻辑体系融入理论和现实问题当中,才是真正意义上的“用学术讲政治”。

六、讲求表述风格,展现效果性,这是“用学术讲政治”的必要条件

上述几个环节完成后,“用学术讲政治”的基本思路、主要内容就出来了。那么如何“讲”? 这就要靠表述、表达最终展现出“用学术讲政治”的效果。一方面,促进政治话语与学术话语的良性互动。政治话语具有严谨规范的优势,但同时需要学术话语提供学理支撑。政治话语一旦成功转化为学术话语,就会形成特定的概念和规范,就能赋予政治话语新的深度和学术生命力。要利用“用学术讲政治”的契机,将其作为拥有中国特色话语体系、提升中国国际话语权的“平台”,立足于新时代中国特色社会主义的实践,提炼出具有中国特色、中国气派、中国风格的标志性政治话语和学术话语,使政治话语和学术话语有效融通、顺畅切换。另一方面,形成具有个性的讲授风格。讲授风格的形成不是一蹴而就的,而是在长期的教学实践活动中形成的个性特色。要在遵循“用学术讲政治”这一根本前提的基础上,结合授课教师自身的个性、兴趣、知识结构和能力,选择适合本人学识修养、气质习惯的教学风格,或注重历史透视和哲理的思辨,或注重诸如视频、图表、案例展示、与学员互动等多样化教学方式的运用,或注重语言的凝练、表述的清晰、衔接的自然流畅,或注重多媒体课件的精心设计、精致打磨,从而实现政治与学术的完美结合，不断增强“用学术讲政治”的吸引力、感染力和穿透力。

运行机理实质上是个逻辑，逻辑的延伸必然会揭示规律，规律的把握则会推动事物有序前进。“用学术讲政治”内在运行机理的五个环节就是紧密联系、层层递进的逻辑体系，就是一环套一环跟进实施、最终探寻出干部教育培训新规律的过程。通过环环相扣的实践运作，“用学术讲政治”的教学效果必然彰显，进而带动党校整体工作上新台阶，推动新时代干部教育培训工作实现内涵式发展、高质量发展。

（原载于《理论学习与探索》2019年第3期）

经济学

西部落后地区乡村振兴中“人”的因素的调查报告*

吴素芳

摘　要：乡村振兴战略必须强化人才支撑，西部落后地区关键在“人”。偏僻落后的宁夏乡村，农村人口外流严重；农民文化程度低、年龄偏大；年轻人不愿务农；农业专业人才奇缺，基层农业技术推广人员严重断档；新型经营主体不能满足发展需要等一系列问题突出。因此，落后地区乡村振兴先要振兴“人”，只有因地制宜，作出切合实际的正确决策进而推动工作，避免走弯路，才能实现乡村振兴战略目标。

关键词：落后地区；乡村振兴；人的因素

十九大提出了乡村振兴战略，2018年乡村振兴战略规划指出要“强化乡村振兴人才支撑”。纵观宁夏实际，经济不够发达、农业效益较低，就业渠道少、收入水平低，人口外流现象十分严重，青壮年劳动力依靠外出务工增加收入的趋势短期不可逆转。尽管乡村振兴发展需要解决体制机制、资金、政策、土地、产业等一系列问题，但落后地区只有推动“以人为中心”的乡村振兴，实行更加积极、更加开放、更加有效的人才

* 2018年度全国党校（行政学院）系统重点调研课题的研究成果。

政策,才能实现乡村振兴。

一、西部落后地区制约乡村振兴“人”的因素

(一)农村弊端凸显,人口外流严重

一是农业基础条件差,农业效益低,导致人口外流。调研了解到,宁夏尤其是南部山区,从事农业生产收益太低,外出务工的收入远高于农业生产。以山区农民种地膜玉米为例,种一亩地膜玉米,纯收入500~700元,种10亩有5000~7000元收入;外出务工以每月收入2000元计算,一年收入2.4万元。因此,农民宁可外出打工,也不愿在家种地。二是务农辛苦,农村年轻人极少。务农不仅辛苦而且收入太低,多数年轻人攀比心理严重,认为当农民没有面子,导致年轻人宁可打工,也不愿务农。三是不符合实际的移民搬迁导致人口外流。在脱贫工程实施过程中,有些地区的上级部门不太了解基层具体情况,政策实行“一刀切”,出现不符合实际的移民。四是农村教育资源不平衡,导致人口外流。在许多农村尤其山区,农村教育资源严重短缺,有条件的农户都搬到县城让娃娃念书,学校老师比学生多的现象十分普遍,部分有条件的农村老人也搬到医疗资源优越的城市,出现大量“空壳村”。

(二)务农农民文化程度低、年龄大

为能更好地了解务农人员性别、年龄、文化程度等基本情况,我们在宁夏新型职业农业培训班发放了近500份问卷,培训班类型有种植业、养殖业、农业机械等,分布在川区、山区和移民地区,旨在为破解乡村振兴,谁来种地,如何种地等问题提供数据支撑。一是务农农民文化程度低。从调查问卷统计情况看,农民的文化程度以初中文化居多,初中文化占到总人数60.18%;初中以下文化程度占总人数11.22%,有个别女性为文盲;初中以上文化程度占总人数28.6%,其中,高中文化程度占15.9%;中专大专文化程度占12.7%,只有2名本科毕业生。由此看

出,农民文化程度低。二是从业年龄偏大。从调研统计数据看,从业者男性远高于女性,30岁以下从业者占22%;40~50岁从业者占53%;50岁上从业者占25%。总体看,40岁以上从业者高达78%,年龄结构明显偏大,不符合现代乡村振兴发展的需要。

(三)农村专业人才奇缺,大学生不愿回乡务农

一是缺乏农村电子商务人才。调研了解到,学校培养的人才,理论与实际严重脱节,不符合实际发展需要。尽管政府提供了许多培训机会,但是培训内容更多涉及理论,电商平台需要的PS技术、EXCEL软件操作、产品的包装设计、推广销售等具体实操都无法实施。二是大学生不愿回乡务农。农活太脏、太累、太苦,待遇太低已经成为大学生的普遍认同。在农村,一个月工资收入在2000~3000元,没有“三险一金”等保障,根本不能吸引大学生。东部与西部、城市与农村相比,城市条件优越,工资水平高,生活有尊严,通过念书走出大山的大学生,几乎都不愿回到家乡务农。

(四)基层农业技术推广人员老龄化严重,人才奇缺

一是老龄化严重。基层调研发现,在职农技人员平均年龄为45岁左右,由于年龄大,接受新知识能力差,难以担当发展现代农业的农技推广重任。二是人才奇缺。农业推广部门普遍存在人才能进不能出的情况,大量非专业人才占据农技推广岗位,大中专毕业生不能及时补充,具有高级职称的人才全部集中在县城里,乡镇几乎没有一人。基层职称评定条件苛刻,基层农业技术工作者不愿在基层工作,尤其是年轻人,再加上人才待遇偏低,积极性难以发挥。

(五)新型职业农民培训存在形式主义

一是有些部门不了解实际,闭门造车。有些上级主管部门对基层农村实际调研不够,了解农业农村生产需求不深入,制订的培训方案、

下达的指标,目的主要在于完成任务。二是培训评估内容烦琐。培训机构反映每次培训要做完整的培训方案、映像资料、课程安排表、师资库师资审核表、教师资质情况证明(职称证、毕业证等)、培训台账、学员签到册、培训对象申报表及身份证复印件、教材、教师教案、培训学员满意度调查表、考试卷等,只为应对检查,浪费了大量的人力物力财力和时间,使培训效果大打折扣。

(六)有些基层农村干部担当不够

一是不愿担责。基层反映,地方政府出台的有些政策不具有长期性,造成老百姓不信任,基层干部不愿担责。二是干部任用机制不完善。有些地方干部工作两至三年就频繁调动,导致发展思路目标无法实现。还有些干部在一个岗位上一干就是十几年,甚至干到退休也不轮岗,消磨了年轻干部的锐气和斗志。

二、加强西部落后地区人才建设的对策建议

由于历史和现实原因,西部落后地区与东部地区乡村振兴在发展阶段、发展措施、工作方法上不尽相同,因此,要立足地方实际情况,不能急于求成、急功近利,探索独具特色的乡村振兴路径,使各路人才和各类资源投入乡村振兴,以实现人才、土地、资金等要素的双向流动,改变乡村落后状态。

(一)多措并施,吸引乡村人口"回流"

一是改善农业基础设施条件。国家要进一步加大对农村公共资源投入,完善西部落后地区的农村基础设施条件,继续改善乡村生产生活环境。二是加大农业补贴。尽管现在农业补贴非常多,但还不足以吸引人才回乡务农。建议政府给予落后地区更大农业补贴力度,缩小务农收入与打工收入间的差距。三是出台相关政策。建议宁夏党委、政府出台《宁夏强化乡村振兴人才支撑2019—2021年三年行动计划》,制

定新型职业农民、农村专业人才、社会人才投身乡村建设的具体政策和配套政策,为乡村振兴提供智力支持和保障。

(二)因人制宜,提升新型职业农民培训效果

一是创新培训思路提升培训效果。目前培训重点是新型职业农民,落后地区需要“带头人”和“领路人”,建议加大对新型经营主体管理者的培训,通过培训,使他们开阔眼界,转变思维,打开脑洞,强化责任感和使命感,带领一方百姓脱贫致富。此外,要加强生产一线的农业技术人员的培训。二是创新培训形式。积极探索田间课堂、网络教室等培训方式。从培训效果看,基层农民文化低,外出观摩培训因具有直观认知、实际操作性强的特点,效果较好,培训要因人制宜,不能千篇一律。

(三)完善放活政策措施,调动基层农业技术人员的积极性

一是加大对基层农业技术人员的招聘录用。目前基层农业技术人员严重短缺“断层”。有些山区农业部门平均年龄为50岁,10年后将全部退休。建议政府调整事业编制,及时补充人员短缺的问题。二是改进专业技术职称评定办法。针对农村专业技术人员反映强烈的职称评定问题,坚持德才兼备原则,不唯学历、资历和身份,结合各个专业技术职务系列的专业特点,改进评聘方式,调动基层农业技术人员的积极性。

(四)创新体制机制,激发大学生回乡务农的热情

一是出台吸引大学生回乡务农政策。通过政策出台,提高他们的社会地位。提高工资待遇,缩小收入差距,减少落差感;加大创业政策支持,从技术、资金上提供优惠;提供重点培养项目和培养方案,吸引农业高等院校和职业高等院校的毕业生参与乡村振兴的建设。二是加大特色产业发展。农业效益低、收入低,大学生不能体面生活。因此,通

过“事业留人”为他们提供干事创业的平台,重点打造好宁夏枸杞、盐池滩羊、贺兰山东麓葡萄及葡萄酒、马铃薯、灵武长红枣、中卫硒砂瓜等优势特色产业,不断培育产品品牌,实现产业发展,吸引人才回流。

(五)造就一支社会人才投身乡村建设的“新农人”队伍

一是建立“不求所有,但求所用”的柔性用人机制,充分发挥“土专家”作用。要加大对“土专家”的定向农业技术培训,提高他们的生产经营水平;建立政府津贴制度,对长期在基层、有贡献的在岗农技人员给予补贴。二是积极探索社会人才投身乡村建设。党委政府及相关部门成立调研组,认真研究,建立一整套支持专家学者、技能人才、企业家等下乡服务机制,通过搭平台、给政策、给优惠、给荣誉发挥作用。三是积极探索“岗编适度分离”新机制,允许符合条件的公职人员回乡任职。研究具体政策,开展试点示范,摸索经验,建立回乡创新创业政策。

(六)加快培养一支敢于担当的农业干部队伍

一是优选好“三农”干部。建立农业干部公平、公正、公开的选拔任用制度,把勇于担当、敢于担当、乐于担当,有担当能力、有担当水平、有担当气度,政治素质好、业务能力强的干部选拔任用到合适的岗位上来,创造优秀干部脱颖而出、不断进步、不断成长的环境。二是加大对农业干部的培训力度。把“三农”干部培训纳入全国干部教育培训规划和年度培训计划中。三是加强基层乡镇干部队伍建设。通过制度建设破解西部落后地区基层技术人员缺乏和断层问题,加大政策的倾斜力度,从待遇、各项保障、职称评定等方面激发他们的工作积极性。

参考文献

[1]崔洪月.中央一号文件视角下的云南新型职业农民培育[J].安徽农业科学,2017(8).

[2]刘合光.乡村振兴的战略关键点及其路径[J].中国国情国力,2017(12).

[3]侯嫣.乡村振兴关键在人[J].农村农业农民(A版),2017(12).

[4]杜石.坚持问题导向,遵循客观规律,探寻复兴之路——浅谈落实乡村振兴战略需要把握好的三个关键问题[J].甘肃农业,2018(3).

(原载于《农业经济》2019年第6期)

宁夏建设现代化经济体系的重要瓶颈与战略重点

杨丽艳

摘　要：建设现代化经济体系，是以习近平同志为核心的党中央着眼于建设社会主义现代化强国目标、顺应社会主义新时代特点而作出的重要战略部署。就宁夏而言，要实现经济繁荣的发展目标，既要在理论上深刻理解全面把握现代化经济体系的科学内涵，又要在实践上牢牢立足宁夏建设现代化经济体系面临的重要瓶颈，努力瞄准关键问题，突出战略重点。

关键词：现代化经济体系；宁夏；重要瓶颈；战略重点

一、正确理解现代化经济体系的科学内涵

习近平总书记指出："现代化经济体系，是由社会经济活动各个环节、各个层面、各个领域的相互关系和内在联系构成的一个有机整体。"这个定义涵盖了现代化经济体系的基本要素和核心内容。具体来说，现代化经济体系主要包括以下几方面的内容：一是创新引领、协同发展的产业体系；二是统一开放、竞争有序的市场体系；三是体现效率、促进公平的收入分配体系；四是彰显优势、协调联动的城乡区域发展体系；五是资源节约、环境友好的绿色发展体系；六是多元平衡、安全高效的

全面开放体系；七是充分发挥市场作用、更好发挥政府作用的经济体制。以上“六个体系”和“一个体制”是统一整体，因此，在建设现代化经济体系过程中，就要使这七个方面一体建设、一体推进。

二、宁夏建设现代化经济体系面临的重要瓶颈

宁夏回族自治区成立以来，特别是改革开放40年来，宁夏经济在资源优势和改革红利、制度红利、人口红利等多重因素的综合作用下迅速增长。从自治区成立的1958年到2017年，60年间经济增长速度年均增长9.4%，快于同期全国8.0%的平均水平；改革开放40年年均增长9.8%，快于同期全国9.5%的平均水平。但在建设现代化经济体系中面临诸多瓶颈。一是产业结构水平偏低，转型发展较缓慢。2017年宁夏的三次产业结构为7.6∶45.8∶46.6，第三产业发展明显滞后于全国51.9%的平均水平；从工业结构内部来看，重工业的占比高达84%，六大高耗能产业占比达55%以上，产业结构倚能倚重的特征十分明显，资源综合利用率仅为65.6%，低于全国3.3个百分点。二是创新发展不平衡不充分制约经济高质量发展。多年来宁夏经济增长主要依赖于资本、土地等要素的不断投入，自主创新能力不强。2017年，宁夏全社会R&D投入强度为1.13%，明显低于全国2.12%的平均水平。三是经济体系调节实体经济与虚拟经济发展的效果不显著。2016年，宁夏金融业增加值占GDP的比重已达9.1%，高于全国8.35%的平均水平。这一方面反映了宁夏金融业繁荣发展的程度，但与此同时也需要关注其背后存在的潜在风险问题，那就是过度热衷于发展金融业，可能会带来资源配置不当，排挤当地具有竞争力的优势特色产业。四是公平合理的收入分配关系尚未形成。2017年，宁夏城镇居民人均可支配收入29472元，较全国平均水平低6924元；农村居民人均可支配收入10738元，较全国平均水平低2694元。截至2017年底，宁夏的贫困发生率为6%，高于全国3.

1%的平均水平。五是改革开放对经济体系的支撑不足。宁夏的市场化改革相比东部沿海发达地区来说,还难以适应经济转型发展的需要。城乡土地分割格局难突破,行业垄断在一定程度上依然存在,政府效率还有待提升,信息尤其是大数据市场、碳交易市场建设滞后,制约创新经济、共享经济与生态经济发展的因素较多。六是绿色发展相对滞后。一方面宁夏的生态环境脆弱。宁夏三面环沙,自然条件严酷,一些地方水土流失严重,水土流失面积占全区国土面积的37.8%,森林覆盖率为14%,比全国平均水平低7.66个百分点。另一方面宁夏资源利用率低。根据国家统计局等单位共同发布的《2017年分省(区、市)万元地区生产总值能耗降低率等指标公报》显示,宁夏万元GDP能耗上升7.65%,而同期全国平均水平是下降3.7%,宁夏万元GDP水耗上升2.33%,而同期全国平均水平是下降7.2%。七是开放的单向性特征比较明显。2017年,宁夏的货物贸易进出口总额中出口贸易额占总贸易额的比重为72.58%,远高于进口贸易,实际使用外商直接投资仅为3.11亿美元,服务业市场开放不充分,技术贸易发展不足,企业参与全球价值链分工的能力亟待提高。

三、宁夏建设现代化经济体系的战略重点

建设现代化经济体系是一项十分复杂的系统工程,对于处于欠发达地区的宁夏来说,就必须按照现代化经济体系的“六个体系”和“一个体制”的新要求,找准着力点,重点解决好以下几个关键问题。

(一)深化供给侧结构性改革加快实体经济发展,筑牢建设现代化经济体系的坚实基础

实体经济是一国经济的立身之本,是财富创造的根本源泉,必须把建设现代经济体系的着力点放在实体经济上,深化供给侧结构性改革。要巩固好“三去一降一补”的成果,逐步淘汰宁夏在钢铁、煤炭、水泥、冶

金等领域生产率低的产业、产能。优化存量资源配置,扩大优质增量供给,实现供需动态平衡。一是要切实降低实体经济的企业成本。落实好宁夏回族自治区人民政府《关于降低实体经济企业成本的实施意见》,最大限度降低实体经济的制度性交易成本和企业税费负担。二是大力发展战略性新兴产业。在高端铸造、仪器仪表等领域培育一批领军企业,打造智能制造示范引领区,带动新材料、节能环保等相关新兴产业做强做大。大力发展现代生物制药、大健康等服务产业,引进休闲度假、康体养生等新兴绿色旅游业态项目,促进移动互联网、大数据等与现代制造业、服务业的深度融合,培育新的增长点。三是强化现代化基础设施体系的支撑。加快航空口岸、高铁、公路路网建设,完善现代化综合立体交通运输体系;大力发展移动互联网、大数据、云计算和物联网,加快信息基础设施建设。四是发挥人力资本作用。深入贯彻落实宁夏回族自治区党委、人民政府《关于深化人才发展体制机制改革若干问题的实施意见》《关于实施人才强区工程助推创新驱动战略的意见》等,重点突出"高精尖缺"导向,依托重点产业、重大项目和研发实力较强的企业,深入开展"313 人才工程""宁夏青年科技人才托举工程"等人才培养计划,夯实建设现代化经济体系的人才支撑。

(二)大力实施创新驱动战略激发实体经济活力,强化建设现代化经济体系的战略支撑

要注重引导运用互联网、大数据、云计算等信息技术,推动实体经济进行新组织、新模式、新业态的创新,将培育绿色实体经济作为产业转型升级的重点方向。一是深入实施创新驱动发展战略,推动重点产业重点领域率先突破,激活壮大绿色实体经济。以现代农业、生态旅游业、现代医药、大健康产业等为重点,发展壮大生态资源产业;以先进智能制造、新能源、新材料、现代物流、现代金融、文化创意、物联网等为重

点，加快发展绿色低碳产业；以新型大气治理、水处理、土壤修复技术、循环利用技术装备等为重点，培育发展节能环保产业。二是坚持技术创新和体制创新，加快推动产业转型升级。一方面要重视创新政策的统一规划，针对目前存在的创新政策过多过泛且碎片化和重叠的问题，建议归口科技部门进行整合，形成创新政策体系。另一方面要重视创新政策的真正落地，逐步制定细则和实施方案，营造更优的创新生态环境。三是加快发展现代服务业，探索绿色服务业发展引导机制。大力发展低消耗、低污染的现代服务业，推动服务主体绿色化、服务过程清洁化。加快建设全域旅游示范区，做优做强宁夏文化旅游产业。推广“生态+大健康”产业模式，适时选择中卫市、固原市等地开展大健康产业发展试点。四是大力推进智能制造，加快促进互联网、大数据、人工智能与实体经济的深度融合。深入对接“中国制造2025”，以共享集团的国家智能铸造产业创新中心、吴忠“中国制造2025示范城市”和石嘴山资源型城市转型示范区建设为载体，搭建开放、共享、线上线下相结合的行业平台，以绿色智能制造为主攻方向，建立关键共性技术研发、成果转移转化、产业化应用示范的运行机制，加快制造业向产业链中高端迈进。

（三）着力构建区域城乡协调发展新格局，优化建设现代化经济体系的空间布局

要按照宁夏回族自治区第十二次党代会提出的发挥宁夏空间规划的引领作用，坚持山川统筹、城乡一体，优化生产力布局，在协调发展中形成发展新优势、增强发展后劲。一是严格执行空间规划。严格执行空间规划（多规合一）划定的“三区三线”，生态保护红线区要按照禁止开发区、生态功能重要区域、生态环境脆弱敏感区域的不同要求进行管控，一般生态区按照限制开发区域的要求进行管理；永久基本农田保护

红线区任何单位和个人不得擅自占用和改变用途,一般农业区严格控制耕地转为非耕地,实行占用耕地补偿制度。城镇开发建设区严格控制,城镇建设预留区按照现状用地类型进行严格管控。二是加快中南部地区绿色发展步伐。中部干旱带和南部山区要立足资源禀赋,探索生态优先、富民为本、绿色发展的新路子。尤其是在工业、交通、建筑、供暖等重点领域要加大节能降耗力度,合理控制能源消费总量,有效解决大气、水、土壤等突出污染问题。三是打造沿黄生态经济。沿黄生态经济带要加快推进银川都市圈建设,围绕基础设施互联互通、产业发展集群集聚、公共服务共建共享、生态环境共保共治,形成城市协同发展效应。

(四)推进全方位多层次对外开放,提高建设现代化经济体系的竞争力

坚持以改革促开放,统筹用好国际国内两个市场、两种资源,全面激发社会创造力和发展活力。一是主动融入"一带一路"建设,打造丝绸之路经济带战略支点。最大限度用好内陆开放型经济试验区先行先试政策,发挥中阿博览会平台作用,推进陆上、空中、网上开放通道建设,发挥宁夏在现代农业、现代医药、现代纺织、特色食品等产业优势,提高与沿线国家的合作水平。二是加快转变外贸发展方式,拓宽对外贸易渠道。适时实施外贸优进优出行动计划,加快出口退税办理进度,加快建设跨境电子商务综合试验区,完善内陆开放型经济试验区发展和宁夏企业"走出去"的税收相关政策,推进外资、外贸、外经深度融合发展,培育出口竞争新优势。三是扩大服务业对外开放。根据国家关于服务业进一步开放的相关政策,逐步放开宁夏服务业市场准入,消除服务业发展的制度性障碍。通过适时实施绿色服务业重大项目推进、集聚区创建、龙头企业认定、领军人才培育、品牌创建等工程,推进服务

业综合改革试点。四是"走出去"与"引进来"并举。围绕提升国际产能和装备制造合作水平,推动基础设施、农业、能源资源、先进制造业、服务业五大行业国际合作,带动产能、装备和技术"走出去",海外先进技术"引进来"。

(五)深化经济体制改革,完善建设现代化经济体系的制度保障

深化经济体制改革是建设现代化经济体系的制胜法宝,要坚决突破利益固化的藩篱,持续深化行政审批、财经体制、商事制度等改革。一是力促行政审批制度改革"银川模式"升级为"宁夏模式"。要不断创新政务服务模式,最大限度方便群众办事,加快完善"网上办、集中批、联合审、区域评、代办制、不见面",着力降低制度性交易成本,持续激发市场活力和社会创造力,打造"放管服"改革的"宁夏模式"。二是以继续落实减费降税政策为抓手,助力供给侧结构性改革。重点围绕实施创新驱动发展战略,全面、及时、准确落实高新技术企业和创业投资减费降税优惠、研发费用加计扣除、固定资产加速折旧、技术转让税收优惠等支持创新的减费降税优惠政策。三是深化投融资体制改革,提高资本配置效率。重点是要畅通投资项目融资渠道,加大对项目融资担保和贷款的帮扶力度,建立健全自治区、市、县三级担保体系,落实民营企业专项担保基金等已有的注资机制。加大宁夏中小企业融资担保补助资金的保费补贴力度,促进担保机构降低对中小微企业的担保费率。完善宁夏融资性担保风险补偿基金,加快建立各市、县(区)融资担保风险补偿基金。

参考文献

[1]吴俊杰.论现代化经济体系:一个整体性视角[J].宏观经济管理,2018(12).

[2]文魁.建设现代化经济体系是一篇大文章[N].经济日报,2019-04-08(12).

[3]卓尚进.建设现代化经济体系:建设现代化强国的重要实践课题[N].金融时报,2018-02-10.

[4]何立峰.大力推动高质量发展　积极建设现代化经济体系[J].宏观经济管理,2018(7).

(原载于《北方经济》2019年第8期)

以供给侧结构性改革助推银川市创新型城市建设

高兰芳

摘　要：宁夏回族自治区首府银川市在建设创新型城市的过程中，存在着过于依赖传统增长路径、产业结构低端、创新主体及科技要素缺乏、公共财政投入不足等问题。推进创新型城市建设，银川市必须以供给侧结构性改革为主线，围绕“加减乘除”，助力特色产业竞争新优势，推动更前沿的产业创新，拓展更高端的对外开放，构建更完备的创新体系。

关键词：供给侧结构性改革；银川市；创新型城市

银川市是宁夏回族自治区首府城市，国土面积 9025.38 平方公里，建成区面积 165.74 平方公里，2017 年底人口总量约为 222.54 万人，全市实现地区生产总值 1803.17 亿元，全市人均地区生产总值 81656 元，2010 年被确定为国家第二批创新型试点城市。近几年来，通过“创新银川”战略行动、产业创新促进行动、创新能力提升行动、创新主体培育行动、惠民创新普及行动、创新环境建设行动等战略行动计划，银川市坚持创新驱动发展，创新环境有所改善，创新活力有所增强，经济发展质量得到进一步提升，为建设创新型城市奠定了良好基础。但对标国家创新型城市建设要求，银川市在创新发展中还存在着诸多问题，亟须以供给侧结构性改革为抓手，加快创新型城市建设步伐。

一、银川市建设创新型城市的基础

（一）创新投入不断增长，创新效益初具规模

1. 创新的资金投入稳步增长。全市科技财政投入由2011年的2.26亿元上升到2015年的3.20亿元，全社会R&D经费由8.42亿元上升到17.45亿元，R&D强度由0.85%上升到1.18%。

2. 创新的主体培育有所壮大，集群化发展趋势明显，成为拉动R&D投入的主要力量。截至2016年底，全市高新技术企业达到59家，自治区级科技型中小企业达到203家，分别占全区总数的76.6%和50.8%，全市科技型企业数量不断增长，质量不断提升。

3. 创新人才的培养引进工作不断推进。2010年启动了工程硕士培养计划，目前共培养工程硕士174人；农业领域深化科技特派员创业行动，调整发展科技特派员达到1100人；成立人才工作服务局，共引进两院院士16人，千人计划9人，万人计划5人，全国杰出专业技术人才2人；共挖掘、培育国家有突出贡献中青年专家、全国杰出专业技术人才等20余人，全国技术能手19人，国家重点学科、实验室、工程项目负责人20余人。

4. 创新的社会经济效益初具规模，科技支撑经济社会发展的能力不断增强。组织实施了一批国家重大专项和科技支撑计划项目，以及自治区重大科技专项，攻克了一批重大关键技术，取得了若干项国家科技进步奖，科技进步贡献率达到51%。专利申请量从2011年的637件增长到2015年的3306件，始终处于全区申请量的70%左右；专利授权量从2011年的359件增长到1255件，处于全区授权量的60%左右；万人发明专利拥有量达到3.5件。

(二)创新载体建设不断推进,创新资源集聚效应初显

1. 国家级开发区、科技园、企业孵化器、生产力促进中心等聚集产学研各类创新资源的园区建设初具规模。目前建成运营的工业园区、开发区8个,其中国家级4个,自治区级2个。创新载体建设以银川科技园为抓手,推动IBI和TMT育成中心融合发展,汇集科技创新资源,不断完善区域科技创新体系。

2. 科技研发平台、服务平台、资源共享平台等建设逐步推进。围绕农林产业、煤化工、新能源、新材料、医疗健康、环境保护等产业和行业,建有国家、省部共建和自治区级重点实验室20家;围绕装备制造、生物制药、羊绒纺织、新能源、电子信息等领域建有国家、自治区级工程技术研究中心30家。按照"1+6"(科技创新中心+科技金融服务中心、中阿知识产权交易中心、科技成果转移转化中心、科技企业孵化中心、科技创新成果展示中心、众创空间示范基地)模式,推动技术、资本、人才、服务等创新资源的优化配置与深度融合,推动科技创新成果产业化和资本化。

3. 项目引进与交流合作带来的科技创新资源聚集效应初显。与中国科学院、中国农科院、浙江大学、中国农业大学等院校的科技交流合作取得实效。与北京市科委共建"首都科技条件平台银川合作站""北京技术市场银川服务平台"和"国家科技成果转化服务(银川)示范基地";银川中关村创新创业产业园引进创新型企业24家,银川中关村创新中心挂牌运营;经开区与北京经开区共建"一带一路"国际产业园,引进石墨烯等高端项目6个。

(三)创新环境不断改善,创新热情有所激发

1. 创新的政策环境不断优化,始终坚持政府引领创新发展。不断出台创新驱动发展战略的决定或意见及配套政策,特别是"科技强市17

条”“金融强市 18 条”“工业强市 19 条”等政策组合拳，强调推进科技创新主体多元参与和各部分齐抓共管进而形成协同高效的创新治理新格局，成为良好的创新发展顶层设计。

2. 创新的金融支持改革效果初显。25 只产业基金撬动 346 亿元社会资本投入实体经济，西部担保公司担保额突破 240 亿元，通联资本公司成功发行全区首单境外债券 3 亿美元，创设西北首家股权科技板，金融业增加值占第三产业的比重达到 26%，在全国率先实行科技创新电子券，在知识产权质押融资方面也进行先试先行。

3. 创新的社会热情有所激发。各级创新创业大赛吸引了一大批大学生、社会团体的积极参与，大赛优秀项目有助于导入人才流，吸引资金流，放大信息流，最终落地银川，推动创新开放内涵式发展。

4. 创新的开放水平有所提升。宁夏内陆开放型经济试验区、银川综合保税区、中阿博览会、TMF 全球智慧城市峰会、中阿技术转移平台等成为创新开放发展的重要载体，银川初步成为东西双向开放的重要承接地。

（四）产业结构调整实现突破，产业创新基础有所提升

1. 农业上坚持“三精”方向，发展现代化特色农业，实现初步提质增效。在长枣、葡萄、花卉等产业上加强技术创新，在羊绒、奶产业、牛羊肉等领域实施了一批重大和重点科技项目，突破了一些产业发展中的重大关键技术难题，建设了一批国家级农业示范基地、培育了一批农业龙头企业，农业科技进步贡献率达到 57%，农产品加工转化率达到 64%。

2. 工业上坚持“兴工强市”，加快“两化”融合，重点突出工业特色。战略性新材料、新能源、数字化装备制造等产业向智能化、绿色化迈进，创造了国际国内多个行业“单项冠军”，其中晶体材料等百亿级产业集聚发展，以舍弗勒轴承、小巨人机床、巨能机器人、银川大河数控等为代

表的先进装备制造业占据国际高端市场,智能制造水平居西北第二,以天通、佳晶蓝宝石和隆基硅为代表的新材料、新能源产业成为世界单打冠军。现代纺织等产业初显成效,国家智慧型纺织基地初具规模,以中银、恒天如意为代表的现代纺织崛起,贺兰生态纺织园如意科技 25 万锭高档纱线、灵武羊绒园二期中银绒业 500 万件羊绒衫及 210 万件高端羊绒服饰等重点项目实现落地。

3. 新兴产业发展进入新阶段,积极引进、培育新业态,增强发展活力。建设大数据中心一期,引入了 41 家知名互联网企业,荣获"中国数字化转型领军用户奖",数字经济、共享经济不断壮大。WCA 电竞大赛成为世界最大的第三方电竞平台。大数据、电竞等新产业、新经济带动税收增长 12.8%,高于传统产业 7.5 个百分点。

二、银川建设创新型城市中存在的突出问题

(一)创新对经济增长拉动作用不显著,增长路径尚未发生较大改变

从科技进步对经济增长的贡献看(见图 1),银川为 51%,既低于东部发达一线城市深圳,也低于同为西部省会城市的呼和浩特、贵阳和南宁,科技支撑经济社会发展能力还有待提高。

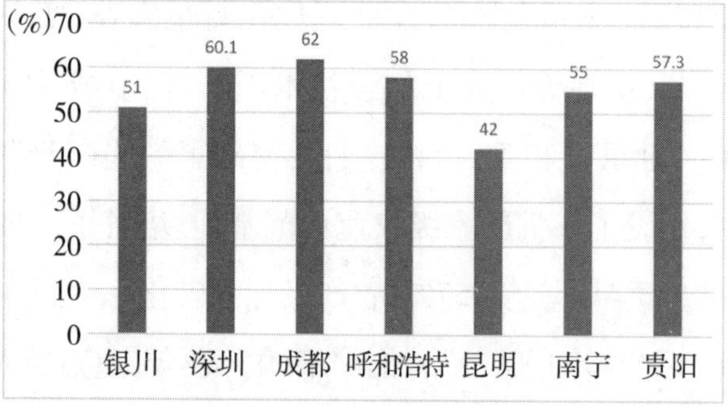

图 1　科技进步对经济增长的贡献率比较

数据来源:《宁夏银川市创新型城市试点建设自总结评估报告:2010—2016》、各城市《科技"十三五"规划》

从环境保护的角度看，相较于西部省会城市的西安和成都，银川市万元工业增加值污染物排放强度（废水、烟（粉）尘、二氧化硫）的绝对量仍然较高。且从单位 GDP 能耗看，银川市为 1.72，尽管已经达到国家创新型城市的要求，但仍属于相对高能耗的生产模式，且相较于 2010 年的 1.88 也仅下降了 8.51%，说明创新尚未对银川市经济增长方式带来较大改进，在推进绿色可持续发展方面仍有较大空间。

（二）尚未形成能与创新型城市定位相匹配的产业结构，产业结构仍以低端、高能耗产业为主，高端制造业和生产性服务业发展滞后

第三产业增加值占 GDP 的比重反映了一个地区的产业结构。从第三产业增加值占比看，银川市占比为 43.81%，工业经济仍占国民经济的主导地位，处于工业化中后期发展水平，离服务经济仍有较大差距。从制造业结构看，工业制造仍以低端高耗能制造业为主。尽管银川市的高端制造业附加值近年来呈现增长趋势，但占工业总附加值的比重仍较低，近五年分别为 5.31%、3.35%、4.17%、5.94%和 6.51%。

（三）科研机构、科研人员、高等学校数量较少，支撑创新型城市发展的科技要素有待提升

从国家重点实验室数量看，银川市的国家重点实验室仅为 4 个，开展高端研发活动的能力有限，难以开展国家级共性关键疑难课题攻关和创新成果推广应用。

高校是创新所需的基础研究的重要来源，也是创新型城市的人才后备基地。银川的高校数量和在校生数量均偏小。从高校数量看，银川市拥有普通高校 15 所，无法与同为西部城市的成都和西安等高校重镇相比，而且没有一所 985 高校，高校相关前沿研究与成果转化扩散能力有限。从每万人高校在校生人数看（见图 2），银川和同为西北地区首府城市的乌鲁木齐、呼和浩特、兰州等城市存在较大差距。

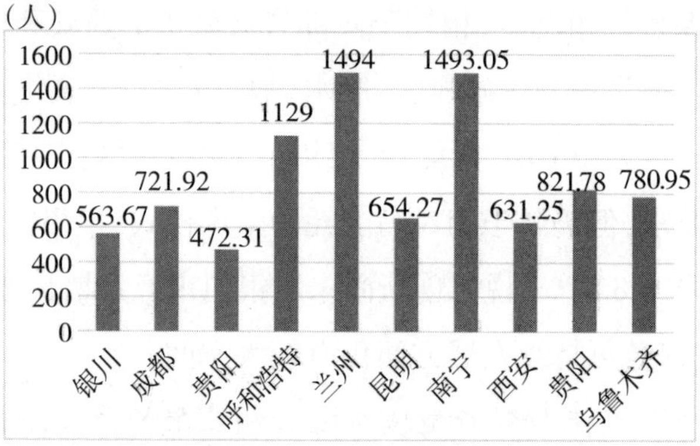

图2 每万人高校在校生人数比较

数据来源:各个城市统计年鉴(2015—2016年数据)

(四)政府公共财政投入不足,差距与西部同类城市存在扩大趋势

从近五年银川科技公共财政支出及其占比看,银川科技公共财政支出虽有所增长,从2012年的32391万元增加到2016年的49503万元,但占比仍保持在1.2%左右,2015年甚至一度下降到0.87%。从西部10城市科技公共支出及其在财政总支出中占比的横向比较看(见图3),银川市科技公共支出占比与兰州、南宁相近,但排名仍然靠后,且与创新型城市所要求的2%仍有一定的距离。

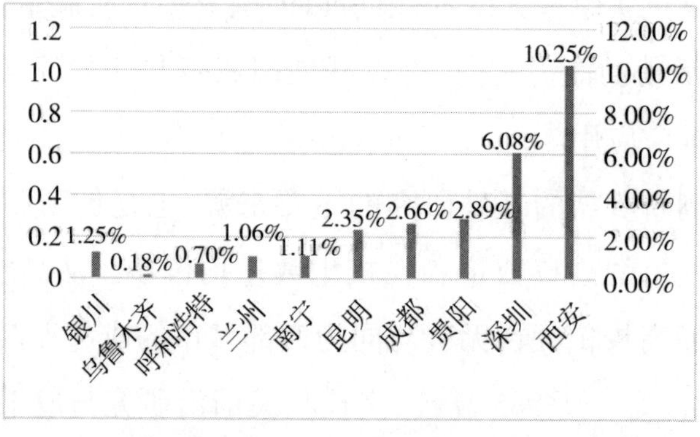

图3 科技公共财政经费支出占总财政支出比较

数据来源:各个城市统计年鉴(2015—2016数据)

从科技三项费用的增幅看,银川市科技三项费用增速从2012年的20%锐减到2014年的11.10%,2014、2015、2016三年的增速分别为11.10%、10.80%和12.80%。科技三项费用的增速放缓,既说明银川科技计划项目发展有限,地方创新活力不足,也意味着银川市地方财政压力变大,推动科技创新的持久力不足。

(五)企业作为创新主体的主动性不足,投入力度不强,作用发挥还相对有限

从银川市规模以上工业企业有科技活动的企业占比(见图4)来看,虽然从2010年的15.2%增加到2016年的22.9%,增长速度较快,但无论是和西安市2016年的数据对比,还是和自身目标值对比,都还有较大的差距,反映出银川市有技术创新意识的企业还比较有限,创新能力还较低。

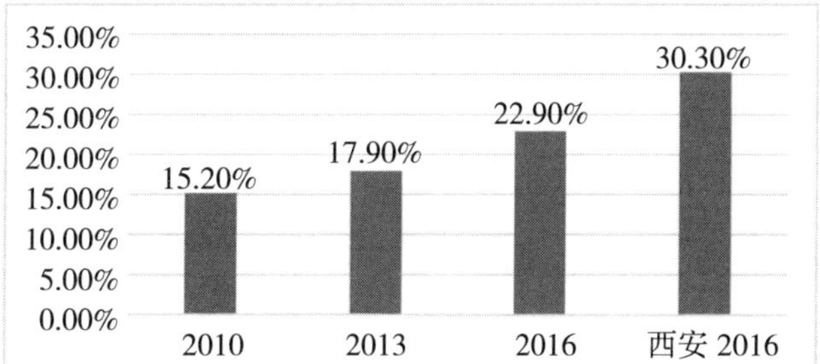

图4 银川市规模以上工业企业有科技活动的企业占比(与西安对比)

数据来源:银川、西安统计年鉴

高技术企业数量较少,难以形成有创新力量的产业集聚区。从衡量地区创新主体活跃度的高技术企业数量相对占比这一指标(见图5)来看,银川市仅为0.91%,是所对比的几个城市中最低的。而从《中国火炬统计年鉴2017》来看,银川市尚无进入统计的创新型产业集群,也说明该地高技术企业主体有限,科研教育资源相对缺乏,难以形成有创新

力量的产业集聚区。

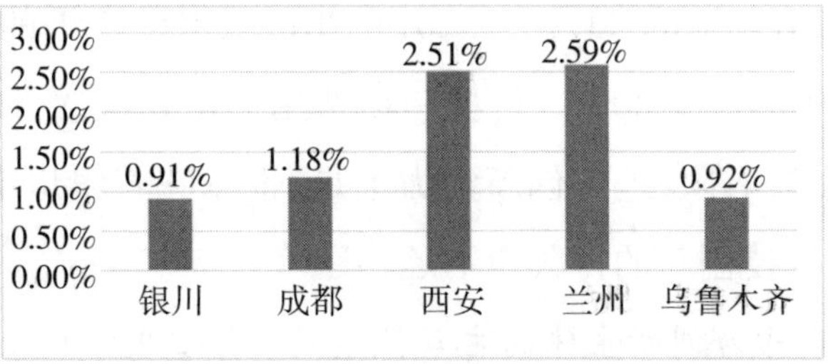

图5　2016年各地国家级高新区内高技术企业占比对比

数据来源:《中国火炬统计年鉴2017》

(六)市场创新环境、创新创业氛围、开放条件等还比较落后,不足以支撑银川市创新型城市的建设发展

从技术交易市场合同成交额来看,2015年银川市仅有2.27亿元(整个宁夏也只有3.5亿元),而同时期兰州达到了40.23亿,西安达到了732.81亿,可以说差距巨大。技术市场成交额少可能与科技成果的供求量有限有关,也可能与交易平台不完善有关。这说明银川市整体的市场环境还有待加强。

从创新创业载体情况来看(见表1、2、3),宁夏全区的孵化器数量、众创空间数量和国家大学科技园数量都很有限,载体内的从业人员较少,载体孵化的创新企业数量较少,创造的经济效益也较低。特别是众创空间服务的团队数量和团队中获得风投的企业数量很少,也反映出全区的创新创业能力较低,银川市作为宁夏的首府,其"双创"环境改进任务尚且艰巨。

表 1　2016 年西部部分省份科技企业孵化器情况

	孵化器（个）	创业导师（人）	公共技术服务平台投资额（千元）	在孵企业（家）	其中高技术企业（家）
西部地区	471	5668	1112706	19474	1446
宁　夏	14	171	8596	376	54
陕　西	66	727	377721	3037	318
新　疆	17	268	30008	1046	63
甘　肃	70	251	115225	1992	84

数据来源:《中国火炬统计年鉴 2017》

表 2　2016 年西部部分省份众创空间情况

	众创空间（个）	服务人员（人）	享受财政资金支持额（千元）	当年服务的创业团队（个）	当年获投团队及企业（个）
西部地区	1022	31220	565926	32060	3003
宁　夏	12	511	3590	395	42
陕　西	161	11582	35185	3874	449
新　疆	29	349	16047	1075	87
甘　肃	211	6076	74283	6697	838

数据来源:《中国火炬统计年鉴 2017》

表 3　2016 年西部部分省份国家大学科学园情况

	入统数量（家）	管理机构从业人员（人）	总收入（千元）	在孵企业（家）
西部地区	24	516	2928654	1815
宁　夏	1	9	64486	68
陕　西	4	91	288809	205
新　疆	1	21	139623	195
甘　肃	3	58	333326	195

数据来源:《中国火炬统计年鉴 2017》

三、以供给侧结构性改革助推银川市创新型城市建设路径

深入推进供给侧结构性改革,在未来相当长一段时间内将作为我国经济工作的主线,同时也将是化解新时代我国经济社会发展的主要矛盾、确保我国经济实现高质量发展的重要手段。同样,银川市也必须以供给侧结构性改革助推创新型城市建设。

(一)精准做好"加减乘除",助力特色产业竞争新优势

银川要打造国家创新型城市,必须要围绕创新领域中体制机制改革和科技创新"双轮驱动",围绕"加减乘除",实施更精确的供给侧结构性改革,以增强供给结构对需求变化的适应性和灵活性,推动银川特色优势产业结构优化、要素升级,培育和形成高质量发展的动力源泉。一是做好"乘法",发挥创新对发展拉动的乘数效应,实现"促创新、兴融合"。围绕特色优势产业,紧密结合"中国制造2025""互联网+"等,不断加大创新投入力度,加快发展新技术、新产业、新业态、新模式,逐年提升科技创新对经济增长的贡献率,提升银川特殊优势产业竞争新优势。二是做好"除法",就是实现"抓改革、破瓶颈",通过推动制度创新,着力处理好政府与市场及社会的关系,通过深化改革、完善体制机制,确保市场配置资源决定性作用,着力打通科技与经济、科技与金融、科技与社会民生相互结合的相关通道,引导社会资源向创新领域集聚。三是做好"加法",实现"补短板、提品质",扩大有效供给和中高端供给。要加快推动劳动力、土地、资金、技术等要素资源向现代服务业以及新兴产业等具有广阔市场前景的领域集聚,加快构建现代产业体系,推动产业由低端水平迈向中高端水平。四是做好"减法",倒逼去产能。就是要对那些经济效益偏低、市场需求不足、严重破坏环境的过剩产能进行压缩,果断出清"僵尸"企业,为未来经济发展腾出宝贵发展空间。

(二)推动更前沿的产业创新,引领城市全面创新新格局

当前,新一轮世界科技革命和产业变革孕育兴起,正在对人类社会

产生难以估量的影响，将颠覆现有很多产业的形态、分工和组织方式；产业间多领域交汇融通，也将重构人们的生活、学习和思维方式。

银川要打造国家创新型城市，必须顺应产业发展趋势，把握主动权，以更高站位、更远眼光、更深思维，从银川产业实际出发，积极抢占产业创新制高点，打造产业创新新格局。一是以"转型升级 · 全链引领"为路径，实施新一轮技术改造，加快用新技术、新工艺、新设备改造提升能源化工、装备制造、纺织等传统产业，实现在创新基础上的精细化、智能化升级，推动产业向高附加值产品的转变。二是以"特色开发 · 综合拓展"为路径，发挥原产地品种品质优势，大力引进技术水平高、增值潜力大、配套带动能力强的大型企业集团，创新农产品营销模式，推动枸杞、羊绒、葡萄酒等特色农产品做优特色、做强品牌。三是以"创新跨界 · 特色延伸"为路径，大力支持新能源、新材料、新一代信息技术、先进装备制造、生物医药等战略新兴产业集群发展，通过自主创新、合作开发，力争在能源转化、智能设备集成、稀有金属深度应用、生物萃取和发酵等关键技术上实现新突破。四是以"转型 · 融合 · 引领"为路径，以提质增效为中心，运用新业态新模式新手段，嫁接全域旅游、现代金融、电子商务、现代物流、会展博览、健康养老等产业，推进消费经济转型升级，使银川逐步形成具有较强聚集和辐射能力的现代服务业产业体系。

（三）拓展更高端的对外开放领域，打造开放型区域创新新体系

作为西部省会城市，银川近几年的经济发展和对外开放仍然停滞在以煤化工、钢铁、羊绒等典型的资源密集型、劳动密集型产品为主，产业和区域发展水平总体上对全球技术、人才、创新等新型高级要素的凝聚力、配置力和内外生融合力较差，作为国家内陆开放高地的开放作用尚不显著。

银川要打造国家创新型城市,必须以开放理念为引领,积极融入“一带一路”建设,全面提升其开放经济在国际环境中的市场竞争力、价值竞争力、创新竞争力等三大综合能力。一是要着力深化与国家部委、国家级科研机构、国内外一流大学、东部地区创新实力强的大型企业、“一带一路”沿线国家等之间的国内国际科技合作,推动产业整体转型升级并促进产业向中高端迈进,提升银川在国际产业分工中的价值竞争力;二是要着力于通过“引进来”和“走出去”,提升银川获取和利用全球贸易、金融、物流、信息、科技、人才等开放要素的能力,抢占开放合作制高点,进而提高产业创新竞争力;三是依托中阿博览会和综保区等综合开放平台,逐步构筑立足周边、辐射“一带一路”、面向全球高标准的自由贸易区网络,提高产品市场竞争力;四是着力于开放软环境建设,重点按照国际通行规则和打造“内陆开放型经济试验区核心区”的要求,健全同国际贸易、投资规则相适应的体制机制,积极参与全球经济治理和公共产品供给,全方位提高国际化商务环境和政府服务水平,提升开放环境软实力。

(四)构建更完备的创新体系,完善创新发展软环境

优质的软环境是科技创新的强劲推动力。当前科技创新活动、科技发展目标、资源配置结构都发生了显著变化,创新模式、经济竞争方式都在向跨界、融合的方向深入发展,如“研发、制造与服务融合”“本土化与全球化融合”“研发、产业、资金、创新价值链融合”等。优良的软环境之下,“政产学研金才介”相结合的创新体系才能实现高效运作。

银川要打造国家创新型城市,在新时代背景下构建具备完备的创新体系,在西部城市竞争中赢得竞争优势,必须营造良好的创新软环境,使创新主体不断丰富,创新空间不断拓展。一是要着力营造创新机构成长的“软环境”。要大力发展各类众创空间和孵化器,形成各种政

策支持和多渠道的资助模式，吸引了众多优秀的研发人员，使人才的创造性得以充分释放。二是要着力营造创新机构快速发展的“软环境”。政府要顺应创新企业需求及其趋势，着力构建“政产学研金才介”协同创新体系，既为企业创新提供政策和资金的支持、聚集更多资源，也为拥有技术优势的创新型企业搭建公平竞争的平台和参与决胜的机会。三是要推动政府机构的管理从“研发管理”向“创新治理”转型。要改变传统“自上而下”的管理模式，重塑集中型和分权型相结合的科技管理体制，使管理方式从研发项目、科技资源管理为主转变为以创新能力、创新体系和创新环境管理为主，增强政策公信力和执行力，实现各创新主体自主发挥创新作用。四是要营造既鼓励企业追求成功，也宽容企业失败的创新创业氛围。

参考文献

[1]赵丽娜，田原.供给侧结构性改革下提高就业扶贫精准度路径研究——河北省视角[J].现代商贸工业，2018(6).

[2]陶庆先.深化供给侧改革推进公共文化与产业融合发展研究[J].现代商贸工业，2018(9).

（原载于《现代商贸工业》2019年第8期）

银川市精准扶贫的对策研究*

朱丽燕

摘　要：贫困问题是阻碍经济发展的最大问题。近年来，银川市坚持精准扶贫、精准脱贫基本方略，通过产业扶贫、教育脱贫、就业培训、兜底保障、易地扶贫搬迁等措施和健康扶贫、金融扶贫、社会扶贫、科技扶贫等专项行动，集中优势力量，提高社会参与程度，全面推进脱贫攻坚工作，脱贫攻坚成效显著。本文通过厘清银川市精准扶贫工作中存在的问题，提出有针对性的对策建议，希望能够助力打赢打好脱贫攻坚战。

关键词：精准扶贫；对策建议

一、银川市精准扶贫的现状

（一）银川市贫困状况

自20世纪80年代至2018年底，银川市累计接收移民25万人左右。其中80年代至"十一五"末，接收吊庄移民2.3万户10.2万人；"十二五"期间接收移民17936户76390人，分布在银川市6个县（市）区8个乡镇13个移民村和13个劳务移民安置点；接收"十三五"（截至2018

* 因2018年起统计口径的变化，银川市不再对吊庄移民的收入进行专门统计，故统计数据截止到2017年度。

年底）易地扶贫搬迁移民 2281 户 10081 人、自发移民近 6 万人。2014 年，按照自治区要求，银川市在全市移民地区开展建档立卡精准识别工作。经过细致摸排，银川市精准识别建档立卡贫困户 8202 户 34706 人，贫困村 39 个，贫困发生率为 6.68%。截至 2018 年底，银川市有建档立卡贫困户 2408 户 9639 人，有贫困村 22 个。在现有未脱贫的建档立卡户中，丧失劳动能力或者无劳动能力的人员有 4913 人，占比达到 51%，低保贫困户有 4499 人，占比达到 47%，同时还有其他致贫原因，这些贫困户贫困程度深、致贫原因复杂、脱贫攻坚难度大，已经成为银川市经济社会发展、建设全面小康社会的短板和弱项。

（二）银川市精准扶贫的做法和成效

银川市通过强有力地组织领导确保扶贫责任的落实，制定行业部门责任清单、开展定期与不定期的督查巡察活动，发现问题，解决问题，使精准扶贫各项工作能够在良好的工作环境中开展。按照“一乡一策、一户一策、一人一策”发展思路，通过发展红树莓、枸杞、食用菌、鲜切花、肉奶牛种植养殖等致富产业，逐步建立“农户+合作社+基地+企业”的农业产业化经营利益联合体，不断推进扶贫工作由“漫灌式”向“精准式”转变。通过产业扶贫夯实了群众致富基础。通过“村头工厂”模式拓宽了群众增收路径，让移民群众在家门口就能够就业增收，从而达到“移民务工不用出村，群众挣钱又能顾家”的目的，实现了贫困户和剩余劳动力就近就业、企业降低成本、村集体经济有活水、返乡创业者投身乡村建设的“多赢”局面，激发了贫困群众的内生动力，推动贫困户从“要我脱贫”向“我要脱贫”的转变。银川市聚焦深度贫困人口发展问题，按照“统筹谋划、优化配置、成果共享、共赢发展”的思路和“普惠+特惠”的方式，建立健全脱贫攻坚长效机制，创新实施第三方项目扶贫机制，以深度贫困人口救助保障基金为平台，以企业运作为载体，打破了闽宁扶贫产业园地界限制,突破了区划、人才、土地等各类资源限制,将政府扶持资金投入到闽宁扶贫协作产业园以外的地区,利用其他地区优势资源,获取分红收益,进一步增强贫困地区造血功能,保障深度贫困人口发展。通过实施第三方项目扶贫机制保障深度贫困人口发展难题。通过金融扶贫方式,推进金融扶贫网店向乡镇、村下沉,提高了工作效率;向金融机构注入风险补偿金,打消了金融机构由于坏账、死账造成的损失,进一步增强了金融扶贫的"造血"功能,为促进贫困户发展产业、增加收入发挥了重要作用。通过调动社会企业的积极性,发挥企业助力脱贫攻坚的优势,形成上下联动、全市统一推进的大扶贫格局。

几年来,银川市坚持精准扶贫、精准脱贫基本方略,按照"绿色、高端、和谐、宜居"城市发展理念,深入实施脱贫富民战略,通过产业扶贫、教育脱贫、就业培训、兜底保障、易地扶贫搬迁等措施和健康扶贫、金融扶贫、社会扶贫、科技扶贫等专项行动,集中优势力量,提高社会参与程度,全面推进脱贫攻坚工作,2014—2018年累计脱贫8063户35754人,贫困发生率下降到了2018年的1.66%,吊庄移民群众和生态移民群众的收入也分别增加到了2017年的10510.3元和2018年的8062元,脱贫攻坚成效显著。

二、银川市精准扶贫工作中存在的问题

(一)产业扶贫带动能力及覆盖面不够强

由于存在扶贫产业措施比较单一、贫困户覆盖率低、可持续发展的"造血式"产业帮扶项目不多等问题,移民群众直接从事产业经营的参与度不高。龙头企业、合作社等扶贫主体对贫困户的带动能力依然较弱,不能大面积地带动贫困户参与发展;合作社存在"只挂名不出征"的问题,存在"空壳社""挂牌社"等现象。生产基础薄弱导致贫困户发展

产业缺乏后劲，只能从事一些初级产业、原料产业、低附加值的产业，在产业发展方面缺乏后劲。产品流通渠道和产品深加工水平有限，导致产品价格低，甚至滞销，影响了贫困户的收入。

（二）技能培训与实际就业相脱节

贫困群众大多数都接受了技能培训，但是由于培训的层次较低，找工作的困难较大。在具体的培训工作中，大多数培训机构没有很好地结合市场需求来设置培训专业，同时也没有很好地去征求贫困户的意愿来设置培训专业，没有真正地做到因人施策、分类培训，导致培训的针对性不强，贫困群众培训后就业途径受到限制。

（三）劳务移民后续发展问题多

贫困群众易地扶贫搬迁安置方式是一种创新，但也还存在很多问题。大部分劳务移民群众因为不愿失去原籍所有的土地而不愿迁转户籍，所以，与户籍相关联的低保、医保、残疾、养老等社会保障政策也难以落实。由于劳务移民户籍未能及时迁转、移民去向不稳定等原因，给社区管理造成一定难度。劳务移民原有的生活习惯短时间难以改变，不能很好融入当地社会，加之就业稳定性差，有些因此而返回原籍。劳务移民的就业培训次数少、工种单一、针对性不强，务工就业困难问题十分突出。

（四）贫困群众内生动力不足

贫困群众受生产生活环境制约，教育程度低，接受能力较弱，又缺乏自主发展、自主脱贫、自主就业、自主择业、自我发展的意识，"等、靠、要"思想严重，有越贫越要救济的懒汉思想。

三、推进银川市精准扶贫的对策建议

（一）强化产业扶贫，增强自我发展能力

夯实产业发展规划，做好招商引资工作。依托种养殖园区、龙头企业,将扶贫项目精准落实到每个建档立卡户,真正做到精准到户。加大对扶贫龙头企业技改、设备等的扶持力度,使企业在产业扶贫中也得到发展和壮大。统筹整合涉农资金,发挥聚集效应。鼓励和支持建立农副产品专业合作社,进一步提高农业产业链,提高农民收入。

(二)加强技能培训,满足市场需求

开展"订单式培训",加强技能培训的针对性,力争使有培训需求的劳动力至少有1人取得职业资格证书,掌握1~2门就业技能。继续推进"村头工厂"模式,带动贫困户在家门口就能够就业增收。通过劳动力市场平台和有组织地劳务输出的方式带动就业。采取支部+协会的模式,发挥党支部示范引领作用,组织贫困家庭劳动力转移就业,增加收入。鼓励农村贫困劳动力自主创业。大力实施返乡农民工创业引领计划。继续实施公益性岗位帮助贫困户就业。

(三)加强搬迁后续工作,着力发展致富产业

加大政策宣传力度,做好群众工作,尽快迁转。劳务移民户籍迁转后,迁入地对符合条件的应按照有关规定和程序纳入城乡居民基本养老保险、低保、残疾人护理补贴等保障范围,同步享受各项社会保障政策,确保劳务移民搬得出、稳得住。采取差异化扶贫政策,切实做到因户因人施策。加强扶贫网格员的管理使用工作,重点加强对劳务移民摸底和识别工作,建立常态化结对帮扶机制。加强劳务移民区社会事务管理。严格落实属地管理责任,认真抓好移民区社会治安综合治理等工作,确保劳务移民区社会大局稳定。

(四)加强贫困群众的扶智、扶志力度

坚持扶智和扶志相结合,激发群众内生动力。开展移风易俗树文明乡风行动,引导移民群众积极树立良好的思想观念。强化对先进典型的奖励力度,发挥典型的示范带动作用,激发贫困户脱贫致富奔小康

的内生动力。强化贫困群众主体意识,充分发挥主观能动性,以主人翁地位全面参与到脱贫攻坚中。

参考文献

[1]朱宝雯.民族地区精准扶贫面临的问题及对策——以Z镇民族果村为例[J].时代经贸,2018(18).

[2]刘合光.中国扶贫机制与发展进程[J].石河子大学学报(哲学社会科学版),2019(2).

[3]梁土坤.新常态下的精准扶贫:内涵阐释、现实困境及实现路径[J].长白学刊,2016(5).

[4]刘成军.贫困代际传递的内生原因与破解路径[J].马克思主义与现实,2018(1).

[5]黄承伟,刘欣.新中国扶贫思想的形成与发展[J].国家行政学院学报,2016(3).

[6]]庄天慧,陈光燕,蓝红星.精准扶贫主体行为逻辑与作用机制研究[J].广西民族研究,2015(6).

[7]檀学文,李静.习近平精准扶贫思想的实践深化研究[J].中国农村经济,2017(9).

(原载于《时代经贸》2019年第35期)

浅析增强消费对宁夏经济增长的基础性作用

李　园

摘　要:随着宁夏居民生活水平的提高,虽然消费结构不断优化,消费对经济增长的基础性作用得以发挥,但是当前宁夏消费运行也出现一些新的情况。因此,要针对新情况新特点,充分发挥消费对宁夏经济增长的基础性作用。

关键词:宁夏;消费;基础性作用

当前,宁夏在国家对西部地区的支持力度不断加大的良好保障下,经济社会各方面都取得了长足的进展。而科学把握消费变革,充分发挥消费的基础性作用,对推动宁夏经济高质量发展具有重大意义。2019 年上半年,宁夏消费的基础性作用有效发挥,全区社会消费品零售总额 454.1 亿元,同比增长 5.5%,增速比 1—5 月份加快 1 个百分点,比上年同期加快 0.3 个百分点,消费已经成为经济增长的主要拉动力。消费结构不断优化升级,满足人民日益增长的美好生活需要的服务消费蓬勃兴起成为当前宁夏消费的主要特点。与此同时,城乡居民消费能力有待提升;供给创新不足,消费的供需发生错配;消费升级的基础设施存在短板,消费环境尚不完善等都成为发挥消费对宁夏经济增长基础性作用的重要制约因素。因此,要充分发挥消费对宁夏经济增长的基础性作用,就要不断破除这些制约因素。

一、深化收入分配制度改革,不断提高居民消费能力

促进消费发展,收入是一个重要的因变量。因此,要在“提低、扩中、调高、打非”的方针和“橄榄型”收入分配结构方向的指引下,推进工资制度改革,缩小收入差距,让劳动报酬增长和劳动生产率提高同步。首先,提高居民收入水平是根本,农民和城市低收入者又是增收的重点对象。因此,要健全就业创业体制机制,对中低收入者教育培训要不断加强,提升其职业素质和增收能力。同时,针对当前居民的劳动收入和财产收入渠道存在的问题,要不断对其拓宽丰富。宁夏是西部欠发达地区,扩大中等收入群体就显得极其重要,让广大中低收入者消费潜力的充分释放成为扩大宁夏消费需求的“加速器”。其次,不“与民争利”,要在总收入既定的前提下,正确处理好居民、企业和政府三者之间的分配关系。再次,要进一步完善社会保障制度,重点是对居民养老、医疗等社会保险制度要不断发展和完善,对于教育、保障性住房等和千家万户息息相关的基本公共服务供给要有效改善,增强居民生活安全感,形成明确稳定的未来预期,从而增加满足人民群众美好生活需要的即期消费,减少居民消费的后顾之忧。

二、多措并举,深挖消费需求潜力

出台促消费政策,实施扩消费行动。一是在服务业广度深度和效率上狠下工夫。在现代服务业集聚区大力推进品牌化、标准化建设,提高专项扶持资金使用效率,让服务质量得以全方位提升。全域旅游示范区建设要进一步加强,让“旅游+”模式和旅游惠民“一卡通”在宁夏推行推广起来。对旅客反映的配套设施和服务不完善的问题要尽快解决,才能留住老旅客,吸引新旅客。针对当前宁夏物流成本较高的问题,要进一步快速推动物流与交通、电商等融合发展,多方协力共建综合物流平台。让数字经济的发展成为宁夏的独特优势,中卫(西部)云基地、银川中关村创新中心、石嘴山科技金融众创空间要做大做强。二是加快形成文商旅融合的夜间消费聚集地。大力发展夜间经济,鼓励主要商圈、特色商业街、著名旅游景点等延长营业时间,推动夜间消费与城市文化、历史文化、城市特色等深度融合,延伸服务消费长度,打造地标性夜生活集聚区。

三、多路并进,持续优化消费供给体系

在扩大消费上持续发力,关键在于优化消费供给体系。当前,与日益强劲的居民消费需求相比,宁夏中高端商品和享受型服务的有效供给存在明显不足,迫切需要多路并进,持续优化消费供给体系。一是持续增加服务消费的有效供给。围绕消费个性化、差异化、订制化、精细化发展趋势,积极支持共享服务消费、订制服务消费、网络服务消费、平台服务消费等新兴行业发展;根据人们迫切的消费需求,加快发展人民消费需求强劲的健康养老、教育培训、家政、体育、文化旅游等现代服务消费行业;充分利用移动互联网、物联网、AR、VR等新一代信息技术,持续推动商贸、餐饮、住宿等传统服务消费行业改造升级,以应对消费变革新趋势。要用市场的手段来解决超出基本公共服务的中高端需求。对于私人健身教练、金牌陪护等消费者亟须的高端需求要积极培育、发展。加快服务业对外开放步伐,满足中高收入群体的市场需求。二是加强生活性服务业质量体系建设。生活性服务业是满足人民群众美好生活需要的重要载体,其标准质量体系的建设就显得尤为重要。应打破家政服务没有行业标准的传统观念,要树立新型现代观念,即随着服务业市场规模的扩大,服务产品的质量标准也必须要严格规范。对家庭清卫、管道工、月子保姆、家庭护理、家政管理等家政从业人员教育培训工作要重点加强，不能放松。对那些获得资格证的优秀服务人员，要通过市场引导并最终通过市场交换获取应有的较高的劳务报酬，起到带头模范作用，促进良性循环，引导服务行业有序健康发展。三是不断提升商品供给能力。围绕消费品质提升，全面提升产品品牌价值，打造一批知名品牌，满足品质消费新需求；根据绿色生态要求，积极推动绿色消费，支持新能源汽车、绿色家电等发展，推动绿色循环消费；为应对信息消费升级需要，加快 5G 移动通信终端、可穿戴设备、超高清视频终端等信息产品供给。四是提升创新支撑能力，为增强有效供给提供强大基础。“科技支宁”东西部合作的深化是当务之急，沿黄科技创新改革试验区、现代农业科技创新示范区的建设要大力推进。宁夏的重点领域诸如现代煤化工、生物医药、特色农业等，要在科技项目的实施，关键技术的突破，先进成果的转化上不断推动。要出台相应的政策积极扶持高新产业和科技型企业发展。跟进完善创新服务体系，产学研一体化要以企业为主体，并进一步健全相关机制。对不合理不健全的科技管理体制要下决心改革，让科研机构及其人员有更大的自主权，并尊重、保护其知识产权，让他们有施展才华和梦想的良好平台。“人才新政 18 条”要不断落地，认真实施，通过齐抓共管协力解决引才难和留才难等问题。人才要分类评价，终身职业技能培训要不断落实并常抓不懈，让劳模精神、工匠精神在宁夏这片热土上深入人心，努力造就一支技能型、知识型、创新型劳动者大军，让他们在宁夏大地上放飞梦想，推进宁夏人才体系不断完善。

四、多方发力，加快营造良好消费环境

随着新消费业态与形式的不断涌现，现有的消费环境显然已不能适应以文化消费、健康消费等为代表的新消费需要，这就需要多方发力，营造良好的消费环境。一是营造公平竞争新局面。围绕消费新领域,继续推行负面清单制度,进一步放宽健康养老、医疗美容、文化创意等消费领域的市场准入,确保更多供给主体参与到消费供给中来,形成公平合理、有序竞争新局面。二是打造科学监管新体系。围绕消费新模式、新业态,进一步完善法律法规,实行分类监管,加大对平台型消费供给主体的监管力度,最大限度保障消费者合法权益;围绕传统服务消费领域,进一步创新监管模式,通过跨部门协同监管,提升监管效能;进一步完善产品供给,加快建立农产品、食品、药品等重要产品质量监督体系和产品追溯体系,确保产品质量安全。三是构建诚信兴商新格局。加强商务信用体系建设,建立健全商务信用联合奖惩、信用档案管理等制度,努力消除消费供给主体的不诚信行为。四是针对电子商务存在的诸多问题,对其监管力度要不断加大。网上销售假货与失信问题等情况严重,因此,政府职能部门应该加大标准规范体系的建设,“风险监测、网上抽查、源头追溯、属地查处、信用管理”要全过程精准体现;电子商务的公共服务平台及其评价监督体系都要不断建设并完善,电商资质、质量、交易、监管、信用等信息及消费者维权信息要交换共享;电商平台要加强品牌建设,不仅要追求进驻商家的数量,更要跟踪监督其商品质量及消费者评价与反馈,树立强烈的守土有责意识。针对一些网络店铺非法通过刷店铺信誉等级、刷好评、刷成交量等不良手段,一定要严惩不贷,剥夺其经营权,还消费者以公平。五是要大力通过各种方式、渠道加大对消费者的宣传、引导与教育,让消费者树立正确健康的消费理念。“贪小便宜”“天上掉馅饼”等不良心态是许多消费者和假货“结缘”的原因。因此,消费者首先要从自身做起,拒绝假货,理智清醒消费。现在是网络时代,各种不当不法“虚假宣传”及“虚假广告”通过各种渠道和手段向消费者侵袭,消费者要端正消费态度,冷静理智对其进行辨别。一旦买到假货,要敢于拿起法律的武器维权,提高源头防范意识。另外,当前消费者个人信息容易泄露的原因无外乎有两点:一方面是消费者防护意识薄弱,缺乏对自身信息的保护;另一方面是不法分子利用消费者的一些不当购物行为及习惯来窃取其个人信息。因此对广大消费者来说,明智之举是在使用电脑手机时要经常并及时更新下载杀毒软件,对各种不明链接一定要谨慎,不要轻易点开。收到快递后,要及时处理好外包装的个人信息,不要随意丢弃,以防被不法分子利用。

参考文献

[1]朱高林. 从不平衡到平衡:发挥消费基础性作用的路径分析[J].社会科学,2019(1).

[2]毛顺宇. 完善促进消费的体制机制研究[J]. 当代经济,2019(1).

(原载于《现代经济信息》2019 年第 24 期)

宁夏民营企业融资的现实困境与破解之策

——基于宁夏民营企业的调查研究

宋克玉

摘　要：民营经济是宁夏经济的重要组成部分，是推动地区经济高质量发展的重要力量。近年来宁夏民营企业融资能力不强、融资渠道狭窄、融资环境不佳导致企业融资困境突显，宁夏各级政府、金融机构、民营企业应多方发力，建立健全有助于民营企业融资的长效机制，切实推动民营企业稳健发展。

关键词：民营企业；融资难；融资贵；直接融资；间接融资

民营经济是宁夏经济的重要组成部分，是推动地区经济高质量发展的重要力量。近年来，由于内外部、主客观多种因素叠加共振，宁夏民营企业发展陷入困境，融资难融资贵问题突显。2018年以来，宁夏各级党委政府、监管部门、金融机构密集出台了一系列金融支持民营企业的相关政策，着力改善民营企业融资环境，形成了明确的政策导向和良好的政策预期。目前，政策效果已逐步显现，融资困境得到初步缓解。但民营企业融资能力不强、融资渠道狭窄、融资环境不佳问题依然突出，跨越民营企业“融资的高山”仍需宁夏各级政府、金融机构、民营企业多方发力，建立健全有助于民营企业融资的长效机制。

一、宁夏民营企业融资现状

（一）融资难度大

宁夏民营企业融资80%以上依赖于银行贷款。《2018年宁夏金融运行情况》报告显示，2018年全区金融机构本外币各项贷款余额7038.52亿元，中小企业贷款总额约1393.11亿元，虽然较2017年全年贷款总额增加了100.40亿元，但在全区贷款余额中占比仅为19.79%。就资本市场直接融资而言，截至2018年12月，宁夏共有13家上市公司、“新三板”挂牌企业59家。因在沪深交易所、银行间债券市场发行债券门槛高，宁夏民营企业公募债券融资额度很小。宁夏股权托管交易中心作为区内唯一的区域性股权市场，自2015年成立以来先后为区内4家民营企业提供私募债券融资，融资金额1.22亿元。总体而言，宁夏民营企业通过金融场融资额度与其在地区经济中的重要地位相比很不匹配，融资难问题依然明显。

（二）融资成本高

与2017年相比，2018年宁夏民营企业通过银行信贷融资成本有所上升。根据宁夏中小企业服务局问卷调查数据显示，在获得贷款的138家企业中，贷款综合成本率不超过5%的贷款企业占获得贷款企业总数的43.48%；贷款综合成本率介于5%~15%的贷款企业占比为49.28%；贷款综合成本率高于15%的贷款企业占比为7.25%。受到银行以贷转存、存贷挂钩、以贷收费、浮利分费、转嫁成本及其他变相增加贷款成本行为的企业有43家，占比31.12%。宁夏民营企业融资综合成本明显高于国有企业，融资贵问题依然突出。

（三）融资办理时间长

宁夏民营企业贷款办理周期较长。宁夏中小企业服务局问卷调查数据显示，2018年度企业贷款时间较2017年度集中度较高的2~4周区间向后延伸至1~2个月区间,整体融资办理周期拉长。就续贷而言,调查问卷数据反映出2018年度续贷审核未通过率大幅降低,较去年同期下降31%,银行持续支持中小企业发展得到改善,但整体上还存在企业续贷成本较高、办理周期较长等问题。宁夏民营企业融资周期较长、融资慢问题依然存在。

(四)融资满意程度低

从宏观整体贷款需求满足情况和微观个体贷款金额满足情况两个层面而言,宁夏民营企业贷款满意度均有所提升,但许多企业仍然有较大的融资缺口,贷款金额满足率不高,尤其对于农业生产企业来说,由于受自然环境的影响较大,生产周期长、风险大,一般很难从银行获得较高比例贷款,贷款满足率很低。此外,科技型中小企业由于规模较小,普遍缺少银行可以接受的固定资产抵押物,也是贷款满足率较低的群体。

二、宁夏民营企业融资困境成因

(一)民营企业融资能力不足

一是经营风险较高。宁夏民营经济整体发展滞后,在全区经济总量中占比约为50%,远低于发达地区70%的平均水平。宁夏民营企业多处于传统行业领域和价值链低端,以生产原材料和初级产品为主,质量效益低,产品同质性高,抗风险能力差。因为场外股权质押风险高,银行等金融机构不敢给予支持。二是信用等级较低。宁夏民营企业普遍缺少土地、房产等不动产抵押品,民营企业专利中大部分为新型和外观专利,作为质押品经济价值不大,民营企业股权作为质押品也不被银行认可。缺少抵质押品,导致民营企业授信评级较低,难以满足银行的贷款条件,银行等金融机构不能给予支持。三是管理水平参差不齐。宁夏民营企业普遍法人治理结构不健全,以家族式管理为主,缺乏职业经理人,管理水平粗放。大多数民营企业财务制度不规范,信息不完整,不愿透露真实的举债数量与渠道,甚至存在伪造、变更财务报表的行为,银行等金融机构不愿给予支持。

(二)民营企业融资渠道狭窄

一是直接融资门槛太高。宁夏绝大多数民营企业在资本规模、盈利情况、信用评级、信息披露等方面难以达到资本市场发行股票、债券所要求的门槛,即使获得了发行资格,其融资成本也要比大企业高很多。二是间接融资不断收紧。宁夏民营企业融资高度依赖银行贷款,近几年,宁夏地区银行类金融机构贷存比持续高于 100%,2018 年为 116.41%,远高于全国 76.26%的平均水平。受供给侧结构性改革和“去降补”宏观政策影响,银行对产业政策限制类企业实行缩贷、压贷、抽贷政策。同时,受金融风险防控大环境影响,银行信贷政策调整,银行的信贷规模逐步收紧,导致部分民营企业的授信条件提高,授信额度压缩,贷款成本升高甚至难以获得贷款。

(三)民营企业融资环境不佳

一是社会信用体系不健全不完善。目前,宁夏民营企业的各种信用信息散落在不同的政府部门(税务、工商、社保、司法、央行、银保监局等)和企事业单位(银行等金融机构、电力、水务、燃气等公用事业运营公司等),形成多个信息孤岛,金融机构获取民营企业真实信用信息难度大、成本高。信息不对称形成了逆向选择与道德风险,加剧了民营企业融资困境。二是政府增信机构实力较弱。目前,政府性担保机构已遍布宁夏各县(区),截至 2018 年 12 月末,宁夏融资担保类政府投资基金21.97亿元。宁夏政府增信机构普遍规模小,加之管理规范性不高,风控体系不健全,导致担保能力弱,难以满足民营企业增加担保额度、降低担保成本的需求。三是营商环境不优。宁夏民营企业经营的政务环境、市场环境、法治环境、社会环境仍有欠缺,成为制约民营企业进一步发展的制度短板,进而降低了民营企业的融资能力。

三、破解宁夏民营企业融资困境的对策

(一)增强民营企业自身实力

第一,民营企业需树立规范经营理念。民营企业应聚焦主业,规范经营,完善法人治理结构,完善财务会计制度,重视自身信用记录,主动对接银行信贷审批标准,构建满足银行信贷条件的要素。

第二,民营企业应统筹安排融资渠道与融资方向。民营企业家应拓宽融资视野,熟悉多种融资工具,充分利用应收账款融资、供应链融资、知识产权质押等融资形式,形成多元化融资理念,合理进行融资规划。

第三,民营企业应增强负债管理能力。金融机构应积极与民营企业对接,帮助民营企业在贷款存续期内,统筹规划资金。同时,民营企业在经营形势良好时,应防止盲目扩张、过度负债,要及时补充资本,降低负债率,避免负债率持续过高影响融资能力。

(二)拓宽民营企业融资渠道

第一,充分利用商业银行的信贷资金。商业银行信贷资金是宁夏民营企业融资的主渠道。商业银行应打破所有制歧视,消除隐形壁垒,切实开展普惠金融,助力宁夏民营企业稳健发展。一是大力增加民营企业资金供给。目前,我国央行为缓解民营企业融资困境推出了定向宽松的结构性货币政策,区内商业银行应认真落实央行定向降准政策,充分利用央行再贷款、再贴现等资金,增加对民营企业贷款。制定专门的授信政策,下放审批和定价权限,单列信贷额度,增强贷款能力。进一步完善尽职免责、容错纠错机制,提高民营企业贷款不良率容忍度,激发服务民营企业的内生动力,促使信贷人员对民营企业“能贷、敢贷、

愿贷”。二是切实降低民营企业融资成本。区内商业银行应建立差别化利率定价机制,逐步降低民营企业贷款利率,优化贷款流程管理,减免服务收费,清理不必要的“通道”和“过桥”环节,降低民营企业融资成本。三是加快创新信贷产品。区内商业银行应针对民营企业的行业属性、地域环境、经营特点,在风险可控的前提下,适当把握客户信贷业务准入门槛,下调相关行业、产品客户评级准入标准,开发适合不同民营企业特点的信贷产品,实现对民营企业的精准滴灌。四是运用科技手段改进信贷技术。充分利用大数据、云计算、新三板最新上线的融资对接平台“投融通”等信息科技,拓宽筛选民营企业的信息渠道,降低银企间的信息不对称,提高风险识别能力、风险定价水平和风险管控水平。

第二,充分发挥资本市场的直接融资功能。宁夏政府应完善激励机制,提高奖励资金,大力支持主业突出、规范运作的民营企业在资本市场上发行债券与股票。同时,2018 年央行提出要充分运用信贷、债券、股权“三支箭”为民营企业融资纾困,并积极探索民营企业债券融资工具和民营企业股权融资工具。目前,信用风险缓释凭证作为民营企业债券融资支持工具已在全国逐步推广。宁夏应有序推进民营企业债券融资工具的发行,通过信用风险缓释凭证提升民营企业债券发行便利程度。

第三,非银行金融机构可与银行、债券、股票形成融资互补格局。保险资金具有长期稳健风险管理和保障功能,同时具有长期投资优势,应充分发挥区内保险机构降风险、增信用、引资金的重要作用。租赁公司可针对宁夏民营企业小额、分散、高频的资金需求,及时投放资金纾解融资困境。信托公司可结合宁夏民营企业的特点,灵活运用股权投资、投贷联动、并购基金、定向增发等多种举措,为区内民营企业提供多样化的金融服务,支持民营企业转型升级。

(三)优化民营企业融资环境

第一,着力落实相关金融政策。2018年下半年以来,中共中央、国务院及多个部委出台了一系列金融支持民营企业融资的政策,上述一系列政策不仅是方向性的指导,更是纾解民营企业融资堵点的细化方案。伴随着政策制度的逐步完善,宁夏相关各部门应该深入贯彻金融供给侧结构性改革精神,结合本地实际,统筹协调各项政策,制定相关配套举措,细化、量化各项指标,保证各项政策落地、落细、落实,打通民营企业融资的“最后一公里”。

第二,设立民营企业专项发展基金。自治区政府可将现在分布在多个部门的扶持民营企业发展资金进行整合,专门设立民营企业专项发展基金,并逐步扩大资金规模,将有效的临时性纾困举措变成常态化、机制化的支持举措,形成制度化、长效化的畅通渠道。

第三,充分发挥政府担保基金作用。逐步扩大现有政策性担保基金规模,尽快推动宁夏再担保公司与国家融资担保基金有限公司积极开展合作,形成“国家融资担保基金—宁夏再担保公司—辖内融资担保机构”三级风险担保体系,扩大担保额度,增强担保能力,降低担保成本。

第四,建立民营企业信用信息共享平台。建设并完善宁夏社会信用信息数据主题库,打破不同部门、不同机构间的藩篱,集中收集民营企业信用信息并实行专门存放,将民营企业信用信息数据提供给金融机构或第三方征信机构进行信用评价。给民营企业“信用画像”,便于金融机构将民营企业“看得清”“看得透”,进而识别出优质民营企业。同时建立银企网上对接平台,公布民营企业融资需求清单并动态更新,实现民营企业与金融机构融资供求精准对接。

第五,优化营商环境。破解民营企业融资困境的根本之道在于民营企业自身发展壮大,良好的营商环境是民营企业良性发展的必备条件。宁夏各级政府应切实打破行政垄断,消除区域壁垒,放开民营企业场准入领域。对应由政府偿付的各种民营企业欠款,要尽快按时结清,降低民营企业债务负担。坚持用场化、法治化手段进行去产能、去杠杆。坚决保护民营企业家的人身与财产安全。

参考文献

[1]沈宗庆,袁伟.辩证看民营企业“融资难、融资贵”[N].学习时报,2019-5-1.

[2]韩松.着力解决民营企业融资难融资贵问题[N].学习时报,2018-12-28.

[3]段胜.关于民营企业融资难融资贵问题的思考——基于四川省民营企业的调查分析[J].金融与经济,2019(3).

(原载于《北方经济》2019 年第 9 期)

法学

社会治理法治化的实践路径探析

贾德荣

摘　要:党的十九大提出,要"打造共建共治共享社会治理格局","提高社会治理社会化、法治化、智能化、专业化水平"。社会治理法治化是打造共建共治共享社会治理格局的根本保障,是坚持以人民为中心的价值选择,是实现国家治理体系和治理能力现代化的现实选择。目前,社会治理依法治理理念、治理立法、治理机制、治理的司法保障和法律服务体系等方面都不同程度存在问题,制约社会治理法治化的实现。为此,要从培育社会治理法治理念、完善社会治理立法、健全执法机制、加强司法保障和健全法律服务体系等方面着手,推进社会治理法治化。

关键词:社会治理;法治化;实践逻辑

社会治理是指党组织、政府、企事业单位、社会组织、社区以及个人等多种主体通过平等的合作、对话、协商、沟通等方式,依法对社会事务进行引导和规范,最终实现公共利益最大化的过程。[1]70党的十九大提出要"打造共建共治共享的社会治理格局","提高社会治理社会化、法治化、智能化、专业化水平"[2]49,让改革发展成果更多更公平惠及全体人民,保证全体人民在共建共治共享社会治理格局中有更多获得感、幸福感和安全感。如何实现社会治理法治化,打造共建共治共享的社会治理格局,成为亟须研究和解决的重大课题。

一、社会治理法治化的实践价值

(一)打造共建共治共享社会治理格局的根本保障

打造共建共治共享社会治理格局,是中国特色社会主义进入新时代后,党和政府对我国社会治理面临的形势和任务作出的精准判断。打造共建共治共享社会治理格局,归根到底是为了不断满足人民日益增长的美好生活需要,让人民群众共享治理成果。只有让广大人民群众感受到并得到实实在在的实惠,并让这种实惠长期存在,人民群众才会在情感上认同、行动上支持党和政府。为此,需要实现社会治理法治化,通过法治的思维和方式建立健全共享服务体系,构建实现共享成果的体制机制,不断满足人民群众的需要。

(二)坚持以人民为中心的价值选择

党的十九大报告指出,人民是历史的创造者,是决定党和国家前途命运的根本力量。必须坚持人民主体地位,坚持立党为公、执政为民,践行全心全意为人民服务的根本宗旨,把党的群众路线贯彻到治国理政的全部活动中,把人民对美好生活的向往作为奋斗目标,依靠人民创造历史伟业。[3]21 打造共建共治共享的社会治理格局,提高社会治理法治化水平,本质上是通过法治尊重人民主体地位,保障人民共同参与社会治理,谋求人民利益的最大化。这意味着社会治理法治化必然要以人民的利益为旨归,维护和保障人民利益是社会治理法治化的最高追求。

(三)实现国家治理体系和治理能力现代化的现实选择

国家治理体系和治理能力现代化是一个国家制度及其执行能力的集中体现,是适应社会发展新要求和人民群众新期待的必然选择。党的十九大报告明确强调,要"推进国家治理体系和治理能力现代化"[4]19。"现代化"的国家治理体系和治理能力更关注国家、市场和人民的治理关系,更重视社会治理方式,更强调广大人民共享改革发展成果。社会治理法治化恰恰可以为国家治理体系和治理能力现代化理顺国家、市场和人民之间的治理关系,激发社会组织和人民群众参与到社会治理中来,保障广大人民共享改革发展成果。

二、社会治理法治化的现实困境

社会治理法治化的实现程度,制约着共建共治共享社会治理格局的打造。从目前社会治理法治进程来看,还存在许多问题亟待解决。

(一)依法治理理念尚未普遍树立

社会治理法治化是社会治理理念不断提升和治理实践不断拓展的结果,是党和国家对社会文明成果的积极吸纳和认同,是对社会发展规律的遵循。社会治理法治化的目标在于建设共治型、权利型社会,主旨在于社会治理要从政府主导向政府、社会和人民共治转变。在这种治理方式转变过程中,治理理念也应随之改变。从当前社会治理法治化的实践状况看,一些地方认为,社会治理法治化只是政府行政管理流程和管理方式方法形式化的改革。一些地方和部门重视手中权力,习惯于用命令、指示等传统的管理手段管控社会,合作共治理念和依法治理理念不强,公众参与社会治理的正当权利保障不充分。尽管公众权利意识逐渐觉醒,但往往还是习惯于威权管理,参与社会治理共治观念不强烈,社会治理法治化氛围不浓。

(二)社会治理立法工作相对滞后

世界上社会治理效果好的国家和地区,都拥有比较完备的法律体系。完备的法律体系是社会治理法治化的必然要求。我国当前的法律规范内容构成表现为立法理念强调行政管理多,社会共治少;重视社会公共利益的实现,忽视个体权益的保障。在社会主体建设上,重视国家机构和行政体制改革,强调转变政府职能,但社会组织建设缺乏法律的有力支持,社会组织和公众参与社会治理的渠道不畅、支持力度不够。在立法领域上,我国比较重视公共安全、社会治安防控体系等传统安全领域的立法,但法律服务体系、社区治理体系和规范互联网空间社会治理的立法不足或存在空白。在立法技术上,公众参与不足,还存在立法部门争权现象,立、改、废、释等工作创新性不足。

(三)社会治理执法机制有待加强

习近平总书记强调,"天下之事,不难于立法,而难于法之必行"。推进社会治理法治化,重点是把有关社会治理立法落实在实践中。从当前执法实践看,社会治理执法体制和工作机制还存在短板。一是多元治理主体体系还未有效建立。经过几年的探索和实践,我国社会治理机制已逐渐开始转型,但国家、市场和社会三大独立的主体体系尚未形成,以政府为主导的单一治理模式仍然在一些地区存在。二是信息化建设滞后。主要表现为政府识别和采集信息不全面。受采集成本、采集方式和手段、采集群体范围大小等因素的影响,群众的需求无法通过一定的渠道反映至政府的决策系统中去,信息没有实现全社会共享。社会治理主体众多,每个治理主体都掌握一定的群众需求信息,但这些数据还没有完全共享,对社会治理共治的技术支撑不足。三是利益协调机制不完善。市场经济的高速发展推动了社会结构分化,使得社会贫富差距悬殊,公共利益分配失当,部分群体会有失落感和不平等感,但利益诉求表达机制不通畅,群众利益诉求无法及时表达。并且利益补偿机制没有及时跟进,矛盾调处机制作用没有得到充分彰显,群众受损利益没有及时得到补偿,易引发新的社会冲突。四是社会治理考评体系不完善。社会治理考核指标偏重行政任务完成、社会矛盾纠纷排查和解决、社会服务工作开展等方面,缺乏公民参与治理、基层自治情况、社会对社会治理的认知程度等指标,或这些指标权重较低。同时对考核结果的运用不到位。各级政府对社会治理考评结果的导向功能、规范功能和推动功能注重不够,不能及时有效应用治理结果来引导、规范、监督、推动社会治理。

(四)以公正司法保障社会治理存在困难

司法是维护社会公平正义的最后一道防线,也是加强和创新社会治理的坚实保障,应当充分发挥司法机关职能作用,为加强和创新社会治理提供优质高效的司法保障。目前,司法机关地位、内部人事制度和审判业务行政化的现实没有得到有效改变,"审而不判,判而不审"的问题在一些地区仍然存在,司法专业化程度有待加强,司法公信力还需大力培育;我国法律对司法公开做了较为全面的规定,但在实践中司法公开的内容、方式和范围还不全面,没有做到全覆盖;司法审判中,司法机关在处理和协调社会舆论、百姓关切方面还不成熟;司法保障机制不完善,工作人员顾虑较多,不能大胆行使司法权。

(五)公共法律服务体系不健全

公共法律服务体系是以整合律师、公证、司法鉴定、仲裁、基层司法管理、人民调解等法律服务资源为基础[5]6,创新社会治理,为社会主体提供全业务、全时空法律服务社会治理体系的组成部分。当前,一体化、智能化的公共服务法律平台建设还比较滞后,覆盖全业务、全时空的法律服务网络还没有建成。针对贫困地区和重点人群均等化的基本公共法律服务还比较薄弱,基本公共法律服务还存在盲区。人民群众多层次、多领域、个性化的法律服务需求还无法得到及时有效的满足,法律服务水平有待提高。

三、社会治理法治化的实践路径选择

(一)培育社会治理法治理念

习近平总书记指出:"治理和管理一字之差,体现的是系统治理、依法治理、源头治理、综合施策。”社会治理法治理念的本质就是要坚持以人民为中心,保障多元主体参与社会治理,并最终实现社会公共利益的一种价值遵循。培育社会治理的法治理念,一要构建完善的社会治理法治理念生成机制,改变传统政府治理的一元格局,健全社会组织,培养公众参与意识。二要坚持以人民为中心的价值理念,突出人民在社会治理中的主体地位,实现社会治理合作共治。三要树立公平正义理念,保障人民共享社会治理成果。四要坚持创新发展理念,彻底改变过去的管制思维,将创新渗透于日常治理活动和公共服务之中,逐步建立社会治理创新的长效机制,着力解决社会治理体制改革动力不足的问题。五要树立社会主体公共意识,加强对社会主体公共意识的教育和宣传工作,健全和完善系统的公众参与制度,为社会主体公共意识的生成提供条件。

(二)完善社会治理立法

良法是善治的前提。要推进科学立法、民主立法、依法立法,以良法促进发展、保障善治。[6]38~39当前,社会治理立法的重点内容需要把握以下几个方面。一是加强社会治理主体立法。要以法律的形式明确规定社会治理多元主体在治理中的权利、义务和责任,明确社会组织和公众参与社会治理的渠道和程序。二是加强社会组织建设立法。要完善社会组织的构建以及运行规则,明确社会组织参与社会治理的法律地位,为多元治理主体合作共治提供制度基础。三是加强社会保障立法,尤其是弱势群体权益保障立法,以协调和保障各方利益关系,防控各种社会风险,及时化解各种社会矛盾。四是加强网络立法。加强互联网内容建设,建立网络综合治理体系,营造清朗的网络空间[7]42,引导网络舆情,维护网络安全。

(三)健全社会治理执法机制

1. 构建多元化治理主体体系。首先,政府要发挥社会治理主导作用,应通过政策、资金、项目倾斜,去引导和支持社会力量参与社会治理。其次,社会组织要发挥社会治理协同作用。大力培育社会组织,调动社会组织参与社会治理的积极性。充分利用媒体进行广泛宣传,提高社会对社会组织的认知度,扩大影响力。完善社会组织人才培养政策,制定人才引进、资格认定、职称评定、福利保障等政策,促进社会组织人才队伍的专业化和职业化。[8]25最后,引导公众积极参与社会治理。培养和塑造公众参与意识,建立健全公众参与社会治理制度和机制,有效促进公众参与社会治理。

2. 建立健全社会治理信息互动与共享平台。政府部门应通过科学合理的方式方法,将能够公开的社会公共信息及时发布,供社会共享,提升社会治理智能化、专业化水平。同时应制定社会主体提取信息的办法,设置广泛接纳反馈信息的窗口和通道,进一步把握社会治理的有效性和准确度。[9]180~187政府部门应整合各类“条数据”“块数据”,以“互联网思维”构建数据平台,解决“数据孤岛”和统一平台标准问题,为社会治理提供技术支撑。

3. 完善利益协调机制。进行制度创新,建立健全畅通的利益诉求表达机制,搭建利益诉求表达的制度性平台。加强工会、妇联以及行业协会等社会组织建设,充分发挥它们在利益诉求表达和权益维护方面的作用;建立健全利益分配机制,突出按劳分配的主体地位,提高劳动报酬在初次分配中的比重,真正做到劳动收入与劳动贡献相匹配;建立利益补偿机制,适时调整相关补偿标准,坚持公平合理的补偿原则,对当事人利益受损情况作出准确评估并予以补偿;健全利益矛盾调处机制,及时收集掌握社会舆论,正确分析和掌握社会利益矛盾的动态趋势,构建利益各方协商对话的平台,采用适宜的方式,理性解决利益矛盾。

4. 完善社会治理考评体制。一是完善评价指标,将社会治理的基础性工作纳入考核评价体系中,尤其要将群众关心的、与其利益紧密相关的指标内容纳入考核指标体系,实现评价指标的多元化、广覆盖。二是增加群众对政府官员政绩考核的权重,让群众有机会对政府服务进行评价。三是引入第三方评估机制,由独立于政府部门及相关机构的组织或个人对社会治理效果进行绩效评价。加强对第三方评估的甄别和规范,制定完善的遴选标准或通过招投标确定评估机构,使相关社会组织均有机会通过竞争参与第三方评估。

(四)强化社会治理司法保障

社会治理法治化条件下的司法,应在强调"司法性"的基础上,重视"治理性"。通过司法活动,协调社会利益关系,实现社会控制职能。司法活动在监督社会治理执法过程的前提下,加大对特殊群体的保护力度,做到"司法性"和"治理性"的统一。当前,一是深化司法体制综合配套改革,去除司法地方化、行政化现象,全面落实司法责任制,努力让人民群众在每一个司法案件中感受到公平正义。[10]39 二是严格实施司法公开,确保每一起案件都能在阳光下进行,以增强司法公信力和司法权威。三是加强司法队伍建设,加大教育培训力度,通过理论学习和实践锻炼,提高司法人员专业化素质。四要完善司法保障工作机制。各级司法机关要重视并强化对司法人员的执业保障,确保司法人员安全的履职环境,健全完善法官维权救济机制,依法维护司法人员合法权益。

(五)构建完善的公共法律服务体系

实现社会治理法治化,需要解决法律服务发展不均衡不充分的问题。首先,需要政府持续加大法律服务供给,建立一体化、智能化公共法律服务平台,实现全业务、全时空服务。推进基本公共服务均等化,提高区域公共法律服务均等化水平。拓宽创新法律服务领域,实现公共法律服务标准化、精准化、便利化，最大限度满足群众法律服务需要。其次，要不断完善法律援助制度，扩大援助范围，提高援助质量，向群众提供及时充足、普惠均等、优质高效的法律援助服务，努力使人民群众能够获得及时有效的法律帮助。最后，要加强法律服务市场供给，以市场为导向，大力发展律师、公证、基层法律服务、司法鉴定等法律服务业，普遍建立法律顾问制度，推动在各级党政机关和人民团体设立公职律师，在企业设立公司律师，为社会提供多层次、可选择、市场化的法律服务。

参考文献

[1]雷梅，段忠贤.地方社会治理公众满意度影响因素研究——基于贵阳市网格化服务管理的实证调查[J].贵州师范学院学报，2018(8).

[2][3][4][6][7][10]习近平.决胜全面建成小康社会　夺取新时代中国特色社会主义伟大胜利[M].北京：人民出版社，2017.

[5]傅政华.坚持以人民为中心建设人民满意的公共法律服务体系——在全国公共法律服务工作会议上的讲话[J].中国司法，2019(3).

[8]王勇.打造新时代共建共治共享社会治理格局的路径探析[J].公共行政，2018(10).

[9]易轩宇.合作治理模式下社会组织参与社会治理博弈分析[J].兰州学刊，2015(3).

（原载于《辽宁行政学院学报》2019年第4期）

提高社会治理法治化水平问题研究

金　磊

摘　要：法治是治国理政的基本方式，社会治理是国家治理的重要组成，法治覆盖社会治理的方方面面，社会治理则需运行在法治轨道之上。社会治理与法治的价值取向高度一致，提高社会治理的法治化水平，应当在全社会树立正确的法治观，进一步提高社会治理的法治化水平。

关键词：社会治理；法治化；法治国家

“社会治理是基于共同的社会规范，包括社会价值、行为规范和法律法规来规制政府、社会组织、企业和公众行为，协调社会关系，解决社会问题，化解社会矛盾，消除社会冲突，防范社会风险的社会活动。”[1]1 党的十八届三中全会首次提出社会治理这一概念，党的十八届五中全会则提出要构建全面共建共享的社会治理格局，党的十九大报告更进一步提出要构建共建共治共享的社会治理格局，并明确要求要提高社会治理的法治化水平。

一、社会治理法治化的重要意义

在社会治理中，法治是社会治理现代化发展的“底色”，必须发挥稳固的“底盘”作用。

（一）法治是治国理政的基本方式

法治是人类文明发展的重要成就，是人类最伟大的发明之一。自有人类社会以来，就有了社会治理的历史。伴随着社会治理活动，法治也逐渐发展成熟。从规则之治的意义来看，无论是西方还是中国，自古以来就注重通过法律制度来治理国家。在中国形成了对中华文明有深刻影响的中华法系，在世界形成了大陆法系、英美法系、印度法系、伊斯兰法系。但是有规则的治理并不意味着有法治，民主是法治的基本特征。从法治的民主特征来看，西方资产阶级革命之后，大部分资本主义国家逐步走上了以资本主义民主为基础的法治现代化之路。在中国，中华人民共和国成立之后，法治具有了真正的民主特征，"五四"宪法就是在全国人民共同参与下制定出来的。改革开放后，伴随着中国民主政治的不断发展，中国特色社会主义法治道路也在逐步发展并走向成熟。

"中国共产党通过自己的执政实践得出了法治的结论，必须依法治国、依法执政、依法行政共同推进，法治国家、法治政府、法治社会一体建设，建设中国特色社会主义法治体系，建设社会主义法治国家。"[2]

自改革开放以来，党和国家对法治的认识越来越深刻，始终把法治放在党和国家工作大局中来考虑、来谋划、来推进。因此十八大报告明确提出"法治是治国理政的基本方式"，把法治摆在更加突出的位置。全面依法治国委员会的成立是加强党对法治建设全面领导的重要举措，也是法治建设系统性、整体性、协同性的必然要求。

法律是治国之重器，法治是国家治理体系和治理能力现代化的重要依托。要全面建成小康社会，进而向下一个百年目标进发，就必须全面推进法治中国建设，运用法治思维和法治方式解决在新时代党和国家事业发展面临的一系列重大问题，更好地发挥法治固根本、稳预期、利长远的保障作用。

由于西方国家与中国发展路径不同,政治、经济、社会、文化等方面的差异决定了法治道路的不同。中国特色社会主义法治道路必须立足于中国国情,遵循中国社会发展的客观规律与历史必然,坚定不移地坚持中国共产党的领导,坚定不移地走中国特色社会主义道路,坚持依法治国、依法执政、依法行政共同推进,坚持法治国家、法治政府、法治社会一体建设。法治国家是法治建设的目标,法治社会则是建成法治国家的基础,社会法治化水平决定了国家的法治水平。

(二)人民群众对法治的需求日益增长

随着社会主义政治文明和物质文明的不断发展和完善,社会文明的程度也在不断提高,人们的权利意识在不断发展,并且充分认识到法治是人民权利的重要保障。

在立法方面,人民群众对立法的需求,已经不是有没有,而是好不好、管用不管用、能不能解决实际问题,以往"宜粗不宜细""有总比没有好"等立法观念已经发生转变。特别是在地方经济社会发展过程中,对加强地方立法的呼声越来越高,对地方立法的可操作性、针对性需求越来越突出。在法律的产生过程中,人民群众越来越注重如何参与到其中的问题,如何通过参与提出自己的呼声,表达自己的意愿。"只有当法律是人民意志的自觉表现,因而是同人民意志一起产生并由人民的意志所创立的时候,才会有确实的把握。"[3]349在现实实践中,有的社会组织和社会团体,已经有了通过立法博弈来实现自己的权利保障的意识,认识到了立法活动的政治属性。

在行政执法方面,由于行政执法是人民权利得到落实的重要方面,因此人民群众对公平执法、严格执法、文明执法提出更高的要求,不但要求执法结果要公开,而且要求执法过程也要公开。对政府行政不但要求形式合法，同时提出实质合法的要求。而且对于行政决策的出台，群众更加希望能够有更多的渠道参与到决策的制定当中。

在司法方面，人民群众要求在每个案件中都要体现出司法的公平公正。社会公众对司法公正的关注，不仅体现在对个案的审理和对冤错案件的纠正上，还体现在对法官的个体言论与行为的关注及对司法体制改革的关注上，并对通过司法体制改革推进司法公正寄予很高的期望。

在公民守法方面，人民群众对守法的认识越来越客观理性，对自律与他律的辩证统一关系有了更高的认同度，法治观念在逐步增强，特别是在对待涉及自身权利实现与保障问题上，更多的人学会了运用法律武器来争取自己的合法权益，并保障自己合法权益不受非法侵害。

社会治理法治化，不但是社会层面各个主体对社会自治与法治良好结合的需求，同时也要求从法治国家、法治政府的层面提供一个良好的法治运行机制，从而与法治社会建设形成良性互动，实现共建、共治、共享的格局。

（三）法治是社会治理的基石

党的十八届三中全会首次使用“社会治理”的提法，强调要“坚持系统治理，加强党委领导，发挥政府主导作用，鼓励和支持社会各方面参与，实现政府治理和社会自我调节、居民自治良性互动”。同时，也提出要坚持依法治理，加强法治保障，运用法治思维和法治方式化解社会矛盾。党的十九大报告对于打造共建共享共治的社会治理格局提出了更高的要求，“加强社会治理制度建设，完善党委领导、政府负责、社会协同、公众参与、法治保障的社会治理体制，提高社会治理社会化、法治化、智能化、专业化水平”。

社会治理强调多元治理，就是在党的领导下，政府、社会和公众都参与到社会治理过程中去,政府要负责,社会要协同,公众要积极参与。社会治理治什么?社会治理就是要治理社会行为、社会关系、社会问题和社会风险。通过社会治理要实现的目标就是要“实现社会秩序,激发社会活力,实现社会的公平和公正,保持社会和谐”[1]2。秩序、自由、公正、和谐,这些价值取向与法治高度一致,而法治最为重要的社会价值也正在于此。要实现社会秩序,必须要依赖法律来规范社会行为,调整社会关系,依法解决社会问题,防范社会风险;要激发社会活力,需要法律来确认社会主体的权利与自由的范围,并借助于强制力规范来保障其实现;要实现社会的公平和正义,必然要依靠制定良好的法律将社会公平正义转化为普遍遵守的规则,依靠严格公正文明规范的执法、司法来实现,法治是社会公平正义最强有力地保障;要保持社会和谐,同样要依靠法治托起道德的底线,与德治共同发挥作用。因此,法治是社会治理的基石。

二、社会治理法治化存在的问题

目前在社会治理法治化过程中存在以下突出问题。

(一)缺乏正确的法治观念

虽然从社会层面的法治实践来看,总体上有了很大的发展和进步,但是在法治建设的过程中仍存在着不平衡和不充分的问题。特别是对法治的认识,在社会层面存在着缺乏正确的法治观念的问题。从现代法治的基本价值来讲,主要是制约和规范权力,保障公民权利,但并不能因此而限定法治只是治“官”治“政府”,对公民而言,权利与义务的统一都是社会法治观念的重要内容。党的十八届四中全会决定提出新法治十六字方针,科学立法、严格执法、公正司法、全民守法,说明法治的实现需要从立法、执法、司法和守法的整体格局出发,而法治社会的形成是法治国家形成的重要基础。

随着法治社会的发展，群众法律意识在不断增强，但是社会层面法治观念呈现一种权利强话语态势，与权利相应的义务观念发展滞后，而且对权利的认识也存在极大的利己性。从诸多信访案件以及部分社会公共事件来看，社会个体在权利观念上，既有包含个人本位价值取向的自由主义的权利意识，同时还根深蒂固地存在着惯有的计划经济时代政府全能全管的集体本位的权利意识，两种权利意识主导着社会个体的行为和主张。从与权利相对应的义务观念来看，社会公众与个人本位价值取向对应的强个体义务意识尚未发育成熟，而与集体本位价值相应的弱个体义务意识成为个人拒绝承担相应行为责任的内因。重庆公交坠江事件，可以成为窥视公民义务观念现状的一孔。

（二）法制化水平有待提高

由于中国社会普遍存在自治能力不强的问题，因此社会治理活动必须依据完备的法律制度。社会行为、社会关系、社会问题、社会风险的治理，都要实现有法可依，但是目前在社会领域的立法不足也是一个明显的问题。

社区治理是社会治理的重要组成，在社区治理实践中，政府如何负责、社会如何协同、公众如何参与，各自的权利义务界限缺乏相关的法律制度规范，以至于在具体实践中，政府仍惯性地发挥着领导和管理的作用，社会组织惯性地服从，而公众参与的积极性也不高。

在人民群众关注的教育、医疗、养老等民生领域的社会治理，同样面临着法律制度匮乏的困境，或者虽然有国家层面的法律，但却缺少相关具体的具有可操作性的下位法规。

在推动社会基层治理的过程中，政府的政策唱了“主角”，有的政策与法律规定并不一致，有的甚至侵犯了社会组织和公民个人的合法权利。在地方社会经济发展进程中，有时地方性法规的制定速度仍赶不上地方发展决策的变化,法规依然只是发展和改革的成果,尚未变身为发展和改革的依据。

(三)现代法治文化还未形成

法治社会是建成法治国家的基础,但是由于我国长期传统“官本位”思想的影响,人们普遍还存在信权不信法的习惯,社会层面还未完全形成崇尚法治、信仰法治的文化氛围。

在东部经济发达地区,社会经济行为越活跃,规则意识越强,对法治的自发性需求越强烈,法治文化越容易形成;但是在中西部地区,受经济发展滞后的影响,社会活力不足,对政府权力依赖性越强,法治观念越落后,法治文化也不易形成。

改革开放后,西方法治思潮随着强势的西方法治话语权不断涌入中国。在市场经济发展的过程中,权利本位的法治观念受到了追捧,并在社会法治观念层面形成了主导地位。但是在资本主义经济基础和历史传统影响下形成的自由主义色彩的法治文化,与当代中国社会主义经济基础上和受儒家传统思想影响而形成的法治观念,已难以继续兼容。中国特色社会主义的基本政治制度,也决定了坚持马克思主义基本立场、观点和方法的法治思想对坚持西方自由主义意识形态的法治思想的排斥。因此,中国本土法治文化仍处于一个立足于中国特色社会主义和承继历史、借鉴外来优秀法治文明成果的磨合形成阶段,仍面临着一个在否定之否定规律基础上的替代性嬗变问题。

三、提高社会治理法治化水平的对策建议

(一)树立正确的法治观念

法治是人类文明重要的成就之一,中西方在法治发展道路上各有特点,但总的来说并没有在世界范围内被“定于一尊”的法治模式。中国特色社会主义法治建设经过长期探索和发展,找到了与中国国情相

适应的法治道路，形成了具有中国特色的社会主义法治理论，构建了符合中国特色社会主义实践需要的法治体系。因此，要正确认识法治。

第一，要明确中国当下实施的法治是立足于中国国情的法治，是与西方资本主义法治不同的法治模式。

第二，树立正确的法治观念，必须要意识到，实现法治不仅要依靠党和政府的推动和努力，还要依靠社会各主体自觉的主观能动性。共建共治共享，必须要实现政府治理和社会调节、居民自治的良性互动。在法治社会建设中，特别需要社会各类组织和社会公众的积极参与。

第三，对于社会各主体，特别是公民个体而言，法治绝不仅仅意味着权利的保障，同样也意味着义务的履行。随着狂犬病疫苗事件的曝光，怎样对待宠物犬成为近期社会关注的热点问题之一。从网络舆论来看，大概有这样几种具有代表性的“声音”，一是人权高于狗权，对存在潜在威胁的不拴链的狗，就应当消灭；二是毒杀狗是打着正义旗号的杀戮游戏，暴露了人性之恶；三是要形成对养狗人的舆论压力，逼迫养狗人自律。从上述种种意见来看，社会层面对此事的思考和意见更多是基于自身的权利保障预期，虽然也有人从公共利益出发提出应当立法管理，依法养狗，依法处理狗伤人事件，但这种声音明显式微。在一个成熟的法治国家里，必须坚持权利与义务的统一性，对此无论是西方还是中国，都是基本的常识，当然权利义务的具体内容受国家基本经济制度和基本政治制度的影响而有所不同。养狗人的权利要保障，但同样也要履行相关义务，非养狗人的人身权利要保障，但同样要履行尊重他人合法权利的义务。重权利、轻义务，追求个体利益极大化的社会心理，严重影响了正确法治观念在社会公众中的形成。马克思说过“没有无义务的权利，也没有无权利的义务”，只有形成正确的权利义务观念，才能树立正确的法治观念。

第四,要树立法律面前人人平等意识。平等是社会主义法律的基本属性,但是长期以来受传统“权力至上”思想的影响,中国社会大众普遍“崇尚特权”。对别人的事尚可理性看待,能够拿法律来衡量是非对错,但在自己“摊上事”的时候,就想找捷径、走关系,尽量避开正常的法律制裁。对很多人而言,法律管的都是别人的事。要树立正确的法治观念,必须树立起法律面前人人平等的观念,任何人在法律面前都没有特权。

(二)完善法律制度

提高社会治理法治化水平,不仅要将正确的法治观念作为主观动因,同时还必须依靠完备的法律制度作为客观制度保障。

第一,应当进一步完善确保社会治理各主体参与治理的相关程序性法律制度,确保在立法、执法、司法、监督等法治工作环节中,在与社会治理相关的政府决策过程中,通过民主化的法律制度设计,使社会组织和社会公众个体都能够依法参与,依法提出相关意见,依法进行利益博弈。使社会组织和社会公众在法治保障之下积极参与社会治理,稳步提高社会治理的民主化水平,并且在社会治理民主化进程之中,进一步提高社会治理的法制化水平。

第二,在实体性法律制度中,应当通过立法明确政府、社会、公众的权力(权利)边界和对应的责任义务,明确社会治理中政府的权力清单和责任清单,明确社会各类组织在社会治理相关活动、领域的权利与义务,明确社会公众个体在社会治理相关活动、领域的行为规范和权利保障,既要实现“政府负责”的政府治理,也要实现“社会”有条件且能够“协同”的社会调节,还要保障在“公众”真实“参与”下的居民自治良性互动。

第三,坚持以人民为中心的发展原则。以人民为中心,一方面表明法治建设的目的是为了人民,另一方面也表明法治建设要依靠人民,人民既是法治保障的对象,同时也是法治建设的主体。《中华人民共和国宪法》规定,社会主义制度是中华人民共和国的根本制度,中华人民共和国的一切权力属于人民。党的十九大报告明确指出,中国共产党人的初心和使命,就是为中国人民谋幸福,为中华民族谋复兴。“中国梦归根到底是人民的梦,必须紧紧依靠人民来实现,必须不断为人民造福。”[4]人民是国家的主人,因此全面推进依法治国最首要的目的是保障人民的权益。从唯物史观出发,人的权益的内容是随着社会不断的发展进步而不断得到丰富,并随着社会物质文明、政治文明、精神文明、社会文明、生态文明程度的不断提高而得到越来越充分的保障。全面推进依法治国,就是要立足于中国特色社会主义的基本国情基础,立足于中国特色社会主义强国建设的奋斗目标,最大限度地保障人民群众的各项社会权益,因此既要尽力而为,也要量力而行。

在社会治理相关法制建设中,要坚持法治为了人民、依靠人民、造福人民、保护人民,围绕人民群众密切关注的与人民群众切身利益相关的问题,把体现人民利益、反映人民愿望、维护人民权益、增进人民福祉落实到具体的法律制度中,进一步完善社会民生领域的法律制度,同时还需要进一步加强预防和化解社会矛盾的制度建设。

(三)建设社会主义法治文化

法治的罗马城也不可能在一天建成,特别是中国的法治建设始于自上而下的权力推动,虽然经过近四十年的中国特色社会主义法治建设,社会层面的法治意识在不断发展,社会法治力量在不断壮大,在某些方面甚至对法治国家、法治政府建设形成了倒逼形式的推动作用,但是从整体来看,这种重权利轻义务的法治认识和需求还处在法治文化启蒙期。在人对物的“依附性”尚未完全得到解放前,社会主义法治文化的形成还需要一个较长的时间。

社会法治文化建设,是提高公民法治素养、培养全民法治信仰的基础性工作。因此,中国当下的社会法治文化建设,需要结合中国传统法律文化,借鉴外国法治经验,面向社会主义强国建设目标,构建社会主义法治文化的核心。应当把社会主义核心价值观作为社会主义法治文化建设的核心价值,与立法、执法、司法、普法紧密结合起来,大力弘扬宪法法律至上、法律面前人人平等的法治理念,普及与人民群众密切相关的法律常识。特别要加强法治精神的宣传和教育,让法治成为一种社会信仰,将法治深深铭刻在每个人的脑海和心间。

参考文献

[1]丁元竹.社会治理现代化的探索[M].北京:国家行政学院出版社,2016.

[2]卓泽渊.法治与国家治理的科学化[J],宁夏党校学报,2018(2).

[3]马克思恩格斯全集:第一卷[M].北京:人民出版社,1995.

[4]习近平在第十二届全国人民代表大会第一次会议上的讲话[EB/OL].http://www.xinhuanet.com//20131 h/2013-03/17/c_115055434.htm.

(原载于《宁夏党校学报》2019 年第 2 期)

新时期地方行政立法中公民参与机制完善途径解析

宋晓明

摘　要:公民参与立法是科学立法和民主立法的有效表现形式之一,能够较好地推进法治建设。在依法治国、建设社会主义法治国家新的社会历史时期,我国公民的立法程序参与权落地、生根,促进了我国的法治化进程。公民通过座谈会、论证会、听证会和互联网途径参与到地方行政立法的实践中,但其参与机制仍然不够完善。要完善地方行政立法中公民动议权制度,公开制度,听证制度,监督、救济制度,提高公民参与地方行政立法法律文件的效力层级。

关键词:地方行政立法;公民;参与

随着我国地方行政立法民主化的不断推进,地方行政立法中公民参与的理念不断扩大化、全面化、立体化和具体化。公民参与地方行政立法对于保障地方行政立法的公正、维护公民的合法权益、推进公民自治、培育公民社会有着重要意义,是推进地方行政立法的民主化,提高立法质量,增强公民的权利意识,促进和谐社会构建的必要路径。

一、公民参与地方行政立法实践的现状

在依法治国、建设社会主义法治国家的新的社会历史时期,我国地

方政府在相关立法的制度方面和参与的实践层面都已经有了一定程度的发展,公民参与地方行政立法开始逐步向民主化、公开式的模式转变。公民通过座谈会、论证会、听证会和互联网途径参与到地方行政立法的实践当中,但公民参与地方行政立法仍存在不足之处。

(一)公民参与动议权缺乏

所谓地方行政立法公民参与的动议权是指对某项地方行政立法,公民享有建议或者请求权,它贯穿于地方行政立法的整个过程,公民参与到地方行政立法中的整个过程,可以对相关地方行政立法的制定、修改、废止提出看法。一个完整的地方行政立法的出台,按照国务院颁布的《行政法规制定程序条例》的相关规定,应该是立项、起草和审查的各个阶段公民都能够有效地参与到其中。但是现行地方行政立法的公民参与阶段大多集中于"法律草案"的起草过程中,而公民没有途径进行"法律草案"的立法动议这一关键程序。只有地方行政机关有权申请立项,除此之外的所有公民均不享有提出地方行政立法议案的权利。公民不仅在立项过程中无权参与地方行政立法,而且对于立法程序也完全不享有启动权。因此,在地方行政立法的立项阶段,公民难以发挥作用。虽然在地方行政立法的起草和审查阶段,公民对地方行政立法是享有参与权的,但是仔细推敲《行政法规制定程序条例》后可以发现,公民的参与权也受到了一定程度的限制,条例中采用了"重大疑难问题""直接涉及公民、法人或者其他组织的切身利益"等词语,这种具有收缩性的规定在一定程度上又限制了公民仅有的参与权。因此,在地方行政立法中,公民缺乏对于地方行政立法的动议权。

(二)公民参与范围的单一化

公民和专家不享有对地方政府规章提出申请制定、修改和废除的权利。公民除在地方行政立法的起草和审查这两个阶段享有参与权外，其他环节并没有参与权。立项作为地方行政立法中第一个而且是相当重要的环节，公民就被相关法规排除在外了，这显然大大降低了地方行政立法的民主性。然而，在公民可以参与的起草和审议两个环节，又作出了如此多的限制，这也使得公民参与难以发挥很好的作用。因此，公民参与范围较为局限。

（三）公民参与的程序性规定较为抽象

在实体法方面，宪法已经对公民参与地方行政立法的权利作出了明确的规定，然而，在程序方面却没有与之相对应的程序法来保障。关于地方行政立法中公民参与的程序性规定较为笼统和抽象。程序性规定中语言的模糊性和任意性，直接导致实体法中所保障的权利在实践的过程中难以达到切实可行的效果。导致宪法中规定的公民参与地方行政立法的权利不能得到很好的保护。

（四）公民参与的权利保障机制较为缺乏

法的核心内容是权利与义务，在理想模式下，即便是“法律”对地方行政立法中公民参与的权利、程序、地方行政机关的义务等内容都有明确的规定，但在缺乏完善的权利保障机制的情况下，权利仍处在理想化状态，而无法在实际中行使权利。目前地方行政立法机关享有自由裁量权和无需对公民在实践中参与地方行政立法的权利缺失承担责任。此现状致使公民参与地方行政立法的权利仅仅是一种形式，而没有实质性的保障，公民参与权利处于一种不确定的状态，很多关于公民参与的强制性规定形同虚设。在目前缺乏对地方行政机关自由裁量权的约束和归责机制的情况下，行政机关对自由裁量权的滥用必然导致公民参与权的侵害，如果没有完善的保障机制予以救济，公民在行政机关立法的过程中就会被边缘化。

二、公民参与地方行政立法存在问题的成因分析

分析公民参与地方行政立法的现状与存在的问题，公民参与地方行政立法出现诸多问题的原因可以归纳为三方面。

(一)思想意识上的原因

公民参与地方行政立法相对滞后的根本原因是公民在思想意识上的障碍。第一,中华民族是一个有着五千多年悠久文化传统的民族,受封建传统思想的影响较深,民主思想的传入较晚。虽然近几年我国一直倡导的是依法治国和共建共治共享的科学社会主义法治理念,但思想意识属于长期积淀的东西,所以很难在思想意识上完全扫清障碍,公民认为立法仅仅是政府的职责之一,与自己毫无关系,思想意识上的障碍直接影响了地方行政立法中公民的参与度。第二,受“官本位”思想的影响,普通老百姓认为“官为民做主”,政府负责立法,而民众则依法服从即可,从而导致一种惯性思维,即认为立法是一种单向的管理活动,缺乏公民参与、在立法中广泛吸纳民意的思想意识。部分公民并没有形成通过参与地方行政立法来维护自己权利的意识,最终导致公民对于地方行政立法的参与没有较高的积极性和自觉性。第三,民主行政观念淡薄。我国长期处于封建社会的特殊国情,使民主行政思想在我国扎根晚、发展慢。由于长期处在这种过分强调行政权观念的环境中,地方行政立法形成了一种单向、封闭式的模式,甚至相关立法机关通常忽略了公民对地方行政立法的参与。所以,在地方行政立法中,利害关系人的意见和利益不能得以适当地反映。因此,不管是作为地方行政立法主体的行政机关还是作为参与主体的公民,对于公民参与地方行政立法这个问题都长期存在着思想意识的偏见。这种公民民主参与意识的淡薄与行政机关对公民参与权利的忽视都存在思想意识上的瑕疵,共同构成了影响公民参与地方行政立法相对滞后的根本原因。

(二)法律制度设计上的原因

我国地方行政立法程序的法制化起步较晚,地方行政立法程序目前仍处于发展阶段。受传统立法思想的影响,有些地方行政机关在立法工作方面也是“重实体法,轻程序法”,表现为有关地方行政立法的程序性规定所占的比重较轻,而且在地方行政立法的程序规则中,大都缺乏强制性规定。再加上地方行政立法机关的自由裁量权完全决定着这些程序性规则是否可以在地方行政立法过程中被采用,所以,公民对于地方行政机关运用所享有的自由裁量权而作出的结果只能被动接受,而不能按照客观依据作出合情合理的判断。这样,必将使为数不多的程序性规则也空有虚名。部分地方行政立法程序规则规定得过于笼统,加上地方行政机关现有立法技术差异的影响,使得公民广泛参与地方行政立法缺乏可行性,从而难以保障公民参与地方行政立法权力的实现。

法律责任机制的不到位是又一个非常重要的法律体制上的原因。因为法律责任的不到位,所以地方行政立法机关不必为自己在立法过程中因为程序性的疏忽而导致的没有民主立法的后果承担法律责任。这就使得公民的立法参与权成为空壳,很难在立法实践中得到有效的保障。事实上,公民参与到地方行政立法中来,应该是一种公民想法的表达而不仅仅是一种简单的公民表决。这实际上就要求政府在地方行政立法的过程中,对于公民的想法应当以更严肃、真诚和负责任的态度听取。

(三)公民参与能力的有限性

公民参与地方行政立法要想能够有效行使并且达到一定的效果,就需要具备两个条件:一是参与渠道的畅通,二是参与者具备参与能力。随着社会多元化发展,地方行政立法也逐渐趋于技术化。在这种条件下,要保障公民参与地方行政立法得以实现,就必须要求参与者本身具备一定的能力。受到长期的传统思想的影响,大部分公民根本不知道什么是地方行政立法,不知道自己能够参与到地方行政立法中来,甚至不清楚自己参与到其中究竟要做些什么以及能做些什么。究其原因是因为大多数公民缺乏地方行政立法方面的专业知识,这在公民对地方行政立法的主动参与方面形成了一道屏障。部分公民自身能力的局限性直接制约着公民对地方行政立法活动的参与。

在实践中不难发现,在立法的过程中,地方行政立法机关在参与的主体中更加重视专家,而忽视了利害关系人。在实践中存在专家座谈会、专家论证会和委托专家起草等形式。通常情况下,与组织权益尚待统一的利害关系人相比,在立法前,地方行政立法机关召集专家更加容易。但专家也并不是时刻都保持中立的,有时候专家可能代表着某个行业、部门或者一部分人的利益。因此,公民参与地方行政立法完善与否的标志并不是专家参与,而是公民的普遍参与。

三、地方行政立法中公民参与机制的完善途径

面对公民对地方行政立法参与的诉求越来越强烈,针对公民参与地方行政立法所存在的问题,结合我国现状,适当借鉴国外优秀经验,可以从以下五方面来完善地方行政立法中公民参与机制。

(一)完善地方行政立法中公民动议权制度

为了能够更好地调动公民参与的积极性,更好地保障公民的合法权益,使地方行政立法更好地满足社会需求,需要赋予地方行政立法中行政相对人动议权。建立地方行政立法动议权,要在立法上规定除地方行政立法机关外,公民有向地方行政立法机关提出制定地方政府规章的动议权,使得公民在地方行政立法的立项、起草和审查方面均享有动议权。但是要限制提起地方行政立法动议权的最低人数,从而使得公民能够更好地行使地方行政立法动议权。虽然公民享有提出地方行政立法动议权,但是公民提起地方行政立法动议的内容既不能违背相

关法律规定的立法权限，也不能越出地方行政立法机关的法定职权范围。复杂的地方行政活动使得地方行政立法的领域也相对广泛，甚至有些地方行政立法可能会涉及某些机密，所以，必须限制公民的地方行政立法动议权，而且地方行政立法动议权应该排除国家秘密、安全及外交。

公民向地方行政立法机关提起地方行政立法倡议时，应当采用书面形式。首先，地方行政立法机关应根据不同主体采取不同的说明理由方式，对于公民的一般立法倡议，地方行政立法机关可以采用政府公报、互联网等有效方式作合理说明；其次，法律应该明确规定地方行政立法动议的说明理由程序，及地方行政立法机关处理地方行政立法倡议与立法建议时的具体做法；最后，法律还应规定地方行政立法机关说明理由的法定期限，如果地方行政立法机关没有在法定期限内说明理由，那么地方行政立法机关就违反了法定程序，这时公民就享有提起行政复议或向人民法院提起行政诉讼的权利。

值得注意的是，公民的立法动议权与地方行政立法中行政机关的主导权并不是对立冲突的，地方行政机关可以统筹考虑，对于合理与不合理的建议分别作出决定：对于合理的建议积极借鉴；对于不合理的建议，批判吸收，答复说明。答复说明环节是非常重要的，原因在于它可以使政府与行政相对人之间及时沟通，使公民保持参政议政的热情。

（二）提高公民参与地方行政立法法律文件的效力层级

目前，关于地方行政立法的程序主要规定在《行政法规制定程序条例》《规章制定程序条例》中，这两个条例属于行政法规。《立法法》关于地方行政立法程序的规定并不够完善。与实体控制相比，程序控制具有功能上的独特性。国外关于地方行政立法程序的规定往往在立法层面有所体现。如美国、韩国、葡萄牙等国家的地方行政立法程序往往规定于议会制定的行政程序法典之中。而我国地方行政立法程序缺少在法律层级上进行规定。因此,在法律层面对其进行规定迫在眉睫,应该在《立法法》中明确规定地方行政立法的程序,在《立法法》即法律层面确保公民有效的参与权,使得公民参与地方行政立法能够从法律层面得到保障,进而有利于地方行政立法中公民参与机制的完善。

(三)完善地方行政立法公开制度

为了保障公民对地方行政立法的知情权,应对地方行政立法程序作出专门而详细具体的规定,使地方行政立法的过程中有广大公民的参与,使得广大人民群众能够更好地监督地方行政立法机关的立法活动。在一定程度上,政府信息的公开直接影响并决定着公民对地方行政立法行为的了解与参与。因此,建议应当从以下两方面进行完善。

1. 规定地方行政立法机关必须公开立法内容。在公开立法规划及其草案方面,各级政府和人大享有立法权和授权立法的权力,在其制定完每年度的立法规划后,应尽快公开该年度的立法规划,并通过政府网站、政府公告、主流媒体或者公众关注度较高的媒体方式等将立法的意图、成本、必要性,立法依据、主要内容或草案、公众发表意见的方式和途径以及立法的种类等公之于众,并应该多次发布,以保证公众的关注度。地方行政立法信息的事前公开事项能够使公民及时了解地方行政立法机关的立法活动,并提出关于立法规划的建议。同时,为了使公民能够更有效地监督地方行政立法,使地方行政立法更加民主化,政府应当组织工作人员收集整理公众意见。需要强调的是,地方行政立法机关在公开立法草案时必须着重强调其中的重点条文或可能产生分歧的条文,以便地方行政立法机关做到有的放矢并引起公民重视。

在公开立法结果方面,第一,应明确规定必须公布立法说明,尤其是对公民意见采纳与否的理由进行说明。第二,应明文规定地方行政立法机关对立法结果进行公开,并考虑在地方行政立法正式文本的发行方式上扩充发行渠道。

2. 规定地方行政立法机关必须公开立法过程。公民参与的过程是地方行政立法公开的过程,其目的是为了方便公民参与和对地方行政立法进行监督。公民对地方行政立法的参与过程可以使公民能够更加深入地了解地方行政立法。为了更好地公开地方行政立法的过程,法律应当明确规定地方行政立法机关公开具体责任和公民参与、记者报道的各项具体权利。在地方行政立法过程公开方面,需要从立法层面上明确规定地方行政立法机关必须公开立法过程,明确地方行政立法机关相应的责任。

(四)完善地方行政立法听证制度

现行行政立法听证制度,介于正式听证与非正式听证之间,其方式类似于正式听证,然而尴尬的是,进行一般地方行政立法时并不受听证记录的拘束,只有涉及关系重大的地方行政立法时才采取正式听证的方式和实行案卷排他原则。为了使地方行政立法汇集更多的群众意见,使公民更积极地参与地方行政立法,应不断丰富扩大公民参与的内容、方式、范围及相关听证人员的权利。对于一般的地方行政立法,可以采取灵活、非正式听证的方式或混合程序,将听证和公开征求意见两种形式结合起来。多样化的公民参与形式可以使公民积极负责地参与到听证中,达到民主立法的效果。

(五)完善公民参与地方行政立法的监督、救济制度

根据"有权利必有救济,有责任必有监督"原则,通过建立起一套完整的监督、救济制度以保障公民的参与权,使得地方行政立法中公民参与能够有效发挥作用。结合公民参与地方行政立法的实践,应从以下两方面完善公民参与地方行政立法的监督、救济制度。

1. 通过细化地方人大对地方行政立法机关的监督机制、建立地方行政立法机关内部纠错机制来完善公民参与地方行政立法的监督机制。在地方人大对地方行政立法的监督体制中,《宪法》第一百零四条明文规定,地方人大对地方政府的立法享有监督权,地方人大依法对地方政府的立法工作进行监督。针对地方行政立法机关所立的地方政府规章违反上位法的情形,地方人大有权撤销地方政府的立法,即地方人大享有对地方政府规章的撤销权。在地方人大对地方政府规章撤销的具体做法方面,在《立法法》和《地方人民代表大会和人民政府组织法》中应明确规定被撤销的地方政府规章无效,并予以公告。同时,法律应明确规定地方人大享有对地方政府立法工作的质询权。只有从法律层面进行了明文规定,地方人大才能对地方政府在地方行政立法中的程序违法予以纠正,对地方行政机关的立法行为进行监督,从而完善公民参与地方行政立法的监督机制。

在地方行政立法机关对地方行政立法进行内部纠错方面,应建立相应的内部纠错机制。明确上级行政机关有权对下级行政机关立法时的违法程序和违法行为进行监督与纠错,对于下级机关的立法侵害公民、法人和其他组织合法权益的,由本级政府自行纠正或由上级行政执法部门责令纠正,以保障下级行政机关的立法符合上位法规定;与此同时,地方行政立法机关自身应积极参考上位法的规定,如有与上位法规定相矛盾的,地方行政立法机关自身应主动修改或者撤销,这种地方行政立法机关内部纠错机制的建立可以更好地保障公民能够有效参与地方行政立法。

2. 建立公民参与权利的救济机制。面对地方行政立法机关在立法过程中利用手中的权力,拒绝或忽视公民参与的情形,为了能更好地保障公民参与权,公民可以采取权利救济途径来保护自己的权利。有必要建立独立于行政复议、行政诉讼的权利救济制度来保障公民的参与权,即申诉制度。申诉制度的建立,需要明确如下问题。

第一,关于申诉主体。在地方行政立法中公民参与申诉制度的构建过程应当明确公民的范围即个人,包括有利害关系的行政相对人在内的任何公民均享有提起申诉的权利。

第二,关于申诉的受理机关。在地方行政立法中,应明确立法主体是地方政府或者地方行政立法机关,因此,根据我国《宪法》和《地方人民政府和地方人民代表大会组织法》的规定,为了能够达到监督与救济的效果,公民可以向行政立法机关的上一级机关或同级权力机关,即同级人大进行申诉。

第三,关于公民申诉的形式。需通过书面形式提起申诉,但考虑到公民的文化程度参差不齐,为了能更加全面而有效地保障公民的救济权利,公民可以口头陈述,找人代写书面申请。因此,应明确规定公民应通过书面的形式提出申诉。

第四,关于申诉结果。面对公民向行政立法机关的上一级机关及同级权力机关进行的申诉,上级人民政府、上级行政机关及同级权力机关对公民的申诉享有处理权,上级政府对下级政府的立法享有改变或撤销权,上级行政机关对下级行政机关的立法享有改变或撤销权,地方人大对地方政府规章享有撤销权。对于申诉的结果应该以公告的形式告知全社会,更要在合理的期限内以书面的形式告诉申请人,以保障申请人的知情权。

参考文献

[1]周旺生.立法研究:第5卷[M].北京:北京大学出版社,2005:77.

[2]薛刚凌.行政主体理论与实践——以公共行政改革为视角[M].

北京:中国方正出版社,2009.

[3]卡罗尔·佩特曼.参与和民主理论[M].陈尧,译.上海:上海人民出版社,2006:15.

[4]姜明安.行政法与行政诉讼[M].北京:北京大学出版社,高等教育出版社,1999:429.

[5]应松年.行政行为法[M].北京:人民出版社,1992:40.

[6]刘莘.行政立法研究[M].北京:法律出版社,2003:124.

[7]张文显.法理学[M].北京:高等教育出版社,北京大学出版社,1999:271.

[8]〔英〕洛克.政府论(下篇)[M].叶启芳等,译.北京:商务印书馆,1999:7.

[9]〔法〕卢梭.社会契约论[M].何兆武,译.北京:商务印书馆,1980:37.

[10]彭宗超,薛澜,阚珂.听证制度[M].北京:清华大学出版社,2004:122.

[11]〔法〕孟德斯鸠.论法的精神[M].张雁琛,译.北京:商务印书馆,2006:102.

[12]赵茹枫,李云凯.公民权利意识是法治社会的基础[J].理论观察,2004(2):49.

[13]冯英,张慧秋.中国行政立法公民参与制度研究[J].法学研究,2008(4).

(原载于《中共济南市委党校学报》2019年第5期)

西部地区生态环境犯罪案件中的恢复性司法应用

贾德荣　王国安

摘　要:恢复性司法是一种司法机关、受害人、犯罪人、利益相关方等各方主体共同参与,对犯罪行为给受害人人身和财产的伤害、生态环境的破坏等一系列后果的修复制度。这一制度对生态环境保护、生态文明建设和实现刑罚目的有着重要的现实意义。在西部地区,受传统刑事观念及不健全的恢复性司法制度、保障机制的制约,恢复性司法作用未得到有效发挥。为此,实践中必须坚持以习近平生态文明思想为指导,培育新刑事司法理念,建立健全恢复性司法制度,完善恢复性司法保障机制,以不断推进环境生态领域的司法改革。

关键词:西部地区;生态环境犯罪;恢复性司法应用

恢复性司法自20世纪六七十年代在西方国家诞生以来,就在世界许多国家的立法、司法领域得到广泛应用,且取得了较为明显的成效。恢复性司法是一种受害人、犯罪人、利益相关方等各方主体共同参与,对犯罪行为给受害人人身、财产的伤害,生态环境的破坏,社会人际关系的破坏等一系列后果的修复制度。[1]94~98恢复性司法就是通过各方当事人共同参与和协商,积极找寻治愈因犯罪而造成的创伤,弥合当事人之间的裂痕,让犯罪者早日融入社会。

目前,这种恢复性司法被广泛应用于包括生态环境犯罪在内的一般犯罪案件中。生态环境是人类生活生存的美好家园,生态环境犯罪给生态环境造成无尽的创伤,如果只靠传统的惩治手段是无法让生态环境恢复到被破坏和污染前的良好状态的,必须采用“补种复绿”“管护林木”“增殖放流”等恢复性司法方式,才能实现生态环境保护、惩治犯罪和挽救犯罪者的良好效果。西部地区是我国生态环境屏障区,生态环境极为脆弱,在司法实践中,推广应用恢复性司法高度契合了西部地区生态环境保护的紧迫性和必要性,符合绿色发展理念的要求。但由于恢复性司法在我国还处于探索阶段,理论和实践方面还存在诸多问题亟待解决。

一、生态环境犯罪案件中恢复性司法应用的重要性

(一)恢复性司法应用是保护和改善西部地区生态环境的现实需要

西部地区多处于干旱、半干旱区,水资源供求矛盾突出,土地退化现象在一些地区较为严重,生态环境极为脆弱。从国家林业局“第四次全国荒漠化和沙化监测”报告来看,新疆、内蒙古、西藏、甘肃、青海5省区荒漠化土地面积占全国荒漠化土地总面积的95.48%,沙化土地面积占全国沙化土地总面积的93.69%[2]62~66,土地荒漠化沙化现象非常严重。而且,西部地区经济结构调整缓慢,一些高污染高耗能低产出的项目仍然未下马,粗放式经济增长方式在一些地方还有一定的市场。部分地区在农业生产中大量使用化肥农药,大量污染物任意排放到大气、水体和土壤中,使生态环境遭到破坏,局部地区生态系统退化严重。为了建设在天蓝、地净、水美的生态环境,实现人与自然和谐共生,恢复性司法就成为保护和改善西部生态环境的必然选择。

(二)恢复性司法应用是生态文明建设的必然要求

社会文明不仅是人类社会进步发展的重要标志,也是反映人与自

然、社会关系的晴雨表。纵观人类社会文明发展史,人类社会先后经历了原始文明、农业文明、工业文明,当前正从工业文明向生态文明转变。当今时代,社会生产力的高速发展,极大地丰富和满足了人类社会的各种需求,但相伴而生的是人类对资源需求的极速增加。世界面临生态危机,地球在超负荷运行。习近平总书记指出:“人与自然是生命共同体,人类必须尊重自然、顺应自然、保护自然。人类只有遵循自然规律才能有效防止在开发利用自然上走弯路,人类对大自然的伤害最终会伤及人类自身,这是无法抗拒的规律。”[3]40 生态环境犯罪行为严重破坏和污染了生态环境,给生态环境造成无尽的伤害。运用恢复性司法,能恢复因生态环境犯罪造成的环境污染和破坏,保护和改善环境,让自然造福于人类,进而加速推进生态文明建设。

(三)恢复性司法应用是实现刑罚目的的价值需要

公平正义是法律最基本的价值追求,但对于公平正义的追求,不能无视代价。在价值多元的社会,价值取向的追求都需要通过特定的利益追求来实现[4]110~117。刑罚的目的是为了保护因犯罪而遭受侵犯的法益。生态环境犯罪侵犯的是受害人的人身和财产,是对人类生存空间的侵害,是对平衡生态系统的破坏。惩治生态环境犯罪维护的是人类与自然之间的平衡和协调,保护社会关系背后的人得以在和谐、舒适的生态环境中生存和发展。运用恢复性司法既可以打破传统的同态复仇、以牙还牙的陋习,扩展打击生态环境犯罪的司法手段,降低刑罚执行的社会成本,有利于罪犯早日回归社会,又可以指引生态刑事立法,规范生态环境犯罪行为,弥补传统生态环境刑事司法的不足,维护人与自然的共同利益,最终实现生态环境刑罚的目的。

二、西部地区生态环境犯罪案件中恢复性司法应用面临的困境

恢复性司法应用在我国起步较晚,实践中这一制度的实施大多是

以刑事和解的方式出现,如在刑事侦查、审查起诉、审判和执行等阶段都有可能发生。随着我国局部生态环境污染和破坏的加重,这一制度被逐渐移植到生态环境刑事领域。基于西部地区生态环境形势、环境犯罪状况和司法环境,恢复性司法应用还面临诸多制约因素,这些因素正影响这一制度作用的有效发挥。

(一)传统刑事司法观念的制约

传统的刑事司法观念认为,生态环境犯罪从犯罪客体上讲,侵犯的是国家生态利益和国家生态安全秩序,国家有权力也有义务惩戒此类犯罪;作为生态环境犯罪的利害关系人无法参与其中,不能表达自己对惩戒犯罪的意见。而恢复性司法则比较关注生态环境犯罪利害关系人共同决定案件的处理结果,让各方利害关系人(包括受害人、犯罪嫌疑人和社会成员)共同寻求一种愈合性、补偿性、修复性的解决方案,以恢复正常的社会关系和秩序。[5]59~63 同时,传统刑事司法观念强调报应性,注重对犯罪的惩罚。而恢复性司法的价值观发生了重大转变,已经由过去的报应性价值观转向恢复性价值观;从过去的由检察机关与犯罪嫌疑人对抗的国家强制性模式,转向各利害关系人自愿协商模式;由注重惩戒、报复、预防犯罪转向对生态关系的修复、对受害人的补偿。在西部地区,受经济发展、文化传统、地理环境等因素的影响,刑事司法比较注重国家公权力的作用,重视对犯罪惩戒的国家强制性作用,部分地区仍在强调因果报应,忽视受害人的诉求,以致恢复性司法应用较为缓慢,制约了西部地区生态文明建设。

(二)法律制度支撑不足

在我国恢复性司法实践中,2013年修改的《刑事诉讼法》确立了刑事和解制度,它是恢复性司法的重要体现。2016年5月26日,最高人民法院出台的《关于充分发挥审判职能作用为推进生态文明建设与绿色发展提供司法服务和保障的意见》明确提出，在环境资源案件审判过程中，可以运用恢复性司法方式。另外，在一些地方审判实践中，也作出“补种复绿”“管护林木”“增殖放流”等判决，这些虽然都为恢复性司法应用提供了一些借鉴，但还是呈碎片化状态，无法为恢复性司法广泛应用提供制度支撑。在我国，《刑法》没有将恢复性司法列为非刑罚措施，有关生态环境保护的法律法规中也很少涉及恢复性司法的规定，致使恢复性司法在审判实践中的名称、适用范围、适用条件、刑罚间的衔接、恢复程序等方面有时会出现偏差。恢复性司法的适用多出现在森林、土壤保护中，在大气、水、矿产等资源领域还较为少见。在西部地区，由于地方立法滞后、立法质量不高，目前还不能为恢复性司法的应用提供足够的制度支撑。

（三）恢复性司法保障机制不健全

恢复性司法在生态环境犯罪中的有效应用需要健全的保障机制作支撑。西部地区当前的恢复性司法实践，其保障机制存在缺陷。一是鉴定机制不健全。生态环境犯罪侵犯的是《刑法》所保护的环境法益，环境法益受侵害表现为公民人身权、财产权的损害，公共利益的损失，生态环境的破坏等，应用恢复性司法，需要科学鉴定因犯罪给生态环境造成的损失，对鉴定的专业性、程序性提出了很高的要求。但目前我国现有的专门鉴定机构不健全，鉴定规范缺乏，鉴定监督有盲点，监督人员素质参差不齐，故而作出的鉴定结论不能为恢复性司法的应用提供科学依据。二是评价机制不健全。根据当前恢复性司法裁判模式，即“协议达成+法院确认=悔罪表现”，在责任尚未落实的情形下，提前给予犯罪行为人“量刑优惠”，有违刑罚目的。[6]7~14另外，生态环境的修复需要较长的时间，修复效果如何、生态环境状况是否恢复到被破坏和污染以前的状况等，在实践中很难有一个客观地评价。三是公众参与机制不健全。公众是生态环境破坏的最终承担者,公众参与到生态环境刑事司法中是应用恢复性司法的基本要求,也是协调解决公众与环境侵害人之间矛盾的重要途径。但我国当前的刑事法律中缺乏公众参与的规定,没有对公众参与的主体范围、参与方式、参与程序等方面作出明确规定,公众的参与权、知情权和表达权未能完全得到有效保障。四是监督机制不健全。在恢复性司法判决执行中,由于法院专司审判,工作繁忙,无暇顾及判决的执行情况;恢复性司法判决中大多缺乏明确的恢复目标、验收标准、验收主体、验收程序等内容,因而难以保证生态恢复效果;许多法院与环保、林业、自然资源等部门的相关衔接机制、联动机制尚未完全建立,环保、林业等部门无法实际参与刑事案件生态修复的督查工作[7]134~147,各部门联动监督局面尚未完全形成,恢复性司法作用未得到有效发挥。

三、完善西部地区生态环境犯罪案件中恢复性司法应用之路径

通过对恢复性司法在生态环境刑事案件中应用价值及应用存在的问题分析,笔者认为,完善西部地区恢复性司法应用可从以下几个方面着手。

(一)坚持以习近平生态文明思想为指导

习近平生态文明思想是习近平新时代中国特色社会主义思想的重要组成部分,是中国特色社会主义理论体系的重要组成部分,是马克思主义人与自然观、生态观在当代中国的最新发展,它系统全面、科学完整地回答了事关生态文明建设发展的根本性问题,是恢复性司法应用的根本指南和价值遵循。具体应注重以下几个方面。一要坚持“以人民为中心”思想。作为社会主义国家,所奋斗的一切都是为人民谋幸福。人民是国家主人,是评判社会历史的裁决者,天蓝、地净、水美的生态环境是人民对美好生态的向往。恢复性司法的应用就是要坚持“环

境就是民生”“坚持生态惠民、生态利民、生态为民”“良好生态环境是最普惠的民生福祉”等思想，把“以人民为中心”的思想贯穿恢复性司法始终。二要坚持“人与自然和谐共生”思想。人与自然是生命共同体，人类必须尊重自然、顺应自然、保护自然。恢复性司法就是强调在生态环境保护实践过程中，要在充分发挥人的主观能动性的同时，充分尊重自然、顺应自然、保护自然，并且承认自然规律对人的制约作用，在人类实践的合规律条件下实现人的合目的性。三要坚持“绿水青山就是金山银山”思想。在传统社会，人们往往追求物质财富，割裂生态环境和经济发展的关系，以牺牲环境为代价获取经济的高速发展。在生态文明建设时期，要牢固树立保护生态环境就是保护生产力、改善生态环境就是发展生产力的理念，更加自觉地推动绿色发展、循环发展、低碳发展。四要坚持“山水林田湖草是生命共同体”思想。生态系统是一个统一的整体，生态系统中各组成部分都是有生命的存在物，各存在物之间经常进行能量交换和发生密切联系。恢复性司法就是在遵循人与自然辩证统一的条件下，在生态系统整体视角下寻求保护生态环境的治理之策，其必须统筹兼顾，全方位、全地域、全过程展开。针对西部局部地区恶劣的生态环境，更需要坚决遵循习近平生态文明思想，充分发挥恢复性司法作用，使人民更加幸福。

（二）培育新刑事司法理念

恢复性司法的应用，不仅是对生态环境犯罪的惩治，更重要的是通过司法审判，使被破坏和污染的生态环境得到治理和恢复。因此，在西部地区应用恢复性司法时，需要培育新的刑事司法理念，推动刑事司法现代化进程。具体应从以下两方面做起：一是要培育生态优先理念。良好的生态环境是人民美好生活的基本需要，是人类进行生产生活的重要场所，也是人类社会赖以生存发展所需物质资源的重要源泉。西部地区应用恢复性司法要将环境资源的保护作为首要目标,要强调维护生态效益的重要性和紧迫性,破除过去以牺牲环境为代价片面追求经济发展的陈旧观念。二是修正惩治生态环境犯罪的目的。对犯罪的惩治不能再重复传统的同态复仇观念,恢复性司法中惩治生态环境犯罪只是打击犯罪目的的一个方面,深层次目的是让犯罪行为人通过恢复性司法方式积极修复损害后果,降低犯罪行为人的社会危险性,从而减轻犯罪行为人的刑罚,有效实现犯罪的控制,以顺应轻刑化发展趋势[6]。

(三)建立健全恢复性司法制度

无规矩不成方圆,制度就是规矩。要加强恢复性司法立法,为其有效应用立规矩、提供制度支撑。西部地区应根据国家相关法律,结合当地实际,运用地方立法权限,积极构建可操作的司法制度。当前,我国应加强生态环境刑事立法:一要在刑事法律规范中可明确规定恢复性司法是一种附加的非刑罚方式,这种附加的非刑罚方式具体表现为"补种复绿""管护林木""恢复地貌""增殖放流""生态补偿""赔偿补种基金"等。二要明确恢复性司法的案件适用范围和适用标准。鉴于有些生态环境犯罪给自然资源和生态环境造成的伤害是不可逆的,且对受害者权益损害重大,因此,在刑事立法中,对生态环境犯罪的危险犯、行为犯、结果犯均可适用恢复性司法。三要明确恢复性司法适用程序。不能拘泥于案件审理结束后才适用恢复性司法,应该根据生态环境犯罪的危险、行为方式、伤害结果等情形,具体可在案件侦查阶段、审查起诉阶段、审理阶段和执行阶段等各个阶段正确适用恢复性司法。

(四)完善恢复性司法保障机制

目前,西部地区应结合具体实际情况,加强地方法治建设,拓宽恢复性司法应用领域,健全完善恢复性司法保障机制,强化西部地区生态文明建设。具体应从以下几个方面做起:一要健全鉴定机制。要加强社会鉴定机构建设,强化专业鉴定社会机构的独立性、专业性。完善鉴定规则,确立鉴定标准,明确鉴定责任,保证鉴定结论的科学性。二要健全评估机制。司法机关要全面、客观地评价生态环境犯罪给生态环境、社会及他人造成的伤害,要正确处理恢复性司法与其他刑罚之间的关系,公平合理地给予犯罪人公正的处罚。司法机关要建立跟踪机制,及时跟踪恢复性司法的执行情况。司法机关要与林业、环保、自然资源、水利等部门联动、协调,科学评估恢复性司法应用效果。三要健全公众参与机制。要通过立法明确公众参与生态环境犯罪案件的范围、程序以及相关事项,保证公众有序参与此类案件,保障公众的参与权、知情权和表达权。同时,应建立专家参与生态环境犯罪案件制度。鉴于生态环境犯罪案件往往具有较强的专业性和复杂性,在审理此类案件时,通过设立专家陪审制度、专家咨询制度等,允许专家参与案件审理,发挥专家的作用,提高审判质量。四要健全监督机制。法院不能一判了之,应加强其对恢复性司法判决执行情况的监督。法院应协同检察院、相关生态环境保护部门和社会组织加强对生态恢复责任人修复义务履行情况的监督。另外,要引入第三方监督机制。依靠第三方的专业性、中立性,加强对生态环境恢复义务情况的监督,确保恢复性司法获得切实的效果。

生态环境犯罪不仅侵害受害人的人身权益、财产权益,也会对生态环境造成破坏。生态环境犯罪不仅要对犯罪行为人进行严厉惩处,更要对破坏的生态环境进行全面修复。将恢复性司法应用于生态环境犯罪案件中,是惩治生态环境犯罪的新方式,也是加强生态文明建设的新手段,这种新方式必将对我国的刑罚体系产生重大影响,进而不断推进环境生态领域的司法改革。

参考文献

[1]张祥宇.论刑事纠纷解决过程中的恢复性司法制度[J].江西警察学院学报,2016(5).

[2]贾德荣.以法治筑牢西部地区生态安全防线[J].宁夏党校学报,2017(1).

[3]中国共产党第十九次全国代表大会文件汇编[G].北京:人民出版社,2017.

[4]蔡荣.法经济学视野下刑罚体系的效益化改造[J].学术探索,2018(5).

[5]卢君,王明辉.论环境犯罪惩治的恢复性司法模式[J].人民司法,2017(1).

[6]阮建华.论恢复性司法在环境犯罪中的适用[J].北京政法职业学院学报,2017(3).

[7]蒋兰香.生态修复的刑事判决样态研究[J].政治与法律,2018(5).

(原载于《中共山西省委党校学报》2019年第5期)

社会与文化

增强贫困群众获得感幸福感安全感的内在逻辑与实现机制

狄国忠

摘　要：宁夏贫困县(区)在脱贫攻坚中，贯彻落实党中央打赢打好脱贫攻坚战的战略部署和宁夏回族自治区脱贫攻坚的具体要求，坚持以人民为中心的发展思想，顺应时代发展需要，提高人民群众自我发展能力，努力实现农村贫困人口“两不愁三保障”，增强了人民的获得感幸福感安全感。当然，宁夏贫困县(区)脱贫攻坚中仍然存在着影响和制约农村群众不断增强获得感幸福感安全感的问题，需要抓住人民最关心最直接最现实的利益问题，扎实推进精准扶贫，用高质量脱贫补齐民生短板，不断实现贫困群众获得感幸福感安全感。

关键词：精准扶贫；获得感；幸福感；安全感

习近平总书记在党的十九大报告中指出，人民对美好生活的向往就是我们的奋斗目标，要依靠人民创造历史伟业。在全面决胜小康社会的新时期，宁夏贫困县(区)按照党的十九大的战略部署，根据新时代我国社会主要矛盾的变化，坚持以人民为中心的发展思想，始终把人民利益摆在至高无上的地位，打好脱贫攻坚战，努力克服满足人民日益增长的美好生活需要的主要制约因素，进一步拓宽视野，多措并举，多谋民生之利、多解民生之忧,保证贫困群众在脱贫攻坚过程中有更多获得感幸福感安全感。

一、增强贫困群众获得感幸福感安全感的现实价值

在贫困县(区)的脱贫攻坚中,切实为贫困群众谋福利,使贫困群众获得感幸福感安全感更加充实、更有保障,这是对贫困群众日益增长的美好生活需要的最好回应。增强贫困群众的获得感幸福感安全感,不仅是全面建成小康社会的必然要求,也是中国特色社会主义进入新时代我国社会主要矛盾变化的客观需要,是我们党在新时期执政方略转变和发展理念转变的重大创新,是促进社会公平正义,形成有效社会治理的集中体现。

(一)增强贫困群众的获得感幸福感安全感,集中体现了以人民为中心的发展思想

我们党提出让人民群众有更多获得感和使人民获得感幸福感安全感更加充实、更有保障、更可持续,都是围绕以人民为中心发展思想展开的。在脱贫攻坚中,贫困县(区)坚持以人民为中心的发展思想,主要体现在坚持精准扶贫、精准脱贫,打好打赢脱贫攻坚战;体现在着眼于贫困地区人民群众的民生问题,在更好更快地实现贫困群众的自我发展中,在保障和改善民生的过程中,不断增强人民群众的获得感幸福感安全感。习近平总书记指出,让几千万农村贫困人口生活好起来,是我心中的牵挂。全党全国要勠力同心,着力补齐这块短板,确保农村所有贫困人口如期摆脱贫困。对所有困难群众,我们都要关爱,让他们从内心感受到温暖。也就是说,我们追求的发展是造福人民的发展,我们的发展理念是以人民为中心的发展思想。我们所秉承的发展理念必须将全体人民置于发展的核心位置,强调发展的最终目的是为了人民、发展的根本动力来自人民、发展成果由人民共同享有。

（二）增强贫困群众的获得感幸福感安全感，是顺应时代发展需要

党的十九大提出，增强人民群众的获得感幸福感安全感，是适应中国特色社会主义进入新时代的要求，是我们党保障人民群众利益，适应人民对美好生活的更高要求，彰显了中国共产党执政的价值诉求。新时代，中国共产党作出了重大的判断，即我国社会的主要矛盾已经发生了历史性变化。从1956年党的八大提出国内主要矛盾，到党的十一届六中全会通过《关于建国以来党的若干历史问题的决议》，将国内的主要矛盾规范表述为“在社会主义改造基本完成以后，我国所要解决的主要矛盾，是人民日益增长的物质文化需要同落后的社会生产之间的矛盾”[1]，再到党的十九大作出我国社会主要矛盾转化的判断，是适应60多年来我国经济社会发生巨大变化的需要。党的十九大强调，我国社会主要矛盾已经转化为人民日益增长的美好生活需要和不平衡不充分的发展之间的矛盾。宁夏贫困县（区）人民日益增长的美好生活需要与不平衡不充分的发展之间的最大矛盾就是贫困问题。打好脱贫攻坚战，逐渐满足人民日益增长的更加美好的需求，比如对民主、法治、公平、正义、安全、环境等方面的更高要求，最大限度地满足贫困群众的获得感幸福感安全感。

（三）增强贫困群众的获得感幸福感安全感，彰显了人民群众自我发展的目标

党的十九大提出，增强人民群众的获得感幸福感安全感，体现了人们对美好生活的追求已超越了物质层面，上升到了精神层面。每个人不仅有梦想、有追求、有尊严，而且有渴望获得稳定、安全，能够充分享受公平公正的政治环境的心理需求，进而实现走向人的自由而全面发展的目标。马克思和恩格斯在《共产党宣言》中指出，取代资产阶级社会的，“将是这样一个联合体，在那里，每个人的自由发展是一切人的自

由发展的条件”[2]294。党的十九大提出,促进人民群众的获得感幸福感安全感,是对促进每个人的全面自由发展的体现,也是对民生建设的全新定位和战略部署。中国特色社会主义进入新时代,实现人民“全面的”获得感幸福感安全感,意味着人逐渐走向全面发展。

二、增强贫困群众获得感幸福感安全感的现实基础

近年来,宁夏贫困县(区)在脱贫攻坚中,坚持以人民为中心的发展思想,努力实现农村贫困人口不愁吃、不愁穿,义务教育、基本医疗和住房安全有保障,增强了贫困群众的获得感幸福感安全感。

(一)推进基础设施建设,改善贫困群众发展环境

近年来,贫困县(区)以国家新型城镇化综合试点为契机,加强村组道路硬化,抓紧弥补基础设施和公共服务短板。一是有计划地推进贫困乡村环境综合整治。在脱贫攻坚过程中,贫困乡村结合乡村振兴战略,在贫困乡村实施农村环境整治工程,力求实现中心村(贫困村)达到美丽乡村建设标准。二是全面解决贫困村饮水困难和饮水安全问题。目前,贫困乡镇自来水普及率100%,贫困村自来水普及率达到85%以上,供水保证率达到90%以上。三是实施阳光沐浴民生工程。2016年以来,宁夏盐池县、同心县和249个脱贫销号村全部安装太阳能热水器。

(二)实施教育帮扶措施,解决贫困“传递”问题

教育扶贫是拔“穷根”的系统工程。一是对贫困村校舍完成改造任务,满足贫困家庭适龄幼儿入园需求。2016年起免除9县区建档立卡贫困家庭学前两年保教费,逐步实现所有县区建档立卡贫困家庭学前两年资助全覆盖。二是将多数贫困村的众多义务教育学校纳入全面改善贫困地区义务教育薄弱学校基本办学条件项目和义务教育学校建设项目优先安排,按照缺什么补什么的原则,使学校设备、图书、校舍等达到基本办学条件标准。进一步扩大义务教育阶段学生营养改善计划地方试点范围,

逐步惠及宁夏全区贫困地区农村。三是大力推进雨露计划职业教育扶贫助学,每人每学年补助标准提高到3000元,引导贫困家庭新成长劳动力接受职业教育。凡符合受助条件的学生,可登陆雨露计划网站或下载雨露计划APP软件进行申报,经申报审核公示后,以一卡通形式发放补贴。四是对于建档立卡贫困家庭普通高中学生(2016年开始)免除学费,逐步实现对建档立卡贫困家庭普通高中学生免费教育(免除学费、住宿费和教科书费)。对考入宁夏区内高职院校的建档立卡贫困家庭学生免除学费并补助生活费,学校(院)优先提供勤工助学岗位;对考入宁夏区内外全日制本专科院校建档立卡贫困家庭学生,提供生源地信用助学贷款。与此同时,积极支持宁夏医科大学定向培养农村全科医生,每年安排不低于80名招生计划面向贫困地区定向培养全科医生。

(三)加强技能培训,促进就业创业

近年来,宁夏贫困县(区)对建档立卡贫困户开展驾驶员、特色种养、劳动力转移、电商旅游、实用技术、致富带头人等培训项目,让有劳动能力的贫困群众都有一技之长,有效增加当地务工数量并加大劳务输出力度,大幅度提高了劳务收入。一是贫困地区农村劳动力技能培训,时间不少于30天,培训补贴标准800~1200元,补贴标准人均250元。扶贫建档立卡家庭劳动力机动车驾驶技能培训,在规定时限内凭取得的驾驶证(A、B准驾车型)和建档立卡证明,享受一次性培训补贴3000元。对享受城乡居民最低生活保障家庭和身患残疾的高校毕业生及获得国家助学贷款的高校毕业生,技师学院高技工班、预备技师班和特殊教育院校职业教育类毕业生,每人给予一次性求职补贴1000元。二是鼓励各类人力资源中介服务机构介绍扶贫对象就业,对成功介绍扶贫对象与企业或其他实体签订劳动合同(就业协议)且稳定就业6个月以上的劳务派遣公司、劳务经纪人,每介绍1人给予100元补贴,每名扶贫对象每年可享受一次职业介绍补贴。三是对有创业意愿并具备一定创业条件的建档立卡扶贫对象,给予免费创业培训和创业指导等政策扶持,符合规定条件的给予两年的创业担保贷款全额贴息扶持,其中个人创业贷款额度最高不超过10万元,合伙和组织起来创业的贷款额度最高不超过50万元。对建档立卡贫困家庭应届高校毕业生,技师学院高级技工班、预备师班和特殊教育院校职业教育类毕业生自主创业,连续正常经营1年以上的,一次性给予6000元创业补贴。

(四)大力实施产业扶贫,夯实脱贫基础

产业扶贫是贫困群众稳定脱贫的前提。从2016年起,宁夏回族自治区分3年建立10亿元扶贫产业担保基金,加快贫困县(区)一、二、三产业融合发展,增强自我造血能力。宁夏贫困县(区)贯彻落实中央和自治区扶贫脱贫政策,根据贫困户贫困程度,采取差别化的扶持政策,加大产业扶贫。一是支持贫困地区新建生产设施,发展蔬菜产业,重点对新建拱棚给予支持,每亩补贴2000元。推广马铃薯脱毒种薯农户自繁自用模式。政府每年采购原原种,按种植面积,免费向农户发放,实现自繁自用。原原种每粒补贴0.4元。二是扶持购买农业机械。继续实行自助购机、定额补贴、县级结算、直补到卡的农机购置补贴方式,支持贫困户购买农业机械,发展农业生产。对马铃薯种植收获机械、全混合日粮机、植保机械等生产急需机械,在国家农机购置补贴基础上,宁夏再累加补贴20%。脱贫销号村购置铡草机等农用机械补贴资金足额予以保障。三是扶持养殖业。通过项目扶持和政策支持,激励养牛户用2~3年时间,使养殖由目前的1~2头牛发展到5头以上,其中基础母牛2头以上;养羊户养殖由目前的5~10只发展到30只以上,其中基础母羊15只以上;牛羊混合养殖户养殖规模达到30只绵羊以上。支持发展其他特色养殖项目。四是积极探索产业收益扶贫。在不改变用途的情况下，财政专项扶贫资金和其他涉农资金投入设施农业、特色种植养殖、光伏、风电、乡村旅游等项目形成的资产，具备条件的可折股量化给贫困村和贫困户，尤其是丧失劳动能力的贫困户。资产可由村集体、合作社或其他经营主体统一经营。五是支持贫困村建立电商平台，发展“互联网+”农业经营。每个贫困村建设1个电商平台，建成运营并促农增收发挥作用的电商平台，每个补助3万元。六是支持贫困乡村发展旅游产业。结合整村推进扶贫开发和美丽乡村建设等措施，优先支持发展国家发改委、旅游局、国务院扶贫办等七部委确定的宁夏72个旅游扶贫重点村，由宁夏发改委、旅游等部门安排专项资金给予支持，每村支持100万~300万元。

（五）发挥互助资金作用

金融扶贫是精准扶贫的重要措施。宁夏在金融扶贫方面不断创新，支持贫困群众高质量脱贫。一是实施风险分散补偿机制，最大限度地盘活金融、做活市场，着力培养新型职业农民。深化金融扶贫，健全农村土地承包经营权、农机抵押、保单质押贷款融资机制，协调金融部门适当降低金融贷款门槛，提高贷款额度、延长贷款期限，实施扶贫再贷款政策，切实加大建档立卡贫困户金融扶持力度。二是支持贫困村互助资金组织的发展。鼓励本村农户加入互助社，使用互助资金，不入社者不能使用互助资金。互助资金采取有偿使用的办法，社员借款需缴纳一定占用费。根据中国人民银行公布的一年期贷款基准利率和互助社运行的实际需求，互助资金占用费按月息7‰左右执行。互助社社员借用互助资金只需缴纳政府补助和其他渠道投入部分的资金占用费。

（六）发挥社会保险和商业保险在脱贫攻坚中的作用

在脱贫攻坚中，充分发挥社会保险和商业保险作用。一是从2016年4月1日起，执行新的低保标准。农村低保标准由每人每年2400元提高到3150元。对未参加城乡居民基本养老保险的,按照100元的最低缴费档次给予全额或部分代缴养老保险费,将贫困人口全部纳入城乡居民基本养老保险,努力实现应保尽保。二是从2016年开始试点,对宁夏58万建档立卡贫困户实行小额人身意外伤害保险、大病补充医疗保险全覆盖,实现产业保险对贫困地区优势特色产业的重点保障,设计了家庭成员意外伤害保险、大病补充医疗保险、借款人意外伤害保险、优势特色产业保险四种产品,对贫困户实行普惠基础上的特惠政策。坚持政府、个人合理分担,对贫困人口愿保尽保,扶贫资金进行保费补贴。将患大病建档立卡贫困人口全部纳入重特大疾病救助范围,加大医疗救助、临时救助、慈善救助等帮扶力度。

(七)实施易地扶贫搬迁策略

近年来,宁夏按照实事求是、精准瞄准、从严掌握、宜迁则迁、宜留则留、群众自愿的原则,实施易地搬迁扶贫。一是易地整体搬迁。将生存条件恶劣、公共服务难以保障、"一方水土养不起一方人"、就地脱贫难度大、搬迁意愿强烈的已经录入国务院扶贫办扶贫开发建档立卡系统的贫困人口进行搬迁,特别是对于符合以上条件并居住在六盘山水源涵养林外围区、地质灾害易发区、地震活跃区的建档立卡贫困人口要优先安排。"十三五"期间,有计划地把82060人、20549户(其中,建档立卡80004人、19880户)迁往宁夏5市17个县(区、市)和宁东能源化工基地。二是易地灵活搬迁。采取山区与川区结合、城镇与农村结合、集中与插花结合、政府组织与市场化推动结合等多种途径,创新移民安置方式。移民住房建设资金实行国家补助和农户自筹的方式。所有搬迁户每户补助搬迁安置费2000元(发放到迁出区)、搬迁入住前两年补助水费及取暖费2000元。宁夏各县(区)结合当地建房成本,合理确定搬迁户建房或购房面积,标准为15平方米/人~25平方米/人。超过补助投资标准的费用由移民自行负担。三是培训搬迁移民。将移民技能培训纳入宁夏城乡劳动力职业技能培训范畴，补贴标准按照职业（工种）A、B、C类别，分别给予900元、800元、700元补贴。县内就近安置户均建设1座养殖圈或1亩大中型拱棚，每座（亩）补助1.5万元。小规模开发土地安置的，户均建设二代日光温室1栋，每栋补助3万元。

三、增强贫困群众获得感幸福感安全感的现实路径

习近平总书记在党的十九大报告中指出，"深入开展脱贫攻坚，保证全体人民在共建共享发展中有更多获得感，不断促进人的全面发展、全体人民共同富裕"[3]23。我们要坚持以人民为中心的发展思想，扎实推进精准扶贫与精准脱贫，用高质量脱贫补齐民生短板，抓住人民最关心最直接最现实的利益问题，既尽力而为又量力而行，一件事情接着一件事情办，一年接着一年干，积小胜为大胜，不断增强人民获得感幸福感安全感和满意度。

（一）坚持产业扶贫

在脱贫攻坚的进程中，宁夏贫困县（区）要根据自身的资源禀赋和产业基础，努力做大做强草畜、枸杞、葡萄、瓜菜等特色优势产业，培育壮大休闲农业、乡村旅游、农村电商等新产业新业态，支持壮大新型农业经营主体，完善利益联结机制，进一步增强对贫困村、贫困户的产业带动力。一是探索建立"龙头企业+合作社+贫困户"的产业发展模式。贫困县（区）通过培育扶贫龙头企业、建设产业扶贫示范村、培育扶贫产业合作社，发展致富带头人。二是因户施策、帮扶到人，落实"五到户"（产业项目到户、培训转移到户、小额信贷到户、帮扶措施到户、扶贫保险到户）措施。针对扶贫对象的贫困情况和致贫原因，制订具体帮扶方案，"输血"和"造血"并举，分类确定帮扶措施，做到精准施策"五到户"。三是大力推动金融扶贫，有效保障资金供给。坚持以金融支持产

业发展,打好财政、银行、保险、担保、证券“组合拳”,引导金融资源向产业集聚。比如,整合各类财政资金,撬动放大信贷资金,促进形成多元化、多层次、多渠道的投融资体系。四是培育新产业、发展新业态,着力构建新的增长极。积极推进黄花菜、色素菊、红树莓等特色种植业和中蜂、黑驴、珍珠鸡等特色养殖业,加快培育新产业,拓宽产业发展新空间。持续推进光伏扶贫、电商扶贫向贫困村布局。深入推进特色技能培训,创造就业创业新领域,促进贫困县(区)一、二、三产业融合发展。五是积极推行资产收益扶持制度,促进贫困户融入产业链中实现增收。按照“资产(资源)变股权、资金变股金、农民变股东、收益加分红”资产收益扶贫方式,赋予贫困村贫困户更多财产权利,优先支持自主发展能力弱特别是无劳动能力的贫困户获得更多资产性收益。

(二)突出健康扶贫

宁夏贫困县(区)要以人民健康为中心,树立大卫生、大健康的观念,健全基本医疗卫生制度,普及健康生活,优化健康服务,完善健康保障,建设健康环境。一是加强健康教育工作,广泛宣传居民健康生活基本知识,引导重点人群改变不良生活习惯,形成健康生活方式,力争让贫困人口少生病。二是加大贫困地区传染病、地方病、慢性病防控力度。建立良好的诊疗和服务机制,为贫困户建立健康档案和健康卡,完善健康服务功能,让贫困群众早预防早诊治。三是大力实施城市医疗机构医师对口支援活动。加快建立城市医疗卫生机构与基层卫生服务机构上下联动、分工协作机制,使各大综合医院的名医、优质技术和医疗服务延伸到基层乡镇卫生院。四是实施分类救治。对贫困患者实行分类救治,根据不同病种病因,按照一次性治愈、维持治疗、康复治疗等办法分类施策。五是提高建档立卡贫困户的病人住院费用报销比例。要出台相关政策,提高建档立卡贫困户的病人县外住院费用报销比例,逐步实现与县内住院费用报销比例相一致。六是建立医保、救助机制。建档立卡贫困户因住院发生的医疗费用在基本医保、大病保险不为零的个人自付费用，进入“扶贫保”大病补充医疗保险。

(三)充分发掘贫困群众的自我发展能力

要在贫困农村大力开展移风易俗、孝老敬亲、勤俭持家等思想教育活动，抵制贫困农村不良风气，树立社会新风尚。一是开展移风易俗宣传教育。认真落实《中央宣传部、中央文明办关于推动移风易俗树立文明乡风的工作意见》，针对大操大办、铺张浪费、天价彩礼等陋习，开展“抵制高价彩礼、倡导婚嫁新风、树立良好家风、共创文明家庭”为主题的宣传教育活动和专项治理，引导群众把精力集中到脱贫致富上来。将惠农扶贫政策与移风易俗挂钩，对沿袭不良风俗行为并造成不良影响的，应减少支持或不予扶持。二是提高群众政策知晓率。坚持进村入户宣讲政策，破除贫困群众“等靠要”等惰性心理；推广新技术、新项目时，听取民意、集纳民智，用“看得见”的前景换来贫困群众“放下心”的跟随。三是坚持正向激励。按照“大干大支持、小干小支持、不干不支持”的原则，在扶贫项目、资金使用上，积极向有发展意愿、发展能力的贫困户倾斜。对依靠勤劳致富主动脱贫的贫困户，以产业发展项目资金补助形式给予奖励支持，形成正向激励的导向，充分调动贫困群众主动脱贫的积极性。

(四)加强基础设施建设和环境保护

贫困县(区)要集中力量加强贫困村的村组道路、安全饮水、人居环境等基础设施建设。一是完善农村路网布局，加快打通乡、行政村和条件成熟的自然村之间的道路，实现贫困乡、村道路贯通全覆盖。二是实施西海固地区脱贫引水工程，大力推进六盘山集中连片特困地区扶贫攻坚水资源高效利用工程，加快实施盐环定、红寺堡、固海扬水工程更新改造和中部干旱带脱贫攻坚水源工程以及人工影响天气工程,增加贫困地区水资源供给。涉农整合资金优先保障农村饮水安全巩固提升工程建设。三是对村民进行环保宣传教育。鼓励村民生活垃圾分类投放,对金属、玻璃、塑料等垃圾进行回收利用;危险废物应单独收集处理处置。禁止农村垃圾随意丢弃、堆放、焚烧。四是切实进行“厕所革命”。用好厕所改造资金,按要求和标准推进厕所改造工程,优化农村卫生环境。

(五)推进扶贫领域的作风建设

加强扶贫领域作风建设,把作风建设贯穿脱贫攻坚全过程,扎实开展扶贫领域作风问题专项治理,用作风建设成果促脱贫攻坚政策举措落实,实现脱贫攻坚从“打赢”向“打好”转变,使贫困群众有更多的获得感幸福感安全感。一是加强对基层扶贫人员的培训。从思想道德、扶贫理念、脱贫技术等方面进行培训。二是建立扶贫驻村干部召回制度。对不作为、不务实、不合格的驻村干部坚决撤换。三是对扶贫领域加大查办和严惩力度。对胆敢向扶贫资金财物“动奶酪”的严惩不贷。四是增强扶贫过程的公开度。发放扶贫款、建档立卡户的动态调整、扶贫项目进展情况等都要公开透明。

参考文献

[1]曲青山.学习领会党的十九大报告需要准确把握的几个重大问题[N].学习时报,2017-11-13.

[2]马克思恩格斯选集:第一卷[M].北京:人民出版社,1995.

[3]本书编写组.党的十九大报告辅导读本[M].北京:人民出版社,2017.

(原载于《宁夏党校学报》2019年第3期)

以人民为中心的共享发展：指导思想、判断标准与制度安排

魏向前

摘　要：使全体人民共享改革发展成果已成为当代中国的核心主题与一致共识。在改革发展进程中，我们不仅要继续秉持“发展就是硬道理”的思想，还要始终强调发展成果要由人民共享的理念。因此，共享改革发展成果必须始终坚持以人民为中心的指导思想，共享改革发展成果要以人民群众的获得感为判断标准，共享改革发展成果关键在于推进民生领域的制度安排。

关键词：以人民为中心；公平；共享改革发展成果

以人民为中心的共享改革发展时代正在扑面而来。这既是后工业社会的新常态与新模式，也是基于经济快速发展背景下共享剩余价值所带来的物质财富和精神财富的一种趋势性路径，同时还是权利时代对作为社会共同体的公民劳动贡献的郑重认可与充分尊重，更是奉行以人民为中心的社会主义国家的崇高精神追求。但基于社会分配不公所造成的社会矛盾的出现与升级，社会的良性运行与可持续发展势必受到很大的威胁，而这反过来也势必会继续影响改革开放的顺利推进。因此，如何更好地坚持以人民为中心，让每个人都能充分享受到改革开放带来的发展红利，就成为全面深化改革阶段必须认真思考和审慎对

待的重要议题。

一、共享改革发展成果必须始终坚持以人民为中心的指导思想

(一)以人民利益为中心符合马克思主义的唯物史观

促进人的自由全面发展既是一个认识问题和理论问题,也是一个实践问题和政治立场问题。促进人的自由全面发展是马克思主义鲜明的理论特征和实践品格。马克思认为,人民群众在社会历史发展中处于关键性、根本性地位,人民群众是主宰历史沉浮的真正英雄,是真正创造历史的主体。马克思早在中学时代就公开宣称自己的阶级立场是无产阶级和共产主义,自己的学术主张是以为无产阶级谋福祉为取向。恩格斯认为,历史不过是追求着自己目的的人的活动过程而已,而无产阶级的目的是通过打碎旧的国家机器,夺取政权,建立新政权,最终实现全人类的彻底解放。在此过程中,通过建立新的生产关系实现更高生产力水平,从而逐步实现以自由性、自主性、创造性为特征的人自由全面发展的终极目标。列宁也曾深刻指出,推动历史发展与进步的元动力是建立在社会生产力与生产关系辩证发展基础上的物质利益。因此,如果从现实角度审视与分析,利益的确是人民群众最为需要且极为敏感的神经末梢。因而对利益的追求无疑是人民群众为了改造主观世界与客观世界的恒久动因,也是确保人的自由全面发展的必然选择。

作为一种以实现全人类最终解放为其最高价值追求的意识形态与社会制度,同时,作为一种建立在工业文明时代的一部关于无产阶级及全人类彻底解放学说的意识形态与理论体系,马克思主义无疑充分彰显了其不仅全方位致力于解释世界,同时矢志不渝地致力于改变世界的时代先锋的特质和与时俱进的品格。这是因为,马克思主义从其诞生的第一天起,就始终坚持以民为本、以人民为中心,致力于实现广大人民群众的根本利益诉求,进而为整个无产阶级乃至全人类的彻底解

放寻求现实答案与路径选择。这也充分体现了其科学性与革命性完美结合的特征。从这个意义讲，马克思主义最大的政治属性是人民性，即以实现人民的解放与发展，人民利益的保障与拓展，最终实现无产阶级与全世界所有人的全面自由发展和全面解放为最终目标。所以说，人民立场决定了马克思主义的根本性质和发展方向，这也是马克思主义思想永葆生机活力的重要源泉，更注定了马克思主义作为实现其阶级使命与人民宿愿的强大思想武器。因此，经济社会发展过程中，我们各项方针政策的制定是否真正基于人民立场，是否积极贯彻落实以人民为中心的理念，是判断一个政党先进性的唯一准绳，也是区分真假马克思主义的天然试金石。

（二）以人民地位为中心是中国共产党加强和改善党的建设的一贯价值取向

古人云：水能载舟，亦能覆舟。人民群众犹如浩瀚汪洋，统治阶级犹如其中的一片小舟。人民既能载舟，也能覆舟。纵观人类历史的变迁，历代王朝的兴衰，人民群众都是其中的重要参与者与裁决者，也永远是历史的创造者与社会发展进步的根本动力。得众则得国，失众则失国。社会经济发展成果能惠及广大人民，就会得到人民的支持与拥护，执政的合法性与持久性就能得到保障。相反，如果社会经济发展成果只是惠及少数精英以致大众无法实现成果共享，则迟早会被人民所抛弃，执政地位也必然岌岌可危，时日不长。这是历史发展的铮铮铁律，古今中外，概莫能外。

98 年来，作为以马克思主义为指导思想的新型政党，中国共产党始终坚持以人民为中心，矢志不渝地为人民谋福祉而奋斗的宏大目标和历史担当从来没有改变。当然，随着时代的发展与社会的进步，人民群众对美好生活的向往与诉求更加强烈，但党对人民群众全心全意服务的庄严承诺永远不变,一如既往。早在建党之初,以人民为中心,全心全意为人民服务就是我们党的最大初心和永恒使命,也是中国共产党安身立命、长期执政的内涵与准则。这是因为一方面,马克思主义群众史观是中国共产党始终秉持的坚定信仰和长期奋斗的方向指南。中国共产党之所以由小到大,由弱到强,历久磨难,最终建立了历史上第一个真正由人民当家做主的新中国,并且在社会主义建设时期和改革开放时期带领中国人民取得无比灿烂辉煌的成就,最根本的原因在于中国共产党无比坚定地信仰马克思主义群众史观,并将群众路线视为事关党生死存亡的生命线。不管是在血雨腥风的土地革命时期、艰苦卓绝的抗日战争时期、波澜壮阔的解放战争时期,还是新中国成立以后的如火如荼的国民经济恢复与重建阶段、高歌猛进的改革开放发展阶段,马克思主义群众史观和中国共产党人的群众观在不同时期、不同阶段的路线、方针及政策方面都得到了充分的贯彻执行。另一方面,为人民谋幸福是中国共产党永无止境的崇高追求。虽然党在不同时期、不同阶段的具体奋斗目标不同,但为人民谋幸福的宗旨和目标却始终是其永恒的信条和不懈的追求。新民主主义革命时期、社会主义建设时期、改革开放时期,特别是中国特色社会主义新时代,实现并满足人民对美好生活的向往是中国共产党人义不容辞的重任和义无反顾的担当。这是我们党的起家根本、看家本领,也是最大政治优势。这个弥足珍贵、来之不易的优良传统与务实作风应该也必须代代继承和发扬下去。因此,中国共产党必须传承历史,砥砺前行,时时刻刻做到与人民同呼吸、共命运、心连心。始终以人民为中心,执政为民,造福于民。

(三)坚持以人民为中心的发展思想是习近平新时代中国特色社会主义思想的核心内容

人民是党的力量之源和胜利之本,人民是创造历史的真正英雄。

坚持以人民为中心既是习近平新时代中国特色社会主义思想的重要组成部分,也是习近平治国理政的核心内容和根本指向,更是体现习近平总书记为人民谋幸福的真挚呈现和人生追求。作为一个信念坚定、不忘初心的当代马克思主义者,习近平坚持以人民为中心的价值理念无疑是将人民利益和人民地位放在了至高无上的高度,从而进一步回答了“发展为了谁,发展依靠谁,发展成果由谁共享”这一根本性、全局性、战略性问题,彰显了习近平总书记作为一个真正的共产党员为人民服务的浓郁情怀、赤子之心。

以人民为中心的发展思想可以从两个维度来解读:一是从逻辑思维层面分析。以人民为中心的发展观实质上是如何辩证看待和正确处理经济发展与人的发展二者之间的关系。习近平总书记认为“天人合一”是一个古老的中国哲学命题,强调的是人与自然的和谐统一。这对我们很有启示,经济发展的最终目标仅仅是为实现人的全面发展提供坚实的物质基础和发展保障条件,而人的全面发展则是一切发展的终极目标。因此,党的十九大报告中指出,新时代中国特色社会主义“五位一体”总体布局中的最终目标就是促进和提高人的全面发展。这其中涵盖了改善人民的物质生活水准、丰富人民的精神文化生活、提升人民道德素质与科学素质、改善生态环境状况等全方位领域。二是从现代性维度审视。众所周知,现代性肇始于欧洲工业革命时期,其发展势头如浩瀚洪流一般席卷全球,势不可挡,是迄今为止人类社会演进中最为壮观、影响最为深远的历史性、全方位巨变。习近平总书记从历史与现实、纵向与横向、国内与国际多维比照研判的视角对人的本质进行了批判性构建,指出必须立足新时代中国特色社会主义的伟大实践,全力满足关乎人民福祉的经济、政治、文化三大利益诉求,竭力实现各项人民利益的有机统一。总之,习近平以人民为中心的发展思想将人本学说提升到了一个新境界与新高度,是指导当前和今后中国经济社会协同发展理论的常青之树,是认识和破解发展中遇到的问题与难题的“金钥匙”,也必将伴随着新时代中国特色社会主义发展进程日臻完善。

二、共享改革发展成果要以人民群众的获得感为判断标准

(一)获得感是一个综合性评判标尺

从词根、词源来看,《新华字典》中“获得”的定义是收割庄稼、打猎所得。因此,从汉语语境仔细推敲琢磨,“获得感”一词指付出了劳动而得到实实在在的收获后的愉悦感受。当然,对“获得感”一词还可以从外延层面进行拓展性阐释。一方面,获得感必须是建立在政府所制定的合理分配制度基础之上的天然权利,是基于委托代理而形成的契约性权利,而绝非政府的单向恩赐或主动给予,这显然完全符合马克思主义一以贯之的人民观。另一方面,获得感是一个动态概念。也就是说获得感是随着人民对美好生活的向往不断实现而不断跃升的。当较低层次的需求得到满足的时候就会转而寻求较高层次的需求,当物质层面需求得到满足时就会转而寻求精神层面的需求。这既指明了政府矢志不渝的努力方向,也明确了政府勤政谋政廉政的全新责任之所在。

从人类社会发展的进程看,人们所奋斗的一切,无论是社会的发展、经济的增长、个人的努力,都与以幸福指数为核心的获得感不无关系。当然,真正的获得感是在形式上更加全面、内容上更加具体、质量上更具含金量的获得感。一般而言,真正的获得感都是建立在以幸福指数为核心的综合性的评判标尺基础之上的。具体体现在:一是获得感应真正体现人本思想。获得感是人们对自己生活满意程度所产生的一种主观感受,其判断标准是以幸福指数为基础的。因此,幸福不幸福,获得感程度如何,绝非那种“万般皆下品,唯有 GDP 高”的单纯以追求经济增长作为唯一取向的判断标准,也绝非那种靠损害环境与牺牲

生态以及民生福祉受到侵蚀的“有增长无发展,有财富无幸福”的发展模式。而是不搞数字游戏、不缩水份、不搞花拳绣腿、不搞面子工程、不做表面文章,真正以人民福祉作为一切工作的出发点和落脚点,坚持以人民真正的幸福感受为原则,着重解决人民经济收入逐年递增、制定合理的收入分配制度、实现充分就业、提供优质教育、实现全民医疗、营造良好社会治安环境、打造宜居生态环境的发展模式。二是获得感应是一种全过程、全领域的覆盖。获得感不是单一、固定不变的,而是一个动态、全程的发展指标。这就要精心构建一种长期性、连续性、可测度性的惯性指标体系,也要求我们各级政府在政策制定、制度完善、路径选择、方法选取方面要始终恪守以人民为中心的原则。以确保包括贫困地区、民族地区、苏区老区在内的全国所有地区民众无一例外地共享改革发展成果,确保所有人民群众共享改革发展成果的方针政策能够真正落地生根。这既体现了改革发展顶层设计中的以人民为中心的基本原则,也体现了在贯彻执行政策时制度的托底作用,是真正能够实现改革从初始一公里到最后一公里全程畅通无阻的获得感的必由之路。

(二)获得感是人民群众共享改革发展成果的核心指向

人民是历史的缔造者,也是推动社会发展进步的决定性力量。改革开放使中国获得了空前的发展,创造了世界经济史上发展的奇迹。这其中人民作为改革开放的参与者、推动者与见证者无疑起到了根本性作用。因此,作为改革发展成果的创造主体,人民也理所当然共享改革发展的成果。此外,社会发展的目的也绝非物质财富的单纯增长过程,而是公平分配社会财富、人民共享劳动成果的过程。正如习近平总书记指出的,“国家建设是全体人民共同的事业,国家发展过程也是全体人民共享成果的过程”。生活在新时代的中国民众应该共享经济社会发展的机会、共享物质财富和精神财富双丰收的机会、共享梦想成真的人生出彩的机会、共享与祖国和时代共同进步的机会。[1]

一分部署,九分落实。再好的政策如果是虚假落实、变通落实、拖延落实,甚至是拒不落实,那也是水中花、镜中月。因此,要想使得人民群众在共享改革发展成果中完全得到实实在在的获得感,检验的标准关键在于各项具体政策在执行中的落实是否到位。在2016年2月23日召开的中央全面深化改革领导小组第二十一次会议上,习近平总书记提出了改革评价新标准:“把是否促进经济社会发展、是否给人民群众带来实实在在的获得感,作为改革成效的评价标准。”显然,检验共享发展的标准是与“三个有利于”标准完全一脉相承。这体现了我们党的理论方针政策的继承性与延续性、发展性与创新性的有机结合。只有人民在共享改革成果中能够得到实实在在的获得感,才会给改革发展带来真正的不竭内生动力。反之,则会削弱改革发展所形成的共识以及在此基础上的发展后劲。同时也只有让人民的钱袋子真正鼓起来、文化生活丰富起来、生活环境好起来,获得感才会油然而生。这就要求各级政府在各项公共政策的具体执行中不断努力:一要以体现成就感为其目标取向,让人民群众在付出劳动与努力之后能得到公平合理的预期回报,不至于产生被剥夺感、不公平感,从而真正体现自己的劳动价值和人生价值。二要以体现安全感为其目标取向。这是马斯洛人的需求取向的第二层次需求。经济收入坚实可靠、社会治安环境良好、国家崛起于世界舞台中心都会使国民无论身在何处都能真切感受到自我存在的安全感,也才能产生稳定、快乐的心理体验与生活感受。三要体现以归属感为其目标取向。历史和现实一再雄辩的证明,大河有水小河满。个人的理想与价值、梦想与成就、奋斗与成功都深深植根于国家与时代的这片沃土。在中国梦渐行渐近的过程中,个人梦才能与国家梦同频共振,建立在获得感基础上的个人梦也才能更快、更好的实现。

(三)以社会合作共建提升改革获得感

人是天生的政治动物,合群是人与生俱来的本能。社会合作是个体成员生存与发展的必需,合作也就因此成为人类社会的必然选择。从这个意义上讲,在当代中国,社会合作既是促进经济持续增长的根本动力和主要目标,也是全体社会成员共享改革发展成果的基本前提和主要保障。所以著名印度裔美国经济学家阿玛蒂亚·森也指出:经济要获得发展,必须是在所有社会成员共同参与、有序竞争的情况下进行的。这就要求我们必须增强合作共建的共识与动力,提升人民群众在改革发展中的获得感,进一步推进改革发展的可持续性。此外,通过合作共建还可以促进不同利益群体彼此之间的心理调适与平衡,最大限度地避免社会财富的倾轧与损耗,最大程度地减少合作参与者的利益损失。从这个意义上讲,合作共建不仅是我们孜孜以求的美好理想社会状态,还应是我们在发展中必须秉承的一种不可或缺的核心精神与理念。

当然,有效的社会合作必须以社会成员间彼此的相互信任为条件。从社会学语境来说,诚信即诚实守信。而经济学语境下的诚信被指代为信用,是指在各经济主体交往过程中,各经济主体都能履行彼此之间的承诺而取得互相信任。[2]正如诺贝尔经济学奖得主埃莉诺·奥斯特罗姆所言,相互间可以信赖的承诺是影响集体行动的一个非常重要的因素。他举例说,在规则面前,大家都有轮流从灌溉系统取水的权利,但在未来存在较为强烈诱惑的前提条件下,取水者尽管可以发誓遵守承诺,但谁又能保证他没有履行承诺进行偷水,而其他人则为真正遵守承诺而付出了相应的牺牲。[3]71 也正是因为如此,社会成员间的持久有力地信任关系就显得格外重要与迫切,尤其是在外界环境和条件发生变化的情况下,作为黏合剂的成员间信任关系就成为检验社会合作的关键因素。因为从某种意义上讲,虽然人的天赋与社会交往能力为动物界之最,但作为个体的每个人的能力都是有限的,大多往往甚至以原子化的形式存在。因此任何人都不能也不可能孤立地存在于社会,要想维持自己的生存与交往,就必须在充分协作与理性交往的基础上共同订立契约、建立规范、形成惯例。如此,才能增强彼此间生存与发展的期望与信心,强化对现实社会问题的把握与掌控。有了起码的信任基础,人与人之间不仅能避免相互猜疑、彼此防范乃至产生冲突,而且还能在改革发展共享中得到实实在在的获得感。

三、共享改革发展成果关键在于有效的制度安排

(一)构建推动区域协调发展的机制

美国经济学家赫希曼在其新古典经济增长理论中指出,在充分竞争的市场经济条件下,劳动力与资本等生产要素往往会从经济贫穷区域向经济富裕区域转移,这是不以人的意志为转移的。经济增长的过程也往往因此呈现出明显的不平衡特征,表现在经济部门之间、产业之间,尤其是区域之间往往更加显眼与突出。而且后者对前两者更是具有连带影响效应。随着市场经济的日趋成熟与进步,市场力量的作用通常倾向于增加而非减少区际差异。尤其是表现在区域之间的“富者愈富,穷者愈穷”的“马太效应”更是愈加明显。长此以往,这种差异则会自动固化为一种区域社会结构,区域间贫富差距的裂痕也将不可避免的进一步扩大。就我国而言,以市场化为取向的改革开放政策已经实施了40多年,基于时间差过于长久,东部发达地区与其他欠发达地区的发展不均衡状况愈加严重,贫富差距的鸿沟越拉越大已经成为一个有目共睹的事实。众所周知,社会主义的本质是共同富裕,区域协调发展也是我国共享改革发展成果的题中应有之义。但在市场经济占据支配地位的社会,该目标绝对不能自发实现,政府必须通过提供有效的以

反哺机制为核心的制度供给来弥补与平衡区域间的差距。

反哺机制一方面蕴含着社会主义共同富裕的理念与原则，另一方面也是区域间公平分享改革发展成果过程中的最为直接有效的调节方式与平衡手段。因为只有建立成熟完善的反哺体系，才能为坚持区域发展总体战略，推动区域协调发展提供一种行之有效的稳定预期，从而增强经济发展的“扩散效应”和“辐射功能”，确保实现劳动力、资本及技术等生产要素有序流向中西部地区、民族地区、边疆地区等欠发达地区，进而实现区域经济均衡发展，最终为共享改革发展成果奠定坚实基础。这就要加快制定并高效推进国家区域一体化发展战略。尤其要在科学性和预见性的基础上，在持续推进东部地区快速发展的同时，积极落实西部大开发、东北振兴、中部地区崛起战略部署。特别是要将共享发展理念充分融入上述发展战略中，全力推进东西部对口帮扶工作，实现框架性、制度性支持体系，切实构建实现改革发展的共享机制。同时加大跨域协同发展力度，高效推动区域经济一体化进程。当然，在此过程中必须在严格尊重市场经济规律的前提下稳步实施，同时也需强调反哺绝非简单社会财富政策性、权宜性再分配过程，而是真正意义上的通过制度化运作且具有造血功能的可持续发展长久之计。

（二）为实现公共服务均等化提供制度性保障

“共享”理念从某种意义上讲意味着“均等”。本义即每个社会成员都能得到并实现以公平公正为特征的基本尊严的保障、基本生存条件的满足、基本生活水准的建立，并且伴随经济社会的发展都能享受到均等的具有非竞争性和非排他性的公共产品和公共服务。但从现实情况来看，随着改革开放的深度推进、市场化程度的深入发展，区域经济发展的“马太效应”日渐凸显，以效率为导向的第一次分配方式客观上加剧了区域经济发展的先天不平衡性。更为重要的是，受国家前期率先发展东部地区,以先富带后富的非均衡发展战略的影响,社会财富及公共财政资源因此加速向东部地区倾斜。反观西部地区,尤其是广大农村地区则较少享受基本公共产品与公共服务。这就造成了地区之间、城乡之间、行业之间发展能力的失衡及财富分配不公的巨大鸿沟。这种情况若持续太久必将对社会的和谐与稳定造成潜在的负面影响,进而影响我国经济社会可持续发展的百年大计,最终也将影响到中华民族伟大复兴的千秋伟业。因此,推进基本公共服务均等化就成为一项重大而紧迫的必需与抉择。在这方面,政府完全具有弥补市场配置社会资源失灵的功用,更何况各级政府在以人民为中心的执政理念下也必须不断加快建立在公共行政精神基础上的服务型政府建设的进程。这既是政府的责任本分之所在,也是政府回应民众的诉求之使然。

要实现公共服务均等化的目标就必须大力推行相应的配套制度建设。作为社会交往的规则,制度可以通过规范、调整、限制、引导社会成员的行为,从而在劳动生产分工、经济繁荣与增长、社会秩序构建、社会财富分配等方面起到公平、公正的调节作用。从这个意义上讲,制度的功能性作用对于民众基本权利的实现无疑具有基础性与关键性作用。在这方面,作为受民众委托代理行使公共权力的政府在推进公共服务均等化进程中责无旁贷。在制度安排和政策选择方面,一要明确基本内容。基本公共服务主要提供满足民众最基本的生活水准与生活保障的基本权利,这就要求在我国当前经济社会发展水平总体上还不够发达的情况下,要优先保障民众的就业、居住、医疗、教育、食品安全、公共安全、社会保障等方面的基本需求。二要强化服务导向。政府要真正做到从管制型向服务型的转变,创建公平、公正、公开的体制机制,为民众追求美好的幸福生活提供良好的居住生活、就业创业环境,确保民众能从改革发展中有实实在在的获得感。三要注重体系建设。基本公共服务是一个宏大体系，其中的制度、机制、政策之间需要科学设计与无缝衔接。这就要建立以民生为导向、以服务理念为支撑的具有中国特色的政府公共服务绩效评估新体系。

（三）畅通社会分配领域改革的机制

美国著名学者罗尔斯在其引以为傲的力作《正义论》中独辟蹊径指出：正如真理是思想体系的内核之所在，正义所代表的是社会制度的美德。当然，罗尔斯的正义学说是建立在洛克、卢梭以及康德的社会契约论等理论基础之上。而社会的公平正义恰恰是社会对人民权利和义务的分配问题之所在，核心在于二者能否达到相应充分的平衡，这也是人民孜孜以求的目标和愿景。构建公平公正的社会永远是任何社会、任何国家、任何时代都不可回避的话题。计划经济时代我国实行的是平均主义的社会分配政策，该政策所蕴含的价值理念及目标诉求是带有浓厚的绝对平均主义的分配思想。尽管当时人们的基本需求与社会生产的矛盾差序格局依旧突出，但人们往往对在当时社会生产力水平状况下社会分配领域的政策反倒没有过多的怨言与不满。但改革开放之后，尤其是在市场经济的自发机制和社会分配政策的缺陷所引发的贫富分配不公问题不断突出的情况下，城乡、区域、行业之间总体收入差距呈不断拉大的态势。加上社会再分配政策的力度较小，造成在市场竞争中因能力因素处于不利地位的底层、下层的贫困者，以及因身体及心理方面因素所引发产生的弱者等社会群体成员基本权利保障不到位的情况日渐凸显。因此，基于和谐社会构建的视角，加快社会分配政策的改革迫在眉睫，势在必行。当前，我国昂首阔步进入新时代，更要坚持以人民为中心的思想，使每个人都能够平等地享有政治、经济、社会发展权利并全面、全程参与此过程，从而真正实现改革发展成果的共建共享。

让人民共享发展理念落到实处,就必须建立完善制度载体,发挥社会政策功能,畅通共享发展机制。一方面,要继续深化收入分配制度改革。从人类文明发展变迁的历程来看,消除贫困和弥合收入差距始终贯穿了政府社会政策的始终。无论是当务之急还是从长计议,都必须要统筹好初次分配、再次分配与第三次分配之间的关系,精心打造三种社会财富分配形式的相辅相成、相得益彰、相互促进的良性格局。最终实现个人富裕群体的递增与社会弱势群体基本生活的保障二者的协同发展,从而为市场经济条件下和谐社会的科学构建与良性运行奠定坚实的基础。另一方面,要创新脱贫攻坚机制。在全面决胜建成小康社会的过程中,现存于连片集中贫困区的三千余万人的脱贫问题既是一个绕不开、躲不过的沉重而严肃的议题,也是影响共享发展的短板与痛点。为了打赢这场史无前例的脱贫攻坚战,全国上下必须秉持一盘棋的思想,强化精准脱贫的科学指导,充分结合各地实际情况,创新资产收益脱贫机制、脱贫攻坚工作联动机制以及相关产业发展联动机制,切实做到扶持对象精准、资金使用精准、项目安排精准、驻村到户精准、措施方法精准,久久为功,常抓不懈,全力争取早日脱贫。

参考文献

[1]杨忆冬.习近平共享发展思想探析[J].攀登.2017(2).

[2]黄伟力."以人民为中心"战略思考的升华[J].国家治理,2017(7).

[3][美]埃莉诺·奥斯特罗姆.公共事物的治理之道[M].余逊达,陈旭东,译.上海:上海译文出版社,2012.

(原载于《甘肃理论学刊》2019年第5期)

社会资本视角下村庄集体行动困境

——基于一个农区村庄土地纠纷的分析

姜绍静

摘　要:基于对一个农区村庄土地纠纷中集体行动困境的描述,探讨社会资本如何影响集体行动的达成。研究表明,只有社会网络被激活并发挥一定功能后,才能真正成为社会资本;农户所处的制度场是集体行动困境的潜在影响因素,农户所处的制度场既有正式制度也有非正式制度。正式制度主要涉及土地承包制度、村民自治制度,非正式制度涉及村风和行为规范,主要指村里长久以来顺从、不反抗的村落文化和村支书“地痞作风”对村民的震慑。

关键词:社会资本;集体行动;土地纠纷

一、问题的提出

“集体行动困境”是古今中外学者一直热衷的研究主题。古希腊哲学家亚里士多德就曾断言:“凡是属于最多数人的公共事物常常是最少受人照顾的事物,人们关怀着自己的所有,而忽视公共的事物;对于公共的一切,他至多只留心到其中对他个人多少有些相关的事物。”[1]52使这一断言模式化并成为公共选择分析模型的是英国学者加雷特·哈丁,他为了说明带有普遍性的人口过度膨胀问题,于1968年提出了著名的“公地悲剧”理论[2]。奥尔森延续了公共选择学派的经济人假设,认为理性的个人在实现集体目标时往往有“搭便车”的倾向,导致“集体行动困境”[3]1。马克思认为农民在社会生活中以“马铃薯”状态存在[4]217。曹锦清更是作出了“中国农民善分不善合”的论断[5]167。为解决集体行动困境,奥斯特罗姆通过对公共池塘资源使用制度的分析提出“自主组织治理”理论,她认为,当人们生活多年以后,会形成许多共同的互惠规范和模式,利用这些社会资本能够建立起制度,以解决共同资源使用中出现的困境。[6]215制度建构在解决集体行动困境中是最常规的选择,但是很多时候依靠制度走出困境往往成为幻想,需要从外部系统寻求制度优化的方法。[7]制度能否解决集体行动困境,不仅取决于个人和制度本身,还取决于把大家联系起来的社会资本状况。

布迪厄正式提出社会资本(Social Capital)概念后,帕特南(Putnam)在关于集体行动的分析中对社会资本进行扩展,认为社会资本是诸如信任、规范及网络的社会组织特征,社会资本能够通过促进合作行为来提高社会效率。[8]195因为社会资本是基于信任而建立的关系网络,可减少行为主体相互间的猜忌,进而助推集体行动。[9][10][11][12]周生春等对村民自主修路的案例进行分析,认为在农村公共服务自主供给中,乡村社会资本有利于降低集体行动成本。[13]蔡起华等通过实证分析认为社会资本可促进村庄集体行动的达成,并显著降低收入差距对集体行动的消极影响。[14]基于村民集体上访事件的考察,董国礼等提出要注意村落的文化和结构因素对农民集体维权行动的影响。[15]虽然学者们明确了社会资本会影响集体行动,但社会资本到底是如何影响集体行动的达成?从社会资本视角来看,集体行动困境是如何形成的?现有文献鲜有基于案例的深入探讨。基于此,本文从一个农区村庄土地纠纷中的集体行动困境入手,尝试对上述问题作出解答。

二、农区村庄土地纠纷集体行动案例

(一)昌村①土地调整背景

昌村位于山东半岛中部,全村共有 285 户 756 人,辖区面积约 1.6 平方公里,耕地面积 1500 亩,其中承包地 240 亩,人口地 1260 亩。村集体收入以承包地的承包费为主,年收入 2 万元左右。村民收入以水果种植、养殖和大田作物种植为主。2017 年全村人均纯收入 15000 元。

梨园是原村集体的副业。1983 年昌村真正开始实施家庭联产承包责任制,采用"两田制"进行土地分配,即把耕地分为口粮地和承包地。当时,村里采取承包的方式,把 300 多亩梨树承包给原果业队具有梨树管理经验的 8 户村民,不久后村里出现了第一个"万元户"。其他农户很是眼红,要求村里按照国家政策将梨园分配给所有村民。1988 年,村里单方面撕毁了与专业户们签订的承包合同,按照人口对梨园进行平分。梨园地的分配原则是基本保证每位村民拥有同等产量的梨树。具体分配步骤是:首先估算出全村每个人的梨产量,然后请村里梨树管理权威对每棵梨树进行估产,最后农户抓阄确定顺序,轮到谁家,就根据人均梨产量和每棵梨树估产确定每户应得的梨树数量。

6 年后,村里对梨园进行了一次全村范围内的大调整,即打破现有地块结构,重新按照新人口数进行均分。此次分配后,恰逢梨价低迷。梨园管理进入怪圈:梨收益低—农户不舍得投入—梨树得病—梨收益低。1994—2000 年,农村税费大幅增长,农民负担加重[16]。种植梨园不仅要交"三提五统",还要交农业税、农业特产税等。那时,管理水平一般的农户都赔钱了,种植梨园还不如同面积的庄稼收入多。有的农户选择把梨园退给村里,有的农户把梨园私下转给愿意管理的村民。在退出梨园的农户中,绝大多数选择退还给村集体。为避免这些梨园

①昌村是笔者出于学术伦理给所调查村庄起的学名。

被撂荒,村里分多次把退回的这些梨园以“叫行”形式承包给愿意种植的农户,每批次农户的承包价格不一。为鼓励农户承包,遇到行情不好或刮大风等自然灾害时,村里会减免农户的部分承包费用。继续种植梨园的农户,有的精心管理梨树,有的伐掉梨树而将梨园变成耕地或重新种植苹果和葡萄。所以,在此次再分配梨园前,拥有梨园的农户情况比较复杂:有按当初人口均分的,有在人口均分基础上又重新承包的,有一直坚持梨树管理的,有把梨树伐掉而将梨园变耕地的(大多数),有伐掉梨树而用梨园重栽苹果树或葡萄树的。

2006年国家彻底取消农业税后,种地的成本支出减少且有各种补贴,土地成了“香饽饽”,有的村民为了分地,把本已迁到城镇的儿女户口迁回村里。在这种背景下,以村支书为代表的当初退出梨园的农户要求重新按人口分配土地,引起了昌村历史上第一次较大规模的土地纠纷。

(二)土地纠纷中的集体行动

1. 梨园地分地“谣言”四起。2018年秋收结束后,有的村民说应该重分梨园地,村民们众说纷纭,梨园种植户们也开始担忧起来。此事被村支书知晓后,他打电话质问散播消息的人并予以否认,从那以后再没人在公共场合提及此事。一直到过年,也没见村里有分梨园地的动静。心急的农户开始对果树进行冬季修剪和追施底肥。

2. 正式通知重分梨园地。过了2019年正月十五后,村里广播要分梨园地,让农户先别着急修剪和施肥。正式得到通知后,不愿意重新调整梨园地的农户开始集体行动且形成了一些“小集团”。强烈反对分梨园地的有两部分农户:一部分是把原来梨树伐掉而改种葡萄的5户农户(A团),一部分是坚持管理梨园且效益较好的15户农户(B团)。A团农户因葡萄生产需投入更多劳动力,在地里盖了看护房。一旦土地重新分配，他们的葡萄园和看护房就保不住了，他们最先到村支书家谈判。当时村支书给的答复是会照顾他们，把这5户农户的地单独做阄，保证土地不会细碎化，分地时会协调，与抓到葡萄园的农户调换土地。随后，村支书还派人“偷偷”丈量了他们的土地面积，给他们“吃上安心丸”。B团农户也到村支书家讨说法，当时给的答复是有两种方案：一种是“延包”，大家继续交承包费，不分配大家的梨园地；一种是重新分地，但会帮助调回原来的地块。B团农户从村支书家出来后合计，村支书这几年从村里疯狂“捞钱”，大家一致认定他就是想借分地这个噱头要钱，所以B团农户没有采取进一步行动。

3. 正式分地。通知分地那天，B团的15户农户傻眼了，村支书此举出乎他们的意料。于是他们决定不抓阄，只要大家团结起来，这个地就没法分。在抓阄现场，村支书请来自己的哥们儿——一个地痞“坐镇”。抓阄有条不紊地进行着，A团农户早早去抓阄，他们心里有数，希望能抓到自己的地。到最后就剩B团农户的15个阄，此时陷入僵局。冷场一段时间后，村领导开始动员大家抓阄。村委员WSG与B团成员JR（曾经的村支书）私交甚好，WSG把JR叫到屋里耳语。外面农户只听到WSG说：“你不抓，我替你抓，不就是要树么，到时候我给你几棵……”屋外B团农户认为JR已经抓阄，大伙也纷纷抓阄，“不抓阄联盟”就此瓦解。村领导顺利实现了分地前期工作。

4. 集体行动失败。昌村此番维护地权的集体行动以失败而告终。参与集体行动的农户除了JR暗地额外获得10棵高产梨树外，其他农户都损失惨重。A团农户自己的梨园都没保住，B团农户因有房子在，新分地的村民一般也会同意换地，只是条件要优惠。

5. 村民不愿继续抱团维权。分地结束当天，A团成员JSY回家后越想越窝火，想动员A团成员集体上访，但被大家拦住。大家的看法是:如果当天大家一致不抓阄,地就没法分下去,既然抓阄已结束,就没必要上访,额外惹是生非。

(三)此番梨园土地分配后的结果

虽然昌村此次梨园土地分配引起了不小的波澜,但土地最终还是重新分配。只要户籍在村,每人分得近4分地。那些主张地权却不愿耕种的农户在分地现场就将土地出租,因地块地质、水利条件以及有无果树的差异,土地价钱不等,每口人所分地的价格从几十元到一百元不等。所以此番分地,村里产生了不少"地主"。

不主张分配土地的农户是此次土地分配中损失最为惨重的群体。A团农户的地并没有做成一个阄,跟其他的地块一样被分成多块。村支书只是随口跟分到原属A、B团果园的农户说了一句"跟他换换地吧",之后就不再介入此事。这些农户只好用尽浑身解数,把自家其他地方的好地拿出来跟别人置换,还给出优惠,但即便这样,新分到地的农户大多也不愿意置换,抓到梨树的农户心里高兴"白捡了树"。多数农户并没有换回自己的果园,在梨园地交接之前,原来用心经营果园的农户一气之下把自己亲手栽的苹果树、梨树都砍伐掉了,这些果树都有碗口粗,已开始结果了。有的农户因失去主要收入来源被迫全家外出卖菜。

此番分地获益最大的还是村支书家族。分地结束后,昌村河东剩了10亩梨园归集体所有,租给了外村人耕种,租期为10年,一次性缴齐租金,共3.5万元,由于村支书大权在握,村集体所有收入都归其支配。村支书家族共13口人,农业税负重时退出梨园地,此番又重新分得土地。分到的土地上有梨树的,村支书利用职权,使用义务工帮助其伐树、抠树墩子及整地。

三、社会资本视角下村庄集体行动困境分析

(一)农户社会资本的功能未被激活

科尔曼将社会资本定义为"一系列不同的实体,这些实体都具有社

会结构的某些特征，并且能够促使结构内部的参与者——无论私人参与者还是组织中的参与者——行使某种行为”[17]302。这个定义扩展了社会资本概念的内涵，使之不仅包括水平型联盟，还包括垂直型集团以及不同实体（如厂商）之间的行为。水平型社会资本包括结合型/黏合型社会资本（Bonding Social Capital）与沟通型/桥梁型社会资本（Bridging Social Capital）。垂直型联盟的特征是科层关系、成员之间权力不平等。武考克等也认为，处于不同位置的人们的垂直联系是社会资本的一个重要来源，他把这种垂直联系称为链接型社会资本（Linking Social Capital），通过这种链接（linking），处于不同阶层的人因互动而建立社会资本[18]。结合型社会资本是由联系家庭成员、同一种族、邻居等的强联系构成；沟通型社会资本是由有着相似社会经济地位但不同职业、种族等人的弱联系构成。

在失败的集体维权行动案例中，参与集体行动的农户分为A、B两个团体，从社会资本的功能来说，这里包括两种社会资本：结合型社会资本和沟通型社会资本。A或B团体内部成员属于强联系，他们之间的网络、信任、互动等表现为结合型社会资本。农户的背景相似：A团农户没有砍伐祖辈留下的梨树，还在此基础上更新了品种，插空种植梨树，梨园收入占全年总收入比例较高，但并非其全部收入来源；B团农户砍掉原来的梨树而改种葡萄，全家迁居到地里且修建了住房，在葡萄园周边又发展了苹果树种植和养殖副业，这片土地基本是其全部的收入来源。A、B团之间的农户属于弱联系，两个团体之间的农户仅限于同村、同样的“遭受侵权”，但两个团体内部缺少进一步的互动和沟通，充其量属于沟通型社会资本。除了上述水平型社会资本，本案例中还存在垂直的链接型社会资本，即与村外的市经管总站和农户拥有一定官职的亲戚们有关联。

此次集体行动失败的原因就在于村支书一一破解了维权农户的社会资本,阻止社会资本发挥作用。首先,给B团成员吃上"定心丸",阻止农户上访或利用自己的链接型社会资本寻求官员、媒体等的帮助。他也阻止了B团与A团的联合,使同在村里且均以农业谋生的农户不能互动、合作,使原本微弱的沟通型社会资本彻底丧失活力。其次,安抚A团成员,让这些农户相信分地损害不到他们的利益,防止他们利用链接型社会资本。此外,选择在正月十五后分地也是为了防止农户各类型社会资本发挥作用。正月既是农闲时期,又是大家密集走亲访友的时间。如果在正月十五之前宣布重分土地,势必会节外生枝,维权农户会在此期间充分挖掘自己的社会网络、寻求各种帮助。面对"不抓阄联盟",村支书摸透了大家的心思,从JR入手,利用村委成员的个人社会网络,制造"联盟"破裂的假象,从而导致结合型社会资本不能坚持到底和发挥作用。

总之,维权农户的社会资本其实是比较丰富的,既有村子以外的官员和媒体联系,也有村内自发组织的"联盟",囊括体制内和体制外两种资源体系,拥有"跨体制社会资本"[19],能够动员两种不同的体制性资源,但这些社会资本未被激活,没能起到正向作用。相反,村支书的社会资本倒是发挥了不小的作用。首先,村领导班子在此问题上绝对"团结"。除了村主任,村领导在梨园的土地都已交回村里,他们立场一致,希望能够免费再次分到田地。其次,村领导征求过上级的意见,市经管站说重分或延包两者皆可,但是维稳优先的指示让村支书更加明确自己的立场。再次,抓阄当天找地痞"坐镇"的确给老实巴交的农民造成了心理压力。所以说,村支书的垂直型和水平型社会资本都得到了充分利用。此次农户集体维权行动的失败亦可以看作村支书和维权村民两方社会资本的对垒,农户的社会资本"不战而屈人之兵"是此次行动失败的主要原因。这个案例也充分说明,仅有社会资本网络存在还不能称之为资本,只有社会资本被激活并发挥一定功能,才能真正成为社会资本。

(二)农户所处的制度场是集体行动困境的潜在影响因素

“制度场”(Institutional Field)是林南把社会资本放到一个开放的社会网络关系中进行考察从而形成的一个新概念,即“当组织和个体受到一组相似的制度支配时,可以称之为存在于某个制度场之中。在制度场中,行动者(包括个体、网络和组织)认可、支持、参与由社会制度指令的仪式和行为,按照社会制度的指令接受约束和动员”[20]184。也就是说,不同行动者在制度的约束下开展集体行动,制约行动者的制度是多样的,它们共同作用形成某种制度场。作为一种作用场,制度场能够影响社会结构和社会事件。

维权农户所处的制度场既有正式制度也有非正式制度。正式制度主要涉及土地承包制度、村民自治制度,非正式制度涉及村风和行为规范,主要指村里长久以来形成的顺从、不反抗的村落文化和村支书的地痞作风对村民的震慑。在制度场概念指导下,本文对昌村土地纠纷案例中的各种制度进行分类考察,以期明晰各类制度的具体作用,进而分析影响集体行动困境的潜在因素。

1. 土地承包制度是农户集体行动的依据。我国农村第一轮土地承包从 1983 年前后开始到 1997 年止,承包期为 15 年。第二轮土地承包从 1998 年开始,在此轮承包中,国家强调“延长土地承包期 30 年不变”,“土地承包关系要保持稳定并长久不变”。延长土地承包期后,按规定,发包方应与农户签订承包经营合同,或者由县以上人民政府统一印制并颁发土地承包经营权证书,依法确定的土地承包权和经营权受法律保护。党的十九大报告指出,保持土地承包关系稳定并长久不变,第二轮土地承包到期后再延长30年。

对昌村人而言,上述只是法律规定而已。昌村在土地政策方面一向是村支书说了算,想分地就可以分地。“村领导没钱花了就想办法分地,重新捞土地承包费”,村民们如是说。对习惯了“惯例”的农户而言,拿起法律武器维护自己的权益并不自信,因此鲜有将纠纷诉诸法律的念头。这次梨园土地重新分配之所以演变成昌村历史上第一次集体维权行动,是因为此次涉及果树类的高经济林果业直接关乎农民生计。

2. 村民自治制度削弱了农户集体行动的合理性。从表1中可以看出,坚决要求分地的农户有80户,他们当初因税负太重退出梨园地。这些农户的构成首先是那些已经全家进城务工、经商的农户,有36户;其次是家中有人外出打工、有人在家种地的半工半农户,约有40户。这80户分别属于外出务工阶层和半工半农户。坚决反对分地的农户有20户,都是农业兼业户和部分半农半工户,以土地为生,不愿外出打工,最多在村周边打零工。这部分农户属于坚守在农村从事农业生产的阶层。

表1　农户对梨园地的拥有状况及对重新分地的态度统计

农户对梨园地的拥有状况	对重新分地的态度	农户数量
拥有梨园地;管理梨树或苹果树或葡萄树,效益好	坚决不同意重分	20
农业税负重时退出梨园,没有梨园地	坚决要求重分	80
拥有梨园地;管理梨树,效益一般	不主张重分	20
拥有梨园地;伐掉梨树而变为耕地	可分可不分,只要不追求伐树责任就行	140

态度中立的农户多数因为砍伐了集体的梨树,害怕村里追究。其态度取决于决策者,他们会与村支书的意见保持一致,以免“惹是生非”。显然从人数上来看,要求分地的农户占多数。村支书的家人都不

在村务农,把梨园地已交还村里。此外,村里在前一年均分西北山的到期承包田时,由于计算、丈量误差等原因,还有9户尚未分到那一批的口粮地。村支书也需要再次分配土地,以解决这个遗留问题。

从人数上来说,维权农户只是村里的少数群体,数量上占优势的还是主张分地的农户。如果这次分地实行"公投",重分的呼声可能会很高。因为有80户的无地户坚决要求分地,而坚决反对分地的维权户只有20多户。剩下的农户都是伐掉梨树种田的,他们也希望自己能免费获得几棵别人管理好的梨树,最起码可以供应自家的水果消费。其实,从分地后维权农户艰难的换地经历就可以窥见这些农户的心态。所以,从这个意义上讲,村民自治反倒成了"多数人的暴政"。

3. 昌村村落文化是维权农户不奋起抗争的重要因素。中国乡村社会是"一个差序格局的社会,是由无数私人关系搭成的网络。这网络的每一个结都附着一种道德要素"[21]31。这种网络所附着的道德要素表现为村落文化特征,文化通过为行动提供价值和最终目的来塑造行动。昌村村落文化的典型特征就是顺从、不反抗,在周边地区,昌村的"好管理"是出了名的。在农业负担最重的时期,昌村也没有农户拖欠公粮或"三提五统"。在实地调查中,正好碰上当地重新给农民办房产证,即便手中已有房产证也要办,需要农民额外交钱。结果,昌村很顺利地完成了宅基地丈量、缴费工作,而周边有几个村的村民压根就不让丈量,更不交钱。据笔者观察,昌村的"良民心态"与昌村的自然环境有关。昌村的水利、土质条件在属于丘陵地带的胶东半岛来说是不错的,适合粮食种植。在大集体时代,这里是远近闻名的富裕村,"富山善水出良民",正是在这种心态支配下,维权农户才没有异常的行为。

在进行集体行动逻辑和困境的研究时,必须重视具有乡村地域特色的文化特征。昌村的经验表明,顺从、不反抗的"良民心态"深刻影响着农民参与集体行动的热情。在研究集体行动的逻辑和困境时,必须对集体行动参与者所在的村落文化进行审视,进而分析参与者的主体能动性。

4. 村支书的“地痞作风”对村民起到震慑作用。昌村书记JGQ早年不务正业,后来在其父亲的帮助下入了党,还当上村支书。他虽然“改邪归正”,但依然与当地“地痞”有联系。他新任书记时,村里有人写上访信且告发村领导的腐败问题,信被截下后,当晚该农户家的窗玻璃被砸。还有人曾站出来明确反对JGQ当村支书,结果家中被人扔进易燃危险品,所幸后屋当晚没人住,才没有造成人员伤亡。此后,村民对JGQ的“地痞作风”就有了很深的印象,不到万不得已,谁也不愿跟他起正面冲突。

维权农户在上述正式制度和非正式制度所形成的制度场中,各类行动者受多种制度影响,其集体行动很难取得有效结果。加上村民没有集体行动的经验,社会资本未能充分发挥作用,集体行动的困境在所难免。

四、结论

以昌村梨园地土地调整纠纷为例,本文考察了村庄集体行动困境问题,得出以下结论。

第一,解决集体行动的困境,不仅需要设计适宜的制度,还需要社会资本发挥作用。社会资本是诸如信任、规范及网络的社会组织特征,社会资本是基于信任而建立的关系网络,可以减少行为主体相互间的猜忌,通过促进合作行为来提高社会效率,降低集体行动成本,进而助推集体行动的社会资本。

第二,社会资本包括水平型社会资本和垂直型社会资本。水平型社会资本包括结合型社会资本和沟通型社会资本;垂直型社会资本被称之为链接型社会资本。仅有各种类型社会资本的存在还不能称之为资本,只有社会资本被激活并发挥一定作用,社会资本才能真正成为社会资本。

第三,社会资本在开放的社会网络关系中成为制度场。身处制度场的行动者认可、支持、参与由社会制度指令的仪式和行为,并受社会制度的约束和动员。参与集体行动的农户所处的制度场既有正式制度也有非正式制度。正式制度主要涉及土地承包制度、村民自治制度,非正式制度涉及村风和行为规范,主要指村里长久以来顺从、不反抗的村落文化和村支书的“地痞作风”对村民的震慑。

参考文献

[1]〔古希腊〕亚里士多德.政治学[M].北京:商务印书馆,2016.

[2]Garrett Hardill. *The Tragedy of the Commons*[J]. Science, 1968(162).

[3]〔美〕奥尔森. 集体行动的逻辑[M]. 陈郁,等,译. 上海:上海人民出版社, 1995.

[4]中共中央马克思恩格斯列宁斯大林著作编译局. 马克思恩格斯文集:第二卷[M]. 北京:人民出版社, 2009.

[5]曹锦清. 黄河边的中国——一个学者对乡村社会的观察与思考[M]. 上海:上海文艺出版社, 2000.

[6]〔美〕埃莉诺·奥斯特罗姆. 公共事物的治理之道[M]. 余逊达,陈旭东,等,译. 上海:上海译文出版社, 2012.

[7]金太军,鹿斌. 制度建构:走出集体行动困境的反思[J]. 南京师大学报(社会科学版), 2016(2).

[8]〔美〕罗伯特·帕特南. 使民主运转起来[M]. 王列,赖海榕,译.

南昌:江西人民出版社, 2001.

[9]张继亮. 走出集体行动困境的社会资本逻辑理路探析[J]. 学术交流, 2014(6).

[10]张旭,李永贵. 社会资本、集体行动与可持续发展[J]. 理论学刊, 2013(4).

[11]万生新. 社会资本维度与集体行动——基于杨凌五泉农民用水户协会的研究[J]. 农村经济, 2012(9).

[12]洪兆平. 社会网络与集体行动研究综述[J]. 河海大学学报(哲学社会科学版), 2015(3).

[13]周生春,汪杰贵. 乡村社会资本与农村公共服务农民自主供给效率——基于集体行动视角的研究[J]. 浙江大学学报(人文社会科学版), 2012(3).

[14]蔡起华,朱玉春. 社会资本、收入差距对村庄集体行动的影响——以三省区农户参与小型农田水利设施维护为例[J]. 公共管理学报, 2016(4).

[15]董国礼,易伍林. 农民集体维权行动中的结构与文化——江西田头村维权调查[J]. 华东理工大学学报(社会科学版), 2016(6).

[16]赵云旗. 中国当代农民负担问题研究(1949—2006)[J]. 中国经济史研究, 2007(3).

[17]〔美〕科尔曼. 社会理论的基础:上[M]. 邓方,译. 北京:社会科学文献出版社, 2008.

[18] Woolcock, M. & Naranyan, D. Social Capital: Implications for Development Theory, Research and Policy [J]. *The World Bank Research Observer*, 2000(2).

[19]边燕杰,王文彬等. 跨体制社会资本及其收入回报[J]. 中国社

会科学, 2012(2).

[20]Nan Lin. *Social Capital:A Theory of Social Structure and Action*[M]. Cambridge:Cambridge University Press, 2001.

[21]费孝通.乡土中国生育制度[M].北京:北京大学出版社,2004.

(原载于《北方民族大学学报(哲学社会科学版)》2019 年第 5 期)

乡村振兴视域下乡村教育发展难题与破解之道

孟 筱

摘 要:重塑乡村教育发展新生态,建构美好教育生活的乡村之路,是乡村振兴的内在要求和现实需要。面对当前乡村教育的新难题,要加强教师队伍建设,以多元文化知识建构促进学生生命力发展,强化家庭教育,多方发力,全面推动新时代乡村教育振兴。

关键词:乡村教育;乡村振兴;新时代

发展乡村教育,是乡村振兴的内在要求和现实需要。《中共中央国务院关于实施乡村振兴战略的意见》明确了教育在乡村振兴中的重要地位,强调"优先发展农村教育事业"。教育是解决民生问题的关键,乡村建设需要人才力量。要重塑乡村教育发展新生态,积极建构美好教育生活的乡村之路,以优质教育培养建设乡村的时代新人。

一、当前乡村教育发展面临新难题

乡村教师的多重流动性与职业认同减弱并存。近年来,为了加强农村教师队伍建设,国家出台了《农村义务教育阶段学校教师特设岗位计划》《关于推进县(区)域内义务教育学校校长教师交流轮岗的意见》等政策,充实乡村教师队伍、支持乡村教育发展。然而,乡村教师队伍仍存在较大的不确定性。从教师类型看,乡村教师主要由公办教师、特岗教师、交流教师和代课教师构成。公办教师大多是过去国家政策转正的民办教师或当时毕业分配的师范毕业生,面对年轻教师的学历优势,在教育理念、教育方法和技术方面竞争力不强,存在职业倦怠、熬年限等退休的情况。特岗教师作为新生代乡村教师的主体力量,不少是乡村社会的“候鸟”,周内下农村任教,周末返回城镇生活,缺少对乡村文化的认同,也很可能再次考回城镇。代课教师临时性岗位性质决定了随时可能进行双向选择,交流教师也在完成一至两年城乡交流轮岗任务后,最终离开乡村学校。受限于发展前景、生活条件、工资待遇等因素,乡村教师的多重流动性伴随着乡村教师职业认同减弱,乡村教师频繁出走致使乡村学生学习过程中文化中断现象产生。

面临现代性知识的冲击与乡土知识的离土化。以城市为导向的知识选择机制使乡村教学体系对乡土知识忽略和遗忘。无论是教学内容、课程设置、教学过程,都与城市教育基本一样,以学科课程为主,以课堂教学为主。地方性知识、民俗文化、人文历史经验和生产生活技术,已基本退出了乡村学生的教育生活。离土化教育的弊病,使学生已经看到的、感觉到的和喜好的东西之间缺乏任何有机的联系,致使教材成为单纯的形式和符号。过去“双基”的教育政策强调基础知识、基本技能的培养和训练,随着学生与知识关系的转向,应促使学生充分感受知识生产和建构的过程,培养学生将知识创造性转化的能力。乡土社会厚重的历史积淀、丰富的文化资源、广阔的实践空间,正是乡村学生开展学习、自主体验、探索发现的乐土,如果只注重以城市取向为选择的学科知识,忽视乡村教育的历史基础、乡村社会的客观事实,教育就成为了一种被动接受、机械训练的过程。

存在乡村家庭参与乡村教育“他者立场”的局限性。家庭教育是学生社会化最基本的场域,是学生早期社会行为规范和道德教育的课堂。学生与家庭成员的亲密关系为家庭教育提供了有利条件,学生需要在家庭生活的时空中互动交流,在潜移默化的教育影响中获得基本训练和社会常识的习得。而农村家庭文化资本处于弱势,家庭教育常常让位于生计需要,教育责任转嫁为物质保障,教育观念和教育方法存在一定程度的偏差。家庭教育中的父母角色常常“不在场”,隔代监护有心无力,只能完成基本的生活照料。家长将子女教育责任全部推向学校,使得教育责任在学校与家庭的衔接中断裂。父母在孩子成长过程中的缺位,一方面使得儿童情感发展不完整、不平衡,对性格养成、角色认知、行为习惯造成不良影响,导致儿童出现功利、孤独、暴力等消极心理。另一方面,缺乏对学生生活的参与和引导,减弱了与学校配合的效果,学校各项活动的开展难以获得家长支持。

二、多方发力推动乡村教育振兴

增强乡村教师岗位吸引力,提升教师职业认同,使“悬浮”的乡村教师真正嵌入乡村社会。从整体上提高乡村教师工资标准,深入挖掘乡村教师生活补助和绩效工资政策能量,以解决乡村学校教师岗位的工资待遇、发展机会与繁重教学任务不成比例的内部条件劣势。加强乡村公共服务和公共文化建设,使乡村教师的教育、医疗、社交等社会生活需求得到满足。改善乡村生态环境和卫生条件,营造良好的乡村风貌。对集中连片特困地区工作生活异地的教师补助交通费,通过灵活化和人性化政策化解乡村青年教师夫妻分居和照顾家庭的难题。在此基础上,乡村教师还需具备一种“乡村素养”,对乡风民俗、乡土伦理以及乡村教育发展的理解与思考要和乡村教师的职业使命与职业追求结合起来,将观照自身职业发展与引领乡村学生知识、情感、精神的全面发展统一起来,培养真正能够认同乡村文化、理解乡村学生境遇、扎根乡村社会的合格教师。在对乡村发自内心的亲近与深远的热爱中激发投身乡村教育事业的热情，逐步消解待遇低下以致负担沉重、激励缺乏以致职业倦化、认同减弱以致功能窄化的乡村教师现实困境。

塑造乡村生活世界，办面向实际生活的"活教育"，以多元文化知识建构促进学生生命力发展。书本和文字不是唯一的教育工具与教育手段，教育不仅要成为书本等科学类知识和形式理论的专门提供者，更需要成为地方性知识和实践理论的生产者和挖掘者。可结合乡村文化特点和地方特色开发校本课程，结合乡村生产生活实际开发综合实践课程。乡村教育具有不同于城市教育的天然资源和独特优势，乡村学生的生长空间和个体经验不同于城市。要注意链接教育与生活，增强学科性知识和地方性知识之间的开放与融合。一方面拓宽乡村学生现代生活的视野，另一方面扎根本土，使学生获得全面生动的乡土知识滋养。通过两类知识的有机融合，打通教育生活与个人生活世界之间的联系，从而使学生获得个体生命世界的整体培育和个体人格的积极有序生成与发展。

明确家庭教育责任，增强家校共育意识，提升家庭参与学校教育的文化自信与教育自觉。一方面，要加快家庭教育立法，从法律意义上明确家庭教育的职责，强化家长监护主体责任，规定父母双方应该共同履行子女的教育义务。要对农村家庭给予更多支持。加强家长学校、家庭教育指导服务站点建设，将家庭教育服务与公共文化服务以及困境儿童支持体系建设结合起来。要为乡村家庭教育提供个性化、多样性、可供选择的教育资源，为家庭教育提供技术支持、方法指导，改变不科学的家庭教育方式。通过代际之间平等对话与来自家庭的人文关怀，提升家庭凝聚力，营造家庭教育的良好氛围。另一方面，要充分发挥学校主导作用，进行家校合作，积极开展家校共育。成立家委会，加强校务宣传,争取家长的信任与理解。设立学校开放日,邀请家长对一日、一课、一活动进行参与式体验与观察。通过建立家校合作的教育共同体,达成共同体成员一致的教育目标,在开放式的教育合作中,加强彼此的情感联系,发现并解决孩子的成长难题,提升乡村家庭参与学校教育的文化自信与教育自觉。

参考文献

[1]赵桂兰. 新型家庭文化建设探析. 人民论坛,2013(2).

[2]中共中央　国务院关于实施乡村振兴战略的意见. 新华网,2018-02-04.

(原载于《人民论坛》2019年第28期)

中华优秀传统文化的时代价值及其传承发展

王　雨

摘　要：通过探索中华优秀传统文化传续中华精神命脉、加强人民团结与认同、保障国家统一和社会进步等三个方面的历史价值，深入认识中华优秀传统文化是中华民族伟大复兴中国梦的有力支撑；传统文化中的"崇德修身"是树立中国特色社会主义核心价值观的精神源泉；中华优秀传统文化是构建人类命运共同体理念的强大助力。在传承发展中华优秀传统文化方面，要始终坚持马克思主义的指导地位，深入阐发与时代相适应的民族精神，从而为实现中国梦发挥更大作用。

关键词：传统文化；历史价值；时代价值；传承；发展

习近平总书记指出："中华优秀传统文化是中华民族的精神命脉，是涵养社会主义核心价值观的重要源泉，也是我们在世界文化激荡中站稳脚跟的坚实根基。"[1]为什么说中华优秀传统文化是中华民族的精神命脉？其历史和时代价值是什么？传承发展优秀传统文化的关键点是什么？以下笔者简要谈谈自己的看法。

一、中华优秀传统文化是中华民族的精神命脉

中华优秀传统文化绵延不绝数千年，虽然经历无数波折但依旧传

续了中华文化脉络,强化着民众的认同感,从精神层面上促进了中华民族的长期统一和持续发展,这在世界众多民族历史发展的长河中可谓绝无仅有的宏伟现象。

(一)传续中华命脉的精神支柱

众所周知,世界上有“四大文明古国”——中国、古埃及、古印度、古巴比伦。事实上,世界历史上除了四大文明古国之外,还相继出现过很多大国和强国。比如古希腊、古罗马帝国、亚历山大帝国、蒙古帝国、奥斯曼帝国等。虽然历史上强族大国林立,但是只有中华民族文明绵延至今,其余文明不是灭亡了就是消散了。究其原因,除了特定时空的经济、政治、社会等因素之外,文化是最根本、最深层次的因素。

有人说,中国传统文化的历史就像一个不知疲倦的运动员坚持跑永无止境的“马拉松”,延绵数千年而不曾中断。而其他文明,比如,古埃及文明虽然历史悠久,但其历史文化是中断的,与现代的埃及文明缺少文化的连续性,所以今天探究埃及金字塔就出现了很多未解之谜,这是因为它的古文化基本消亡了,历史中断了,没有延续下来。古代埃及的很多历史是依靠当代各国的考古学家去埃及考证得出的结论。当然,也有传递至今的古国文明。比如,古希腊的哲学思想是现当代西方哲学的基础之一,但是整个过程却是马其顿人、罗马人、法兰克人、盎格鲁-撒克逊人等不同民族几经易手的结果,不同文化混融的结果,很像一场“接力赛”。唯有中国传统文化卓尔不群,即使命运多舛、历经坎坷,却能绵延不断,在漫长的历史进程中保持并发展。

当然,在复杂多变的时空中,中华传统文化能够绵延不断,原因是多方面的,比如,东亚地区以黄河、长江中下游为中心的内向型的自然地理环境,但更为关键的是中华优秀传统文化的强大生命力使然。

(二)加强人民团结与认同的核心理念

“文化认同是指一个群体中的成员在民族共同体中长期共同生活

所形成的对本民族最有意义的事物的肯定性体认。文化认同是对人的精神存在作出的价值肯定,它主要通过民族本身的特性、习俗以及生活方式,'以集体无意识'的方式流传至今,融合了人们的各种认同,从而阻止了不同的认同之间因部分认同的背离或异特性而可能发生的文化冲突。"[2]文化的延续不断加强民众的认同感。五千多年的中华优秀传统文化在东亚这片土地上生生不息,各民族的文化互相渗透融合,你中有我,我中有你,凝聚力越来越强,影响面越来越大,形成了多元一体的中华文化和中华民族格局。任凭什么力量也打不破,冲不断。中华优秀传统文化因子通过社会生活的方方面面深入人心。中共中央办公厅、国务院办公厅印发的《关于实施中华优秀传统文化传承发展工程的意见》中,将其概括为三部分内容:

核心思想理念。中华民族和中国人民在修齐治平、尊时守位、知常达变、开物成务、建功立业过程中培育和形成的基本思想理念,如革故鼎新、与时俱进的思想,脚踏实地、实事求是的思想,惠民利民、安民富民的思想,道法自然、天人合一的思想等,可以为人们认识和改造世界提供有益启迪,可以为治国理政提供有益借鉴。传承发展中华优秀传统文化,就要大力弘扬讲仁爱、重民本、守诚信、崇正义、尚和合、求大同等核心思想理念。[3]

中华传统美德。中华优秀传统文化蕴含着丰富的道德理念和规范,如天下兴亡、匹夫有责的担当意识,精忠报国、振兴中华的爱国情怀,崇德向善、见贤思齐的社会风尚,孝悌忠信、礼义廉耻的荣辱观念,体现着评判是非曲直的价值标准,潜移默化地影响着中国人的行为方式。传承发展中华优秀传统文化,就要大力弘扬自强不息、敬业乐群、扶危济困、见义勇为、孝老爱亲等中华传统美德。[3]

中华人文精神。中华优秀传统文化积淀着多样、珍贵的精神财富,如求同存异、和而不同的处世方法,文以载道、以文化人的教化思想,形神兼备、情景交融的美学追求,俭约自守、中和泰和的生活理念等,是中国人民思想观念、风俗习惯、生活方式、情感样式的集中表达,滋养了独特丰富的文学艺术、科学技术、人文学术,至今仍然具有深刻影响。传承发展中华优秀传统文化,就要大力弘扬有利于促进社会和谐、鼓励人们向上向善的思想文化内容。[3]

这些思想理念内化成了民族精神,塑造着我们每一个人的人生观、价值观和世界观,加强了文化认同、民族认同、国家认同,让我们每个人都知道我们世世代代是中国人,我们的根在中国。中华优秀传统文化就是我们大家的根和魂。

(三)民族统一和社会发展进步的保障

中国长期统一与欧洲历史上的分裂,既是不同的历史所使然,也是不同思想传统的产物,即与自古以来双方在哲学思想上的差异有关。中国与欧洲早期的宗教和哲学都是二元论的。基督教和儒家思想都主张世界是二元的。不同之处在于,西方的二元是绝对对立的,互相排斥的,是有起点有终点的线性思维,中国哲学则认为二元是相对的,相生相克的,互相依存的。

早在三千年前,以阴阳学说为核心的《易经》就是这样解释世界的。春秋时期,中国的哲学就有"和""同"之辩。否认矛盾,不承认差异的同一,古人称为"同";承认有矛盾,有差异的统一性,古人称为"和"。古人称:"夫和实生物,同则不继。"(《国语·郑语》)

中国自古的哲学思想就认为,世界万物有差异才有发展,没有差异就会灭亡。承认差异,承认差异的正当性与多元和谐相处的世界,才应是人们所追求的理想社会。中国几千年的封建王朝,虽一直有民族歧视和压迫的存在,但同时,如果没有"和而不同""夷夏一体"的思想和相应的施政措施(如历代王朝在边疆民族地区实行的羁縻府州、土司等制度),中国就不可能几千年维持如此广大的疆域和多民族的统一。对于汉族和少数民族建立的中央政权来说,都是如此。香港回归时我们的一国两制主张,实际上也是对古代传统文化智慧的借鉴。中华优秀传统文化不仅维护了民族统一,促使社会不断向前发展和进步,也是中华儿女能够战胜外敌侵略,挽救民族危亡的精神力量。

1840年之后,列强对中国的侵略瓜分,给中华民族造成了难以言喻的创伤,然而在多个亚非拉民族和国家被西方殖民者彻底征服和占领的情况下,继承着中华优秀传统文化的中华各族人民却从未屈服,持续地坚决抵抗。随着"十月革命"一声炮响,马克思主义来到中国,中华儿女将马克思主义与中华优秀传统文化相结合,开展救亡图存的斗争。在新民主主义革命时期,以毛泽东为代表的中国共产党人依据当时社会历史条件和斗争任务,结合中国文化传统与民族特色,提出了建立"民族的、科学的、大众的"新民主主义文化,为新民主主义革命时期无产阶级文化实践指明了方向。毛主席在革命战争年代指导我们前进方向的《矛盾论》《实践论》等著作,是在马克思主义思想指导下撰写的,其中也继承了中国传统哲学思想中的精华。新中国的民族区域自治制度和邓小平治理国家的思想也具有丰富的中华优秀传统文化内涵。比如,邓小平所提出的一国两制主张和我国实行的民族区域自治制度,既是以马克思主义为指导的产物,同时也受到我国历史上多元一体治理国家的一些启示。

党的十八大以来,习近平总书记善于从中华优秀传统文化中提炼出传承中华民族精神基因的命题和思想观点,并赋予其马克思主义的新时代内涵。2012年,他在参观"复兴之路"展览讲话时提出了"中国梦",用"中国梦"形象概括了中华民族最深层的精神追求。

中国共产党人在团结带领中国人民进行革命、建设和改革的各个时期,历来重视传承弘扬中华优秀传统文化,始终把自己的理论、方针和政策深深地植根于中华优秀传统文化中,使之发挥了无比强大的感召力。中华优秀传统文化是让中华民族世代延续,让疆土永续统一,让社会繁荣发展的精神命脉。正如习近平总书记所强调:“优秀传统文化是一个国家、一个民族传承和发展的根本,如果丢掉了就隔断了精神命脉。”[4]

二、中华优秀传统文化的时代价值

历史已充分证明,中华文化具有极大的包容性和适应性。虽然它产生于农业社会,但是随着历史的变迁、科技的进步,中华优秀传统文化与时俱进,不断推陈出新,现在仍具有重要的时代价值。

(一)中华优秀传统文化是中华民族伟大复兴中国梦的有力支撑

“中华民族历来重视精神文化生活,深谙‘仓廪实、衣食足’与‘知礼节、知荣辱’的内在逻辑。”[5]尤其在物质生活极大提高的今天,人们对精神生活的要求也随之提高。正如习近平总书记在联合国教科文组织总部的讲话中指出的:“没有文明的继承和发展,没有文化的弘扬和繁荣,就没有中国梦的实现。中华民族的先人们早就向往人们的物质生活充实无忧、道德境界充分升华的大同世界。实现中国梦,是物质文明和精神文明比翼双飞的发展过程。”[6]

19世纪德国著名军事家和历史学家克劳塞维茨说,历史最能证明精神因素的价值和它们的惊人作用。中国的发展和成就,正应其言。经过数千年的沧桑岁月,中国人之所以能够紧紧凝聚在一起,离不开中华民族共同培育的民族精神、共同凝结的时代精神、共同坚守的理想信念。实现中华民族的伟大复兴需要多方面的动力,尤其离不开精神感召力和文化推动力。鲁迅曾经说,唯有民魂是宝贵的,唯有它发扬起来,中国才有真进步。这种民魂指的就是中国精神,是民族精神在当代的作用。“在五千多年的发展中,中华民族形成了以爱国主义为核心的团结统一、爱好和平、勤劳勇敢、自强不息的伟大民族精神。”[7]

实现中华民族伟大复兴中国梦离不开凝心聚力的中国精神、中华文化。正如习近平总书记指出的:“中华文化积淀着中华民族最深沉的精神追求,是中华民族生生不息、发展壮大的丰厚滋养。”[8]

(二)“崇德修身”是树立中国特色社会主义核心价值观的精神源泉

在当前的社会转型期,各种思想相互碰撞,价值观念呈现多元多变的复杂态势,思想道德防线不可避免地受到冲击和侵染。日常生活中的道德失范行为造成人与人之间的信任危机,扰乱了社会与人际的和谐。为此在全社会开展崇德修身行动,既是一项刻不容缓的传承优秀传统文化的工作,也是大力培育和践行社会主义核心价值观的任务。习近平总书记在同北京大学师生座谈时的重要讲话中指出:“道德之于个人、之于社会,都具有基础性意义,做人做事第一位的是崇德修身。”[9]而“核心价值观,其实就是一种德,既是个人的德,也是一种大德,就是国家的德、社会的德”[10]。

“修身”理念在中华优秀伦理文化中占据根本地位。为什么这样说?

中华优秀传统文化是在历史流变过程中由多种文化因子汇聚而成。正如习近平总书记所强调的:“中国传统文化,尤其是作为其核心的思想文化的形成和发展,大体经历了中国先秦诸子百家争鸣、两汉经学兴盛、魏晋南北朝玄学流行、隋唐儒释道并立、宋明理学发展等几个历史时期。”[4]其中,自西汉以来,儒家文化就占据了主导地位。“修身”理念是儒家修身与伦理文化核心“三纲八目”的根本科目。(“八目”即“格物、致知、诚意、正心、修身、齐家、治国、平天下”)《大学》格物、致知、诚意、正心是修身的具体方法,而齐家、治国、平天下是修身的实践过程。中华民族历来具有崇德修身的传统,积淀着中华民族最深沉的精神追求,是中华民族生生不息、发展壮大的精神营养和强大精神源泉。

社会主义核心价值观,传承着中华优秀传统文化的基因,寄托着近代以来中国人民上下求索、历经千辛万苦确立的理想和信念,也承载着我们每个人的美好愿景。坚守中国时代价值体系,坚守核心价值观,就要从中华优秀传统文化中汲取营养,崇德修身、修身养性,注重人格修养。习近平总书记在上海考察时指出:“要注意把社会主义核心价值观日常化、具体化、形象化、生活化,使每个人都能感知它、领悟它,内化为精神追求,外化为实际行动,做到明大德、守公德、严私德,要面向全社会做好这项工作。”[10]习近平总书记的讲话,指明了崇德修身与社会主义核心价值观的内在契合性,充分证明了中华传统文化涵养中国特色社会主义核心价值观,是中国特色社会主义核心价值观的重要源泉。

(三)中华优秀传统文化是构建人类命运共同体理念的强大助力

面对当今时代全球治理体系亟须改革的情势,中国提出了构建人类命运共同体的理念。这一理念的提出,除了具有马克思主义时代化的特点之外,还有中华优秀传统文化中哲学思想的力量。这就是中国自古以来所主张的“和而不同”“天下一家”的思想。在这种哲学思想指导下的说法,比如“礼闻来学,不闻往教”,体现了不同文化之间的相互尊重,反对把自己的价值观强加于人的思想。再如“和而不同,周而不比”,体现了异质文化之间求同存异、和平共处、以和为贵的精神。又如“君子而时中”,体现了处理国际冲突时无过无不及的度量把握和“己欲立而立人,己欲达而达人”的思想境界等。

从这些理念中可以看出,中华传统文化反对称王称霸、穷兵黩武。老子主张清静,孔子主张忠恕,墨子主张非攻,中国的古圣先贤没有一个是鼓吹战争,教人仇杀的。中国人崇尚的不是亚历山大式的征服者,而是屈原、岳飞、文天祥式的抗暴者、保家卫国者。中华传统文化有“天下一家”“天下大同”的崇高理想，即“大道之行也，天下为公”。这种文化因子早已“内化于心，外化于行”，规范着中国的国家行为与国际行为，为提出构建人类命运共同体理念奠定了坚实的基础。这与基于人性本恶、物竞天择的西方哲学和当今西方零和博弈的国际政治主张有着本质不同。

三、如何传承发展中华优秀传统文化

中华民族优秀传统文化的价值以及其中所蕴含的“独一无二的理念、智慧、气度、神韵，增添了中国人民和中华民族内心深处的自信和自豪”[3]。“为建设社会主义文化强国，增强国家文化软实力，实现中华民族伟大复兴的中国梦”[3]，中共中央办公厅、国务院办公厅印发了《关于实施中华优秀传统文化传承发展工程的意见》，倡导传承发展中华优秀传统文化。这也表明新时期传承发展中华优秀传统文化的重要性。传承发展中华民族优秀传统文化的关键是“创造性转化创新性发展”，核心问题是“如何正确处理传统文化、马克思主义和现代化的关系，使中华优秀传统文化基因与马克思主义相结合，与当代文化相适应，与现代社会相协调”[11]。具体而言，主要包括以下两点。

（一）始终坚持马克思主义的指导地位

毫不动摇地坚持马克思主义的指导地位，反对“以儒代马”“以儒化马”等错误观点和倾向。正确认识马克思主义与中华优秀传统文化的关系。“马克思主义进入中国，既引发了中华文明深刻变革，也走过了一个逐步中国化的过程。”[12]中国化的马克思主义是融合了中华文化基因，具有中国特色的马克思主义。因此，中华民族优秀传统文化的创造性转化和创新性发展必然伴随着马克思主义中国化而推进。马克思主义中国化也必然内含着中华优秀传统文化的创造性转化和创新性发展。

(二)深入挖掘阐发与时代相适应的民族精神

中华优秀传统文化是造就中华民族精神的基因。经过数千年的积淀和发展,形成了"讲仁爱、重民本、守诚信、崇正义、尚和合、求大同等核心思想理念,传承了自强不息、敬业乐群、扶危济困、见义勇为、孝老爱亲等中华传统美德,彰显了求同存异、和而不同的处世方法,文以载道、以文化人的教化思想,形神兼备、情景交融的美学追求,俭约自守、中和泰和的生活理念等中华人文精神"[3]。

民族精神不是静态的,无论是其形成过程,还是发展过程,都是动态的,是适时变化、适时调整的活态文化。产生于民众的生产生活过程中,又反作用于民众的生产生活,具有自我扬弃、更新和发展的特点。所以,中华优秀传统文化的创造性转化和创新性发展是在继承的基础上,进行重点创新。

创新的依据和着眼点就是是否与时代发展的脚步相协调、相一致,符合今天中国社会甚至国际社会的实际需求,使包括民族精神在内的中华优秀传统文化真正"活"起来、"用"起来。充分发挥其所具有的积极作用和实现其时代价值。正如习近平总书记所说:"要加强对中华优秀传统文化的挖掘和阐发,使中华民族最基本的文化基因与当代文化相适应、与现代社会相协调,把跨越时空、超越国界、富有永恒魅力、具有当代价值的文化精神弘扬起来。"[12]而不能犯复古主义和历史虚无主义的错误。

参考文献

[1]习近平在文艺工作座谈会上的讲话[N].人民日报,2015-10-15(1).

[2]高英祺,梁玉.文化认同与跨文化交际[N].光明日报,2014-09-

07(7).

[3]关于实施中华优秀传统文化传承发展工程的意见[N].人民日报,2017-01-26(6).

[4]习近平在纪念孔子诞辰2565周年国际学术研讨会暨国际儒学联合会第五届会员大会开幕会上强调从延续民族文化血脉中开拓前进推进各种文明交流交融互学互鉴[N].人民日报,2014-09-25(1).

[5]孙来斌.人民是文艺生存和发展之本[OL].[2015-12-02]光明网(theory.gmv.cn).

[6]习近平在巴黎联合国教科文组织总部的演讲[OL].[2014-03-27]人民网(world.people.com.cn).

[7]左鹏.论习近平对中华优秀传统文化的继承和弘扬[J].社会主义核心价值观研究,2016(3).

[8]习近平在中共中央政治局第十三次集体学习时强调把培育和弘扬社会主义核心价值观作为凝魂聚气强基固本的基础工程[OL].[2014-02-25]央视网(news.cntv.cn).

[9]习近平.在北京大学师生座谈会上的讲话[OL].[2018-05-03]新华网(xinhuanet.com).

[10]习近平在上海考察时的讲话[OL].[2014-05-24]新华网(xinhuanet.com).

[11]韩美群.中华传统文化传承发展中的几个问题[N].光明日报,2017-07-17(11).

[12]习近平在哲学社会科学工作座谈会上的讲话[N].人民日报,2016-05-17(2).

(原载于《商丘师范学院学报》2019年第1期)

移民文化建设存在的主要问题及对策建议

姜晓芸

摘　要:社会变迁是导致人口流动和大量移民出现的重要原因。移民迁出地文化与迁入地文化碰撞、交融,产生出既不同于迁出地文化,又有别于迁入地文化的新文化,即移民文化。建设移民文化能够营造新时代乡村精神的文化阵地。

关键词:移民文化;文化建设;文化创新

社会变迁是导致人口流动和大量移民出现的重要原因。移民迁出地文化与迁入地文化碰撞、交融,产生出既不同于迁出地文化,又有别于迁入地文化的新文化,即移民文化。因此移民文化具有与生俱来的创新性、开拓性、多元性、丰富性、包容性等特点。党的十八大以来,习近平总书记提出要增强文化自信,我国文化建设取得了显著的成就。随着我国经济和社会的快速发展,人民群众包括移民地区的搬迁居民,对精神文化的需求也逐步增长,但当前一些地方包括移民地区的文化建设,公共文化服务体系的建立还不完善,公共文化服务体系建设水平还有待提高。特别是对于移民地区的文化发展来说,面临着文化建设的差距和挑战,需要进一步加强移民文化建设。

一、当前移民文化建设存在的主要问题

文化事业的发展是一个相对长期的过程,移民文化的发展历程受

到移民地区的影响，发展时间短、基础薄弱，因此存在一些问题。

（一）移民文化发展规划不完善

移民地区的建设资金大都偏向于经济和社会基础建设，对于文化建设的投入明显不够，资金支持力度小，而且由于缺乏经营和开发经验，现有的文化资源根本得不到很好的利用和管理，文化产业层次相对较低。在人才方面，文化人才政策欠缺，移民地区的工作和生活条件也使得人才招聘缺乏吸引力，这些问题都成为移民文化发展的“瓶颈”。

（二）公共文化服务体系发展不平衡

很多移民地区公共文化基础设施相对比较薄弱，公共文化服务体系发展不平衡等问题比较突出。基层部分文化站、文化服务中心的文体活动开展和宣传教育载体比较单一，文艺作品质量不高，管理运行机制不够健全，文化引领风尚、发动群众、教育群众的作用发挥不明显。一些文化馆的编制不足、人员不足的现象没有得到彻底解决，临时搭台、应付唱戏的现象依然存在。

（三）没有形成文化产业

移民地区受经济条件制约，城乡居民消费仍然以物质消费为主，文化方面的需求相对滞后。同时，由于现有的相关文化基础设施建设落后，总量比较少，档次水平低下，而且文化专业人力资源匮乏，高素质人才缺乏。移民地区普遍存在文化市场低迷、基础薄弱等问题，相关文化产品数量少，有质量的比较少，和文化市场比较繁荣的地区相比较，市场竞争力相对来说就比较弱，在竞争中往往处于不利地位。

（四）移民文化人才队伍建设落后

很多地区没有形成大抓、快抓、抓好文化人才培养培训的氛围，缺乏移民文化人才队伍建设的长效机制，移民人才的培训层次相对较低。民间文化艺术人才中，年龄通常较大，且都是相关文化的爱好者，不具备专业的文化素养。文化经营者的文化程度也普遍偏低,经营理念和手段落后,难以打造出知名文化企业和经营人才。

二、移民文化建设问题的主要原因

移民文化建设问题的原因主要包括:思想认识不到位,对移民文化发展总体规划重视不够,在推动文化事业发展、精品文艺创作上的责任感、紧迫感有待于进一步加强;工作力度还不够,财政资金投入仍显不足,移民文化发展的财力投入不够;公共文化产品供给与人民群众的精神文化消费需求不匹配,提升公共文化发展的动力和活力不足,在满足城乡公共文化产品供给、城乡居民多层次文化需求方面还有差距;移民文化人才队伍管理机制尚未形成,移民文化人才培养缺乏专业引领等。因此必须针对相关问题及产生的原因进行规划和改进。

三、移民文化建设的对策建议

(一)完善文化产业发展规划,丰富移民文化发展思路

1. 建立有序管理机制。优化文化产业结构和布局,移民地区应该深入研究,根据本地区实际情况制定和实施一系列在准入、投资、金融财税、文化园区建设、管理经营、服务等诸多方面的支持项目和优惠政策,全方位扶持和促进本地区文化产业健康发展。构建调控适度、运行有序的文化管理体系,实行政府全方位引导投入,社会民间资本在政府的科学引导下积极参与投资和建设,并逐步构建良好的市场化、企业化运行机制,对于有发展前景的文化项目给予重点培植和支持。构建区、乡、村三级文化网络,逐步完善公共文化服务体系,加强乡镇一级的综合文化站点建设,不断推进村一级的文化大院或社区文化站点完善,对于所需要的基本设施、设备给予足够的支持,确保软硬件基础设施到位,逐渐在每个行政村都建设和建立起一座或多座多功能文化活动室。

2. 建立健全激励机制。设立文化系列奖项,对于那些在文化创作

方面有突出贡献和重要成果的创新型人才给予应有的奖励，对于在文化站点经营管理上成绩优异，并且创造出社会经济效益的管理人员给予奖励，激发移民文化人才创作的积极性。通过一系列奖惩机制，逐步培养和形成一支强有力地移民文化人才队伍，这支队伍整体素质高，人员构成结构合理，而且具有强大的创新力，最终推动移民文化的发展。通过系列激励措施，有效释放移民文化的活力，使经济实力、发展活力、文化魅力刚柔并济，推进移民文化与社会发展的合力效应。不断丰富各种形式的社会文化举措，完善激励机制，促进移民文化全面发展，提升移民地区文化形象。

(二)夯实文化产业发展基础，优化文化产业发展环境

1. 加强文化领域人、财、物的投入力度。通过建立相关资金，吸引更多社会资本参与文化产业的发展，在广大老百姓中间定期开展各种形式的群众文化活动，如健身、娱乐、竞赛、文艺表演等，丰富人们的文化生活，促进精神文明建设。设置专项资金，用于对移民文化人才的培训和教育，引进更高素质的人才进入文化行业，加强对人才的管理和扶持，做到专项专用。

2. 丰富各种形式社会文化。以当地文化站、文化室等场所为活动平台，以文化馆和城乡各类业余文艺团体及文艺机关文化、老年文化和农村民俗文化等为主要活动内容，不断满足群众的需求，举办移民文化展览交流、慈善募捐义演等文化艺术活动，提高文化市场的影响力。

3. 构建科学、积极的文化产业发展氛围。建立文化宏观管理体制，增强移民文化人才引入后劲，推动移民文化产业健康发展，优化文化产业平台，针对不同层次的人才，通过不同形式、多渠道进行教育和培训，提高不同移民文化人才的职业素质和职业道德。重视和加强对传统优秀文化的保护和传承，强有力地开展文化市场管理和各种网络信息管

理,有计划、有步骤地开展移民文化产业的法规培训工作。要不断完善文化产业相关法律法规,形成一整套科学、合理的制度体系,促进文化市场竞争更趋公平。

4. 突出区域特色,打造移民文化品牌。深入挖掘地方文化资源优势,将优秀传统文化与地域性的民俗文化特质相融合,形成具有开放、包容、共享、和谐的移民文化。通过系列文化活动的开展,进一步丰富移民文化内涵,打造文化品牌。

(三)加强移民文化阵地建设

1. 抓基础完善人才库。给培养对象建立档案,全面了解和准确掌握各级各类移民文化人才的基本情况,为加大培训提供客观基础。指定文化馆干部为管理人员,做日常的材料收集管理工作,建立文化电子档案。充分结合本地区文化市场发展实际,要不断探索和研究,努力创新工作方法和管理模式,积极大胆地引进先进人才。同时,加大对现有移民文化人才的培养力度,提高他们的综合技能与学习精神,不断丰富和充实自己的文化知识,从而推动文化事业发展。

2. 抓培训提升队伍水平。聘请相关文化专家和移民文化爱好者举办广场舞、刺绣、农民书法培训班。先后选派农民创作人员、非物质文化传承人、书法爱好者参加各级地方组织的培训班。通过采取校地合作、集中办班、专家指导、交流学习等措施,重点培养公共文化领军人、非物质文化传承人和文化产业带动人,提升文化人才队伍整体素质,有效地发挥人才引领和带动作用。以文化馆免费开放项目为依托,开设声乐、书法、剪纸等培训项目,扶持培养公共文化服务人才、群众文化领军人才、非物质文化传承人才和文化产业带动人才。进一步加强文化阵地和文化协管员的管理,充分调动基层文化工作者参与管理的积极性,进一步提高文化人才服务基层的能力。

（四）创新服务机制，提升文化供给能力

1. 提高公共文化服务标准化、均等化能力。明确基本公共文化服务目录并组织实施，建立文化扶贫机制和特殊群体服务工作机制，图书馆、文化馆、乡镇综合文化站、村综合文化服务中心等公益性文化单位中设置面向特殊群体的服务区域和项目。也可以结合精准扶贫工作，每年在各村举办刺绣、剪纸培训班，将残疾人纳入培训范围，使他们也能学到一技之长。

2. 提升公共文化服务效能。建立群众文化需求反馈机制，提供“菜单式”服务。根据各个民间文艺团队、文化大院的需求，投入一定资金，配备文化器材，扶持他们开展文化活动。也可以按照群众文化需求与各个乡镇“结对子、种文化”，帮助指导群众开展文化活动，形成常态化帮扶机制。

（五）紧扣群众需求，精准实施文化惠民工程

一是在乡镇综合文化站建设方面，坚持中心下移、贴近群众，对标建设、填平补齐的原则，通过新建、改扩建、资源整合等形式，建成乡镇综合文化站。二是建设农家书屋，达到全覆盖。通过统筹各项资源，完善各级广播电视台发射台等基础设施建设，建设覆盖一定范围的智能广播网和应急广播平台切实提升广播电视服务能力和水平。三是在文化信息资源共享工程方面，制定相应制度，实施农村电影放映工程，采取“政府购买文化服务”的方式，积极实施电影数字化放映工程，采取定点、流动放映等多种形式，深入各村进行巡回放映，解决农民群众看电影难的问题。

四、结语

文化是一个国家、一个民族的精神灵魂。文化建设不但能够满足农民的精神文化需求，而且有利于促进乡村经济社会的发展，实现乡村

振兴。随着经济社会的不断发展,群众对文化服务产品供给的要求越来越高,精准扶贫的同时要实施文化扶贫,结合实际实施各种形式的文化惠民工程,加快发展文化产业,促进移民地区文化市场的兴盛和繁荣,推动文化产业良性发展。在人、财、物、政策等方面的大力支持下,把文化建设和乡村振兴结合起来,实现良性互动,同步发展。

参考文献

[1]杨智.乌海市海勃湾区公共文化服务研究[D].内蒙古师范大学,2018(11).

[2]卢希林,李文钰.关于乡村综合性文化服务中心建设的思考[J].现代农村科技,2019(8).

[3]张毓睿.厦门市文化市场综合执法研究[D].厦门大学,2017(10).

[4]史大为.高校辅导员与大学新生信任关系的质性研究[D].上海师范大学,2019(5).

[5]赵肖.民族院校辅导员助理工作实效性研究[D].中南民族大学,2016(5).

(原载于《产业与科技论坛》2019 年第 23 期)

全球化时代“一带一路”沿线国家流动人口的身份认同*

徐如明

摘　要：本文从心理距离、身份认同、情感体验3个维度研究“一带一路”沿线国家流动人口的身份认同。研究表明，“一带一路”沿线国家流动人口的身份认同具有“身在曹营心在汉”的特点，他们中的大多数人主动区隔于主流社会之外，保持着对祖国的身份认同。他们把自己当作在中国暂时停留的一个“过客”。

关键词：身份认同；“一带一路”沿线国家；流动人口；心理距离

认同是指“我者”与“他者”联结为一体的心理过程，即认为自我具有从属于某个群体的身份[1]。身份认同是个体对自我身份的确认和对所归属群体的认识以及所伴随的情感体验及行为模式进行整合的心理历程[2]。人与他人相遇，才会思考自己是谁；一个群体与其他群体相遇，才会把这个群体想象成为共同体；一个民族只有遭遇另外不同的民族时，才会自觉到自己的族群特征[3]。在全球化时代，频繁的跨国人口

* 本文是国家社科基金项目“来华阿拉伯人流动人口社会融入调查研究”（16XSH013）的阶段性成果。

流动以及现代社会的复杂性,使得每个人由于所处情景的不同,派生出多重身份认同[4]。随着“一带一路”建设的推进,100多个国家和国际组织参与其中,这些国家的一部分流动人口也随之来中国求学、工作、经商。空间的变化造成了“一带一路”沿线国家流动人口生活习惯和生活场域的错位,对他们的身份认同产生了影响。

一、研究设计

(一)数据来源

本文的数据和访谈资料来源于课题组2017年7—9月在银川、2017年10月、2018年7月在义乌和2018年2月在广州所做的问卷调查和访谈。在义乌累计发放问卷416份,在广州发放问卷160份。在广州、义乌、银川等地累计访谈62人。相对于“一带一路”沿线国家流动人口总体而言,调查样本有点少,但是,一方面,来华外国人调查有其客观困难性,大样本的问卷调查不易完成和操作;另一方面,任何调查都可以通过量的积累达到质的飞跃。

(二)研究方法

在人类学的领域里,对异文化、异民族的研究直到第二次世界大战结束,一直是人类学的主流[5]。做异文化研究时,一些人类学家雇佣一个或几个被调查者作为向导从事田野调查的助手,这些助手不仅充当翻译的角色,而且能够提供大量的信息和做田野调查的建议,被称为报告人。笔者在调研过程中,亦采取报告人研究法。

(三)研究指标

本文对身份认同的研究主要借鉴杨菊华教授的分类,把社会融入分为4个维度:经济整合、文化接纳、行为适应、身份认同,这4个维度共下辖16个指标,其中身份认同下辖心理距离和身份认同两个指标[6]。根据张淑华、李海莹对身份认同的定义,身份认同包括个体对自我身份的确认和对所归属群体的认识以及所伴随的情感体验[7]。因此本文把身份认同分为心理距离、身份认同、情感体验三个维度。

二、来华“一带一路”沿线国家流动人口的心理距离

1921 年,美国芝加哥学派的帕克和伯吉斯提出“社会心理距离”,用以描述、反映人际交往过程中的相互评价与交往态度[8]。

(一)“一带一路”沿线国家流动人口之间的心理距离

1. 相同“一带一路”沿线国家流动人口的心理距离。相同国家的人是“一带一路”沿线国家流动人口寻求帮助时的主要依靠力量。他们建立起了以国籍为单位的小群体,通过微信群彼此联系,群体成员之间一起参加体育活动、聚餐、庆祝节日,互相帮助、互惠互利。

相同国家好朋友之间——家人般的关系。本国好朋友是“一带一路”沿线国家流动人口最亲密的人。“我们就像一家人一样,对相互之间的情况很了解。比如吃饭、住房,如果其他人没吃的,我就不吃,大家一起吃。我租的房子以前是一位苏丹朋友租住的,他要到别的地方,我刚好需要租一个房子,他给房东说了一下。房子就租下来了,如果通过别人,或者通过房屋中介,他们会收取中介费用。”①

本国熟人、陌生人之间——既合作又竞争的关系。相同国家的“一带一路”沿线国家流动人口之间存在竞争关系,有一些生意上的秘密不能共享,他们会刻意保持距离。“我租了四楼和五楼,我的客户住在四楼,我的房间在五楼。这样更方便,要不然我给别的客户打电话,这个客户就听到了。每个客户都不想让别人知道他来中国买什么东西,价格是多少,货源在哪,这是 Topsecret。”②

2. 不同“一带一路”沿线国家流动人口的心理距离——浅层而共生

①2018 年 2 月 4 日对广州“一带一路”沿线国家商人 X 的访谈

②2018 年 7 月 5 日对义乌“一带一路”沿线国家商人 S 的访谈。

的关系。不同"一带一路"沿线国家流动人口之间虽然见面互相打招呼、握手问好,但是他们之间只是浅层的、表面的关系,以地缘为边界小团体化交友倾向明显。

一些"一带一路"沿线国家流动人口奉行"实用主义"的人际交往哲学。"对我们来说,相同国家的人在一起比较亲切,大家愿意互相分享和帮助。和中国人在一起、交朋友能学到东西,能得到帮助,和其他国家的人在一起大多数时候是在浪费时间。"①

"共生是族群关系的一种基本形态。"[9]尽管也存在竞争关系,但是相同的宗教、相同的文化、相同的际遇,拉近了彼此之间的距离,使他们能够聚集起来,在小群体内合作互助、互依共生,宗教节日、体育活动成了他们合作互助的载体。"在北京上学的时候,我把北京交通大学和附近学校的朋友组织起来组成了一支20人左右的足球队,每周踢比赛。球队里有沙特人、摩洛哥人、埃及人。80%是北京交通大学的。"②

不同"一带一路"沿线国家流动人口通过微信建立起联系,传递信息,互相帮助。有学者认为,在全球化背景下,人们"对宗教的认同出现增强的趋势,人们越来越关心尽管相距遥远但却信仰同一宗教的人们的命运"[10]。有的"一带一路"沿线国家流动人口关心其他国家的命运,并为其悲惨处境而难过。"我有时候会看其他国家的新闻,一些国家在发生战乱,我看完会心痛、心里难受,好长时间缓不过来,所以我每隔一段时间才看一次新闻。"③有的"一带一路"沿线国家流动人口会关心、帮助其他"一带一路"沿线国家的人共渡难关。"有外国人有问题,他的签证有问题,海关不让他来中国,他又没钱回去,没钱买飞机票,我

①2018年5月29日对宁夏"一带一路"沿线国家外教BA的访谈。
②2018年7月8日对义乌"一带一路"沿线国家商人G的访谈。
③2018年7月7日对义乌"一带一路"沿线国家商人H的访谈。

们帮他,给他钱。他买飞机票,然后回去。我们有微信,通过微信帮助他。"①

(二)"一带一路"沿线国家流动人口与中国人的心理距离

在您认为中国人是否愿意接受您成为他们的朋友方面,有 87.8%的被调查者认为中国人愿意接受他们成为中国人的朋友,只有 4.9%的被调查者认为中国人不愿意接受他们成为中国人的朋友,另有 7.3%的被调查者不确定中国人是否愿意接受他们成为中国人的朋友。

在您认为中国人是否愿意接受您与中国人通婚或成为他们的亲戚方面,55.0%的被调查者认为中国人愿意接受他们与中国人通婚或成为他们的亲戚,17.5%的被调查者认为中国人不愿意接受他们与中国人通婚或成为他们的亲戚,另有 27.5%的被调查者不确定中国人是否愿意接受他们与中国人通婚或成为他们的亲戚。

在被调查者中,认为中国人愿意接受他们成为朋友、认为中国人愿意接受他们通婚或成为亲戚的比例都超过了 50%,可见"一带一路"沿线国家流动人口与中国人的心理距离比较近。这与中国人的友好、文化的包容、不存在种族歧视有关系。"很多外国人喜欢来中国,环境、人都很好,很尊重我们的传统习惯。我也有很多加拿大、美国的朋友,他们不是黑色吗,他们说,中国很好,没有区别和等级。"②

三、保持区隔:"一带一路"沿线国家流动人口他者身份的自我维系

有学者认为"从外来者转变为本地人的过程,实际上是一个自我认同的过程"[11]。另有学者对广州非洲人的研究发现,除了那些持家庭团聚签证定居在广州的非洲人,绝大多数非洲人都拒绝承认自己是中国的移民,多数非洲人来华的目的是经商而非居住(或移民),他们在中国的停留时间取决于中非贸易发展情况、自身签证的稳定程度和广州警

①②2018 年 6 月 8 日对宁夏"一带一路"沿线国家外教 Merry 的访谈。

方对无证件者的执法强度[12]。与非洲人的心理认同相似,绝大多数“一带一路”沿线国家流动人口并没有达到身份认同的层次。大多数“一带一路”沿线国家流动人口是一种过客心态,缺乏融入主流社会的动机。

有的“一带一路”沿线国家流动人口认为应该落叶归根,要回到自己的国家。“虽然我找了中国妻子,但是我最终要回到埃及,那边有我的家人和房产。”①有些“一带一路”沿线国家流动人口,身在中国,身份认同却是自己的国家。“我只是和中国人结婚,我还是埃及人,没打算加入中国国籍,加入中国国籍回埃及或者去别的国家可能不方便。”②“一个阿尔及利亚人即使娶了中国妻子,获得了中国绿卡,在中国100年,他也是阿尔及利亚人,不是中国人。”③

绝大多数“一带一路”沿线国家流动人口只是来中国做生意、就业、上学而暂时停留的一个“过客”,随时可能离开中国。所以一些人在购买私家车时,喜欢买二手车。一方面,车作为身份地位、经济实力的象征,生意人开车有“面”子;另一方面,基于实惠的考量,二手车变卖亏损较小。“在义乌,很多老外喜欢买车,最喜欢奔驰,并且喜欢买二手车,因为他们迟早要回去,回去的时候再卖掉。”④

四、孤独:“一带一路”沿线国家流动人口的情感体验

在广州,有7.3%的被调查者经常感到孤独,有65.9%的被调查者偶尔感到孤独,只有26.8%的被调查者从没感到孤独。在义乌,有7.0%的被调查者经常感到孤独,有52.6%的被调查者偶尔感到孤独,有40.4%的被调查者从没感到孤独。可见,大部分“一带一路”沿线国家流动人口由于远离家乡和亲人会感到孤独。“绝大多数人在中国会感到孤独,

①2017年9月11日对宁夏“一带一路”沿线国家外教WH的访谈。
②2018年5月29日对宁夏“一带一路”沿线国家外教BA的访谈。
③2018年7月7日对义乌“一带一路”沿线国家商人H的访谈。
④2018年7月6日对义乌外贸公司翻译S的访谈。

会想家，难以融入社会，只能和本国的朋友一起居住，一起生活，很难进入主流社会。像我这样融入中国社会的极少。”①大多数“一带一路”沿线国家流动人口因缺乏亲人和朋友感到孤独。“我有时候会孤独、想家，时间长了，也习惯了。我的妻子来中国，感觉没有朋友，不习惯，就回去了。”②

不同城市“一带一路”沿线国家的流动人口孤独感不同。在国际化程度高的城市，由于本国人或其他“一带一路”沿线国家流动人口比较集中，他们的孤独感会低一些。“我有很多朋友在南京、武汉等城市上学。有的人是因为想家。有的人是因为吃饭的习惯不一样。他们受不了，待了一年就回去了。在上海的都适应了，因为上海比较发展（达），很热闹，有很多外国人。”③有超过60%的“一带一路”沿线国家流动人口会有孤独感，有的因缺少亲人朋友而感到孤独，有的因无法融入中国主流社会而感到孤独。不同城市的“一带一路”沿线国家流动人口孤独感不同，在国际化程度高的城市，他们的孤独感会弱一些。

五、研究结论

“身在曹营心在汉”，原意是指身在另一方，但心里想着自己原来所在的一方。本研究借用这一成语描述“一带一路”沿线国家流动人口身份认同的矛盾性特点。大多数“一带一路”沿线国家流动人口主动区隔于主流社会之外，保持着对祖国的身份认同，缺乏融入主流社会的动机，身在中国，认同的却是自己的国家。“一带一路”沿线国家流动人口的归属感何以如此？为什么他们永远只是一个过客？什么原因造成了他们的过客心态？“身在曹营心在汉”身份认同的生成机制是什么？

第一，中国与“一带一路”沿线国家文化差异较大，“一带一路”沿线

①2018年2月5日对广州“一带一路”沿线国家商人U的访谈。
②2018年7月5日对义乌“一带一路”沿线国家商人S的访谈。
③2018年6月8日对宁夏“一带一路”沿线国家外教Merry的访谈。

国家流动人口存在文化不适应。

第二,来到中国以后,“一带一路”沿线国家流动人口失去了原有的社会支持网络,产生了孤独感。

第三,非移民国家的制度设计限制了“一带一路”沿线国家流动人口的身份认同,一方面,中国的签证制度使他们在中国的滞留时间受限;另一方面,中国严格的“绿卡”制度,使他们难以获得“绿卡”。

第四,地方对“一带一路”沿线国家流动人口的社会排斥。有学者研究表明在广州小北路地区“一个负面的‘巧克力城’形象被建构起来,规模化的排斥性语境开始出现”[13]。

第五,互联网贸易对“一带一路”沿线国家客商的影响。互联网贸易一方面挤压了“一带一路”沿线国家草根商人的生存空间,给传统外贸商人带来了不适应;另一方面,冲破了国家和地区间的障碍,使国际贸易走向无国界贸易,使他们主动交往、融入主流社会的意愿降低。

参考文献

[1]刘伟.在华外籍就业人员的社会适应[J].社会,2010(1).

[2][7]张淑华,李海莹等.身份认同研究综述[J].心理研究,2012(5).

[3]韩震.论全球化进程中的多重文化认同[J].求是学刊,2005(5).

[4]全信子.论跨国民族认同的场景与差异——以中国朝鲜族婚姻移民女性为例[J].延边大学学报(社会科学版),2012(5).

[5]麻国庆.全球化:文化的生产与文化认同——族群、地方社会与跨国文化圈[J].北京大学学报(哲学社会科学版),2000(4).

[6]杨菊华.从隔离、选择融入到融合:流动人口社会融入问题的理论思考[J].人口研究,2009(1).

[8]戴宁宁.维汉民族交往中的“民族心理距离”解析[J].新疆社会科学,2011(5).

[9]罗意.共生关系的构建与发展——新疆阿勒泰草原一个微型多民族社区的个案[J].西南民族大学学报(人文社会科学版),2014(12).

[10]李明欢.当代西方国际移民理论再探讨[J].厦门大学学报(哲学社会科学版),2010(2).

[11]陈孔立.有关移民与移民社会的理论问题[J].厦门大学学报(哲学社会科学版),2000(2).

[12]牛冬.“过客社团”:广州非洲人的社会组织[J].社会学研究,2015(2).

[13]李志刚,杜枫.中国大城市的外国人“族裔经济区”研究——对广州“巧克力城”的实证[J].人文地理,2012(6).

(原载于《特区经济》2019 年第 6 期)

新时代教育发展的历史逻辑、理论意涵与实践路径

孟　筱　蔡国英　周福盛

摘　要：教育的变迁和进步离不开社会发展的历史逻辑，同时还要厘清教育、人与社会三者间的关系，更要把握新的时代背景下个体发展与社会需要的统一。建设教育强国，开创新时代美好教育生活之路，要坚持党对教育工作的全面领导，把握教育发展正确的政治方向；以教育共同体协同育人的方式，增强教育发展活力；以教师的教育影响，涵养新时代具有文化之根、精神之源，具有中国精神、中国力量，具有丰富内涵的真、善、美的人。

关键词：新时代；教育强国；美好教育生活

更加公平、更有质量的教育，是新时代人们对美好教育生活的向往和追求，寄托着亿万家庭对美好生活的期盼。党的十九大报告指出，"中国特色社会主义进入新时代，我国社会主要矛盾已经转化为人民日益增长的美好生活需要和不平衡不充分的发展之间的矛盾"[1]11。社会主要矛盾的变化对教育发展提出了更高要求，因此，对教育问题的思考，离不开社会发展进步的历史视角，同时还要厘清教育、人与社会三者之间的关系，更要把握新时代背景下个体发展与社会需要间的统一。

习近平总书记在2018年全国教育大会上强调，教育是“国之大计、党之大计”[2]，对新时代培养什么人、怎样培养人、为谁培养人的我国教育改革发展的重大理论和现实问题作了深刻回答，其丰富的理论意涵体现了新时代教育塑造灵魂、塑造生命之根本，为开创新时代美好教育生活之路指明了方向。

一、历史溯源：教育追寻美好又完整的人

教育的本质是回答何为教育的问题。教育理论和实践中的许多问题都与对教育本质的理解有关。从成人到国家的人，有用的人，完整的人，自由的人，追求真、善、美的人，优良的教育并不是为了物质财富的占有而获取各种人生在世的资本，而是为了人自身的完满，为了人格的健全。

（一）我国古代教育思想对教育本质的探明

中国古代教育起源于古人对宇宙、生命、万物的探索。从天人关系到人与教育的关系，《中庸》做了最概括的阐明：“天命之谓性，率性之谓道，修道之谓教”[3]288，以性、道、教三个范畴探求人生从事道德修养和道德教化的教育原理。以孔孟为代表的儒家教育思想，以伦理为基础，以人性论为中心，通过性善论来表达人与自然的关系。《学记》将“教学”与“化民”相联系，指出人通过教育来改善内在的气质，提升人的道德修养。孟子进一步发展了孔子的“仁”思想，以“仁政”“德治”施展政治理想，重视教育对政治的重要作用，要求把教育放在政治的首位，以“礼让”作为理想国家的目标，塑造具有独立自主和人格尊严的社会个体。宋明理学在继承传统儒家教育思想的基础上，开启了新儒家教育学派，重视心灵范畴中“心理—精神”层面的塑造，以追求人的情感情绪的本来面目为依归，以塑造“体验人”“生存情境人”为教育目的。从孔孟儒家“道德主体”教育角色到新儒家“精神主体”教育角色的转换，从重视伦理道德教育逐步向人的心理精神层面扩展和深化,古代教育学家对教育内核的不断探明,回归对本真的教育追寻,形成了中国传统教育的特点和民族性格。

(二)马克思主义关于人的全面发展的学说

鸦片战争后,中国面临内忧外患,马克思主义在中国的传播使一些知识分子找到了教育救国的路径。在研究社会物质生产与人类发展关系时,马克思指出,教育是造就全面发展的人的唯一方法[4]28。全面发展的人,既表现为人的劳动能力、人的体力和智力的全面发展,又表现为人的个性才能和志趣的全面发展,而且是这些方面广泛、充分、自由的发展。马克思提出人的全面发展理论之前,亚里士多德、夸美纽斯、卢梭、裴斯泰洛齐等人提出了使人的体力、智力和道德等多方面和谐发展的问题。然而,在提出和讨论人的全面发展的过程中,他们只是基于上帝的意志或人的本性来解释人的发展。马克思主义的出现为审视和解释人类发展提供了新的科学方法论。它要求在规定人的发展时,不能局限在思辨思维的抽象人上,不能脱离具体的社会历史条件,而必须从人类现有的社会联系中观察人。马克思主义关于人的全面发展学说从社会生产发展的角度,特别是工业生产对人的影响中,探明多方面的发展是社会生产的普遍规律,揭示了人的全面发展的历史必然性。

(三)新时代教育发展的历史定位与现实依据

教育活动既要关照和遵循个体身心发展规律,也要契合一定历史条件下社会发展的方向和需求,正确把握人、教育、社会三者之间的张力。党的十九大报告强调,要"优先发展教育事业"[1]45。习近平总书记多次从教育对人的作用、对社会发展的作用两个层面,指出优先发展教育的战略意义。个体自我成长的动力,一方面来自个性的完善,另一方面来自个体对时代和社会要求的内在觉悟。新时代更加美好的教育就是将个人的完善与时代要求融合起来,将人的成长置于社会领域中,逐渐引导个体在向社会开放的过程中,获得自我真实、完满的品性。个体融入公共生活之中的发展,不仅引导着个体当下发展的方向,而且会给个体未来的发展提供源源不绝的动力。

二、理论意涵:新时代中国特色社会主义教育的三个根本问题

2018 年,习近平总书记在全国教育大会的重要论述,将教育之重提升到“国之大计、党之大计”的新高度,深刻阐明了发展教育在党执政兴国大局中的重要性,是对教育事业战略地位作出的具有历史意义和现实意义的新表述。习近平总书记站在党和国家发展全局的高度,对新时代我国教育改革发展的重大理论和现实问题做了深刻回答,为建设教育强国,办好人民满意的教育提供了根本遵循。

(一)培养什么人——拥护中国共产党领导和社会主义制度,立志为中国特色社会主义奋斗终生的社会主义建设者和接班人

教育的首要问题是培养什么人。中华人民共和国成立后,我们研究苏联教育,“教育是对于受教育者心理上所施行的一种确定的、有目的的和有系统的感化作用,以便在受教育者的身心上,养成教育者所希望的品质”[5]3。我国是中国共产党领导的社会主义国家,我国教育的根本任务是培养社会主义建设者和接班人,这作为一定历史时期国家发展教育的总体指导原则,体现了国家的教育意志和价值倾向。

毛泽东同志指出,“我们的教育方针,应该使受教育者在德育、智育、体育几方面都得到发展,成为有社会主义觉悟的有文化的劳动者”[6]780~781。这是中华人民共和国成立后党和国家对教育目的的第一次明确表述。其后,国家相继出台若干教育法律法规和制度政策,对教育目的进行完善和补充,规定我们应当培养具有何种社会价值的人才。一方面,为社会主义现代化建设培养合格的劳动者和各级各类

专门人才;另一方面,对教育所培养的人应具备的身心素质及其相互关系作出界定,即品德、知识、智力、审美、体质等方面都应获得全面的发展。

"国势之强由于人,人材之成出于学",习近平总书记始终强调热爱祖国、立德树人、励志奋斗、做真学问、知行合一等教育精神,反映了他对教育改革发展长期以来的深入思考。党的十九大报告提出,"中国特色社会主义道路是实现社会主义现代化、创造人民美好生活的必由之路"[1]16,不断前进和发展的中国教育也必然要体现为了民族复兴、国家富强、人民幸福的教育精神。习近平总书记在全国教育大会上给我们指出了明确的奋斗方向,要在坚定理想信念、厚植爱国主义情怀、加强品德修养、增长知识见识、培养奋斗精神、增强综合素质六个方面下工夫,这充分体现了新时期培养人才的内在要求,也是我国各级各类学校教育的共同使命。

(二)怎样培养人——构建德智体美劳全面培养的教育体系,形成更高水平的人才培养体系

习近平总书记指出,"要努力构建德智体美劳全面培养的教育体系,形成更高水平的人才培养体系"[2]。由于教育领域长期存在的应试教育弊端、教育改革发展实践层面对劳动教育价值目标不明确、不清晰,劳动教育内容体系不完整、不统一等问题,全国教育大会强调劳动教育的意义,重视劳动教育、体会劳动精神、积极进行劳动创造,这是在新的历史时期对中国劳动文化传统的继承,也是马克思主义教育与生产劳动相结合在新时代的新发展。

构建德智体美劳全面培养的教育体系,首先"要把立德树人融入思想道德教育、文化知识教育、社会实践教育各环节"[2]。从学理角度看,一方面,立德是树人的前提,树人是立德的归宿,只有在立德基础之上的教育,

立人才会有根基；另一方面，树人是立德的路径，树人是立德的心之所向。明德至善的教育智慧，是受教育者成己、成人的第一因素。习近平总书记指出，“引导学生珍惜学习时光，心无旁骛求知问学，增长见识，丰富学识”，“帮助学生在体育锻炼中享受乐趣”，“以美育人、以文化人”，“崇尚劳动、尊重劳动”[2]。学生是完整的人，学生是发展中的人，学生是未来社会的主人，生命整体性要求学生以一个完整生命体在生理、智力、精神、审美等各方面参与和投入。学生身心发展不断进步的空间潜藏着各方面发展的极大可能性，未来观念下的主体性要求学生具备适应未来社会发展的各种素质。教育要让学生掌握认识世界所需的学识、才能，在理论学习和实践锻炼过程中形成真正的人生智慧；教育要主动涵养孩子们身心发展所需的体质能力、审美素养、劳动品质，使生命发展充满内在活力，在未来生活领域发挥和展现创造性才能。

（三）为谁培养人——为国家和人民培养能够担当民族复兴重任的时代新人，坚持教育为人民服务

社会主义教育必须坚持教育为人民服务。中华人民共和国成立以来，教育始终坚持以人为本的教育理念和教育价值观，凸显全心全意为人民服务的党的宗旨，党的教育方针必然体现人民的根本利益。人民对更加公平、更有质量教育的期盼从未像今天这般迫切，从“有学上”到“上好学”，再到“教育质量提高”“教育内涵式发展”，保障人民群众享有平等接受教育的权利和接受良好教育的机会，是人民群众最现实的需求，办好人民满意的教育体现了以人民为本、服务人民的执政根本。

在新的历史方位下，优先发展教育，是关系民族振兴和国家富强的重大战略选择。进入新时代，中华民族伟大复兴中国梦的实现，教育不仅要提供强有力地人才保证、智力支撑，还要建设凝心聚力的精神家园。中国精神和中华文明是每个中国人的文化底色，是千百年来我们

的前辈在无数革命斗争和开拓进取中积累而展现出的思想智慧、人生品质,并彰显出独具特色的精神气魄。能担当民族复兴大任的时代新人,不仅要有过硬的才智能力,更应该具有文化之根、精神之源。社会主义核心价值观是中国五千年优秀文化发展的成果,这其中饱含了对中华大地深厚的情感、对中华民族伟大复兴坚定的理想信念,凝结着国家梦想、社会责任、奋斗精神、道德意志,是我们安身立命的栖身之所,是心之所向的精神家园,是砥砺前行的行动力量。在逐梦道路上前行的时代新人,要将知识性外在能力的提升与中华文化内在价值的涵养进行历史性、辩证性、发展性统一,而社会主义核心价值观正是他们身心的滋养剂,滋养他们成为“具有中国精神、中国价值、中国力量、文明开放、自信豪迈的中国人”[7],向世界贡献中国智慧。

三、时代路径:新时代美好教育生活及其创造之路

党的十八大以来,我国教育现代化进程加快,人民群众的获得感不断增强,这些成就的取得在于党对教育工作的坚强领导。构建政府、家庭、学校、社会教育共同体,在党的领导下举全社会之力办好教育,增强教育发展活力,以教师的教育影响涵养新时代具有丰富内涵的真、善、美的人。

(一)党对教育工作的全面领导——坚持教育发展的正确政治方向

树立“四个意识”,坚定“四个自信”,坚决做到“两个维护”,坚持不懈地强化党对教育工作的政治领导和组织领导,坚持不懈强化学校党建工作,抓好学校思想政治工作。以习近平新时代中国特色社会主义思想统领教育工作,全面准确把握习近平总书记关于教育工作重要论述的科学内涵和精神实质,提高政治站位,把握育人的正确政治方向。“各级党委要把教育改革发展纳入议事日程,党政主要负责同志要熟悉教育、关心教育、研究教育”[2],明确教育发展处在内外部环境最好的重要战略机遇期,不断深化教育改革,提升教育质量。习近平总书记还提出,必须把党的教育方针政策全面贯彻落实到学校工作的各个方面,抓好学校党建工作,充分发挥好学校基层党组织的战斗堡垒作用,使学校的教书育人有组织依靠和安全屏障。

(二)以教育共同体力量协同育人——增强教育发展活力

形成全民全社会办教育的合力,是发展教育的最有效途径。教育作为培养人的社会实践活动,政府、学校、家庭、社会的教育协同与合作,涵盖了对共同体共建共享理念以及整体性、目的性、多样性、结构性共同特征的需要,建立共同归属感,构建教育共同体。

一是政府要坚持优先发展教育,在资源供给、发展规划和组织制度保障方面落实教育优先发展地位。规避教育纯粹属于上层建筑的意识形态偏颇,并在施政过程中以科学的教育评价为原则,“坚决克服唯分数、唯升学、唯文凭、唯论文、唯帽子的顽瘴痼疾”[2]。推行学生综合素质评价,改变长期以来应试教育只强调教育对精英的甄别和选拔功能,忽视大多数学生的教育激励和教育可能性;改变只关注学习目标的总结性评价,而忽视教学改善的诊断性评价;改变只注重成绩的学业成就评价,忽视情感、意志、动机、人格特征等非认知因素影响的学生个性心理评价。

二是明确家庭教育责任,使家庭成为孩子成长的真正参与者。我国自古重视家庭在个人成长过程中的作用。“家庭是人生的第一所学校,家长是孩子的第一任老师”[2]。无论时代如何变化,家庭的生活依托不可替代,家庭的文明作用不可替代,每一颗“种子”的成长源于生活在其中的家教、家风和家庭文化。一些地方受工具主义和功利主义社会生活方式的影响,家庭教育功能弱化,出现不良的家庭教育现象。在农村,家庭弱势的文化资本使家庭教育不得不让位于生计需要,因此,更多的农村家庭将子女教育责任全部推向学校;相反,在城市,家长以提供教育资源等同于完成家庭教育。这些问题的出现凸显出孩子成长过程中家庭教育精神内核的缺失。因此,家庭教育要回归初心、回归家庭、回归生活、回归生命本真,真正承担起帮助孩子迈好人生第一步的重任。

三是加强全社会对教育事业的充分参与,打破学校教育与社会联系的藩篱。教育是系统工程,因此,教育问题的解决不只是教育部门的事情。学校不能把围墙越建越高,只有全社会共同参与教育事业,才能形成全民全社会办教育的正确导向和良好氛围。

(三)明晰主体第一资源的重要作用——教师的教育影响

教师是人类灵魂的工程师。习近平总书记与北师大师生座谈时提出了“四有好教师”,并指出新的历史时期一名合格的人民教师在教育追求、教育素养和教育情感方面应具备的共同素质。

首先,要以“传道”为责任和使命,心怀国家和民族,保持对教师使命的深刻理解、对教育工作的责任担当、对教育事业的奉献精神。教师对学生的影响,离不开教师在是非、曲直、善恶、义利、得失等方面为人处世、于国于民、于公于私所持的人生观、价值观,因此,要立教师之德,以身作则,引导和帮助青少年学生扣好人生的第一粒扣子。其次,从教育教学实践层面来看,教师对学生的教育影响,离不开“授业”“解惑”对教师专业素养的要求,同时也要促进现代教师职业角色的更新。教师作为传统文化权威观概念中的文化资源掌控者,面向更加开放多元的教育时空,要从“知识传授者”向“教育行动者”转变。扎实的知识功底能够拓宽学生知识视野的广度,过硬的教学能力能够自如地掌握教材和把握学生的思维动向,创新精神和实践能力能使自身在不断变化的教育环境中快速适应,科学的教学方法能够同时诉诸学生的理智和心灵两个世界,只有在这个过程中,教师才能成为真正的能手、诗人和艺术家。最后,教师对学生要有仁爱之心,使教育者与受教育者在爱与丰富的生命对话中形成充盈的教育情感。培养教师对人性的热情,实现他们人生的丰盈,让学生感受到教师灵魂的高度;教师要认识到自己作为教育者身份的重要意义,努力成为孩子的需要,只有认识到教师对于学生的重要性,才会有意识地去引导学生,给予他们人生的信心和希望。

参考文献

[1]习近平.决胜全面建成小康社会　夺取新时代中国特色社会主义伟大胜利——在中国共产党第十九次全国代表大会上的报告[M].北京:人民出版社,2017.

[2]坚持中国特色社会主义教育发展道路　培养德智体美劳全面发展的社会主义建设者和接班人[EB/OL].人民网:http://edu.people.com.cn/n1/2018/0911/c1053-30286253.html.发布日期:2018-09-11.访问日期:2019-01-26.

[3]陈晓芬,徐儒宗,译注.论语大学中庸[M].北京:中华书局,2011.

[4]文学国.马克思恩格斯列宁斯大林论教育[M].北京:中国社会科学出版社,2016.

[5]顾明远.中国教育的文化基础[M].太原:山西教育出版社,2004.

[6]毛泽东著作选读:下册[M].北京:人民出版社,1986.

[7]刘铁芳.培养担当民族复兴大任的时代新人——论新时代我国教育目的的蕴含[J].教育学报,2018(5).

(原载于《北方民族大学学报(哲学社会科学版)》2019年第6期)

管理学

“互联网+”背景下的社会治理创新：现实之困与推进之举

刘雅静

摘　要：要适应“互联网+”对社会治理创新提出的一系列现实挑战，还存在亟须突破的现实困境，突出表现为：“互联网+”意识与思维的相对缺乏、体制机制与“互联网+”社会治理创新的要求匹配度低、新技术推广应用的局限性依然存在、资源要素的有效配置整合仍不到位等。为此，在理念层面，应主动运用“互联网+”思维改善现有的社会治理模式；在体制机制层面，需通过深层次改革建立起与“互联网+社会治理”相适应的制度环境；在技术层面，应充分运用“互联网+”相关信息技术，形成高效、便捷、精准的智慧化治理模式；在要素层面，需要持续优化与“互联网+”时代相匹配的机构、资金、人才等各类资源配置。

关键词：互联网+；社会治理创新；资源配置

当今世界，以互联网为代表的信息技术迅猛发展，引领了政治经济社会领域的新变革，创造了人类生活的新空间，改变了人们的思维、生产和生活方式，也在一定程度上拓展了社会治理的新领域。对此，党的十九大报告明确提出要“打造共建共治共享的社会治理格局”，“提高社会治理社会化、法治化、智能化、专业化水平”，同时指出要“不断完善互联网的建设管理运用”,“善于运用互联网技术和信息化手段开展工作”。这些重要表述既是对“互联网+”在完善、创新社会治理过程中发挥重要作用的肯定,也是对中国特色社会主义新时代如何应用“互联网+”相关技术加快推动社会治理变革提出了新的更高要求。在此现实背景下,各级政府必须直面“互联网+”带来的挑战,同时积极主动抓住各类机遇,加速推进“互联网+”社会治理的实践探索,力争形成更具精准性、有序性、公平性和效率性的社会治理生态,从根本上提升社会治理的水平和实效。

一、“互联网+”背景下社会治理创新面临的现实之困

伴随着“互联网+”时代的到来,移动互联网络成为社会治理的新平台,多元治理主体借助四通八达的网络和新型社交媒体能够更为便捷地实现网上网下的互动交流,进而不断推动社会治理领域的发展和变革。这种变革对传统的社会治理体制机制以及治理的方法、模式等都产生了一定的冲击,提出了新的挑战和要求。近年来,各级政府以为民利民便民为导向,不断推动信息技术与基层社会治理的深度融合,在互联网大数据等新信息技术引领助推社会治理创新方面进行了各类有益的尝试,成效初显。但从目前实践来看,要适应“互联网+”对社会治理提出的一系列新要求和新挑战,还存在亟须突破的现实困境。

(一)“互联网+”意识与思维相对缺乏

树立“互联网+”思维,是“互联网+”背景下社会治理变革的前提条件。但目前一些公职人员对于怎样有效依托信息技术推动社会治理变革方面,仍存在观念固化和思维缺失的现象。首先,仍存在着不同程度的理念滞后的问题,一些基层政府部门工作人员对“互联网+”相关技术的发展与应用、特点与功能等缺乏全面正确的认识和理解,对“互联网+”社会治理的新模式不熟悉,不愿主动尝试、积极探索,仍然满足于沿

袭传统的社会治理模式，进而导致依托互联网推进社会治理创新的内在动力严重不足；其次，一些政府部门的公职人员未能把握“互联网+”时代社会生产方式、人们的思维方式和生活方式的变化趋势，也没有能够对“互联网+”时代信息传播方式的变革、社会舆论的生成规律等获取比较精准的认知，在新平台下仍习惯于遵循传统思维、使用传统方法进行社会治理，导致其难以在社会治理创新方面有根本性的突破，降低了社会公众的满意度。此外，有相当部分的社会公众对于“互联网+”的理论与实践也存在认识不够全面、理解不够深刻等现象，也在一定程度上影响了其在社会治理创新中的作用发挥。

（二）体制机制与“互联网+”社会治理创新的要求匹配度低

系统推动“互联网+”背景下的社会治理创新工作，必须构建与其特点、要求相匹配的治理体制机制。目前，由于各方面因素的制约和影响，社会治理的体制机制仍存在一些与“互联网+”不相匹配的深层次问题。首先，与传统的社会治理模式相比，“互联网+”背景下的社会治理创新，更强调政府与企业、社会、公众各方面力量的全面参与、协同共治。而除政府以外的其他治理主体有效参与的重要前提之一就是要求政府政务信息的公开、透明。当前在政务信息公开方面还存在诸多问题和不足：一是虽然有些地方已先行一步，力度较大，取得了一定的成效，但从全国范围来看，仍普遍存在政务信息公开进程缓慢、公开数量有限、信息更新迟缓等问题，这些不足已经成为阻碍“互联网+”社会治理创新的制约因素。二是市场与社会力量的参与度明显偏低。要真正实现“互联网+”背景下社会治理的根本性突破，就要求各级政府与拥有大量商业信息数据的企业及掌握高新技术的互联网企业密切合作，共同开发各种数据管理软件和应用平台，吸引社会公众参与到政务信息、商业数据的查询、使用之中，以此实现多主体协同共治的目标。但受制于各级政府信息公开的现状,目前还未有效达成政府与企业、政府与社会之间的信息交流、互动沟通、协同共治目标,市场和社会力量难以进行实质性地参与,“互联网+”社会治理也无法获得突破性进展。其次,社会公众参与机制亟待完善。近年来,随着“互联网+”相关信息技术的迅猛发展和普及应用,参与渠道和路径有所拓宽,社会公众参与社会公共事务治理的热情也有所提高,一些社会组织和公民个体在网络虚拟世界中已经成为具有一定参与意识和参与能力的行动者。但在现实世界中,由于种种因素的制约,社会组织和社会公众并未成为实质意义上的社会治理主体,参与程度也总体偏低,存在网上网下参与差距较大的现象。从某种意义上来说,社会组织和公民个体依托于“互联网+”平台蓬勃发展的网络参与行为,已经开始对现实世界中的社会治理变革形成了倒逼之势,迫切需要进一步结合国情,加快探索形成网上网下、线上线下一体化的社会公众参与机制。

(三)新技术在社会治理领域推广应用的局限性依然存在

将大数据、云计算、物联网、人工智能等“互联网+”新技术引入到社会治理领域,其技术支撑作用的发挥确实为社会治理水平的全面提升助力颇多,但在此过程中,也存在一些不能回避的问题,有的甚至比较严重,潜藏着一定的风险。首先,信息安全保障的形势依然严峻。伴随着我国各领域、各行业、各部门“互联网+”行动计划的推进和实施,来自政府部门、企业、社会组织和公众个体的各类重要数据信息将会不断叠加,形成一个庞大的信息集合体。在此过程中,各类信息的安全性如何得到有效保障,引起了人们的普遍担忧。尤其是近年来各类信息安全事件的频繁发生,很多人担心个人隐私和重要信息泄露,甚至有公众因此对互联网相关信息技术的应用产生了一定的抵触情绪和排斥心理。其次,信息资源共享度仍不高。信息资源是社会治理中极为关键的组成要素。作为关键要素，除各职能部门自身掌握的信息以外，还需要对分散在不同政府部门的信息数据进行必要的整合。但由于体制机制方面的制约，当前我国各部门的电子政务系统大多是自成体系，各垂直管理系统都建有彼此独立、相对封闭的数据信息系统，应用软件的开发和用户界面的设计也都自成一体，互不兼容，这些都成为信息共享的“瓶颈”，严重阻碍了不同部门间的信息共通共享，导致了社会治理碎片化、部门协同性差等现实问题。最后，基于移动互联网的信息数据平台建设相对滞后。近年来，伴随着各级政府电子政务建设步伐的加快，全国范围内多种与社会治理相关的信息数据平台已经初步形成，但这些系统大多是基于传统互联网平台建设的，与当下移动互联网的信息数据收集、分析、整合技术相比，还存在一定的滞后性，无法充分发挥“互联网+”相关技术精准性、高效性的优势。同时，现有的数据平台也无法有效解决各类跨区域、跨行业社会公共事务治理问题。

（四）资源要素的有效配置整合仍不到位

“互联网+”背景下的社会治理是一个涉及多种构成要素的系统工程，必须事先统筹规划诸如组织领导机构、扶持资金投入和专业技术人员等方面的资源供给。而且，相对于传统社会治理，“互联网+”相关技术的发展应用一方面为社会治理创新不断提供更为先进的硬件设备和更加智能化的技术手段，另一方面也对资金投入、专业人力资源支撑等方面提出了更高的要求。当前，各地在推进“互联网+”社会治理创新实践的过程中，还未能有效统筹规划“互联网+”社会治理模式在财政投入和资源保障方面的建设需求，仍存在许多亟待解决的现实问题。具体而言，首先，大部分社会治理数据系统建设的资金来源于财政拨款，缺乏对市场资源和社会资金的吸引与整合，且财政拨款大多只够维持数据系统的日常运转，而对于软、硬件的后续投入、建设则难以提供稳定的资金保障。其次,专业技术人才相对短缺。受到政府现行人力资源配置机制的影响和制约,各级政府部门普遍比较缺乏“互联网+”相关方面的专业技术人才,而既了解社会治理领域相关政策,又能够适应网络化、智慧化治理发展趋势的复合型人才则更为匮乏。

二、“互联网+”背景下社会治理创新的推进之举

“互联网+”背景下的社会治理创新是一项庞大的系统工程,需要从治理理念、治理体制机制、治理技术、治理要素配置等方面协同推进。面对“互联网+”背景下社会治理创新面临的现实挑战,各级政府必须坚持问题导向,深入认识理解“互联网+”时代社会治理呈现的新特点和新规律,及时洞察、深入研判其中的难点、热点问题,以勇于创新的精神,积极寻求破解路径,使“互联网+”的能量充分释放出来,补齐社会治理中的短板,强化社会治理中的弱项。

(一)在理念层面,主动运用“互联网+”思维改善现有的社会治理模式

“互联网+”背景下社会治理面临的首要挑战是思维理念的创新。“互联网+”对于社会治理创新而言,技术上的“+”发挥的是表层作用,思维与理念上的“+”才是根本性、深层次的影响因素。只有打破传统思维观念的束缚,首先实现理念上的创新,才会带来后续的体制机制、载体平台和实践进路的创新。为此,各级政府工作人员必须科学把握时代发展的脉搏,意识到互联网技术的发展对社会治理的深远影响是一种不可扭转的趋势,及时洞察、思考“互联网+”时代社会治理的特点和规律,进而主动认识并正确理解“互联网+”的精神与实质,并将其有机融汇于社会治理的各个领域与环节。在与社会治理相关的价值选择、目标确定、制度设计和政策制定过程中,要始终秉持“开放、民主、平等、融合、参与、创新”的互联网思维,以宽广的胸襟、坦诚的心态、创新的精

神,平等对待各类社会治理主体,以开放性架构、市场化机制吸纳社会力量、整合社会资源,逐步形成一种被各类治理主体广泛接受与认同的“互联网+”治理文化,并将其渗透于日常社会治理活动之中,植根于社会治理创新实践之中。并在此基础上,进一步突出互联网思维的价值导向作用,充分发挥“互联网+”在社会治理创新中的正向驱动作用,系统推动信息技术与基层社会治理的深度融合,有力促进“互联网+社会治理”长效机制的建构。

(二)在体制机制层面,通过深层次改革建立起与“互联网+社会治理”相适应的制度环境

党委领导、政府负责、社会协同、公众参与、法治保障的社会治理体制,是我国社会治理的基本体制。与此相对应,将“互联网+”相关信息技术运用于社会治理创新,必须始终秉持“互联网+”思维,依托其提供的技术平台,在法治框架下确立政府主导、社会广泛参与、企业积极发挥作用的社会治理格局,促进多元主体的作用发挥。为此,各地在推动“互联网+社会治理”创新的过程中,必须勇于正视现有社会治理体制机制相对于“互联网+”时代的滞后性,依托互联网提供的技术、信息、工具等平台,充分发挥“互联网+”的融合创新作用,进行深层次的体制机制变革,真正建立起与“互联网+”相适应的社会治理体系,使多元治理主体在法治框架内各司其职、各尽所能而又相互协作。具体而言,首先,各级政府必须在明确自身权力边界的前提下,尊重和认可市场主体和社会力量的治理主体身份,有计划地向市场和社会赋权;其次,借助公平的市场竞争和激励机制,引导企业特别是互联网企业更积极地投入诸如智慧城市建设等社会治理实践,为将互联网更好地应用于社会治理领域搭建支撑平台、制定技术标准、组织创新实践;最后,进一步完善社会参与机制,充分利用移动互联网和新型社交媒体的沟通优势,以更

加快捷、灵活、个性化的互动方式和交流途径吸引更多的社会组织和公众有序参与社会治理,切实提升公众参与的层次,实现部分社会公共事务的基层自治,保持“互联网+社会治理”的生命力和社会体验式治理的持久力。以此助推政府主导、市场调节和社会参与三者之间的良性互动,形成有效、管用、节约行政成本的社会治理机制,努力打造共建共治共享的社会治理格局,增强“互联网+”背景下社会治理的有序性、精准性、公平性与高效性。

(三)在技术层面,充分运用“互联网+”相关信息技术,形成高效、便捷、精准的智慧化治理模式

以云计算、大数据、物联网以及人工智能等技术为基础的“互联网+社会治理”正在不断冲击传统的社会治理理念和思维。如何更好地借助日新月异、迅猛发展的“互联网+”新兴技术手段和平台的支撑和保障作用,稳步提升社会治理的前瞻性、科学性、高效性和精准性,已成为当前推动社会治理创新的现实需求和应然逻辑。各级政府和相关职能部门要准确把握“互联网+”时代的发展脉搏,进一步找准高新科技手段促进社会治理变革的融合点,以智能化技术手段切实提高社会治理的精准度。为此,首先,应遵循“集聚是常态,不集聚是例外”的基本原则,建立基于移动互联网和云平台的全新政务与社会治理信息数据网络,以覆盖广泛、信息共享、实时更新为衡量标准,实现社会治理数据信息的互联互通;其次,依托智慧政务系统和智慧城市的建设成果,开发更多依托移动互联网络平台的社会治理服务数据信息系统,持续拓展“互联网+”相关信息技术在社会治理领域的应用领域,促进云计算、大数据、物联网等技术在反映社情民意、优化公共决策、提供公共服务、化解社会风险、促进基层自治等方面的广泛应用;最后,各级政府要坚持“以人民为中心”的发展思想,高度重视民生领域的数字化、智能化建设,通过

对教育、社保、医疗、就业等领域数据资源的有效集成整合，打造智慧教育、智慧医疗、智慧社区等数字化综合民生服务体系。在此基础上，依托各种移动智能终端，将“互联网+”民生服务全面延伸到社区、乡镇，提升服务的便捷性与可及性，助力服务供给与民众实际需求的无缝对接，实现以智能化促进社会治理和民生服务提质增效的目的，以此补齐社会治理中的根本性短板，加快释放“互联网+”在社会治理领域的创新动能。与此同时，各级政府和相关部门对于“互联网+”相关技术推广应用的局限性也应保有客观、清醒的认识，并寻求相应的破解路径，在理念思维转变的前提下，借助系统全面的体制机制创新，推动实施数据信息安全保障战略，充分运用法律、政策、技术等各类手段，从技术工具的选用、数据标准的设定、运转流程的规范等方面全方位、全周期强化信息数据安全机制的建设，有效规避信息安全风险，倡导正确的科技应用伦理规范，最大限度地提升“互联网+”相关技术的应用效率，释放其创新动能，进而建构网上网下、线上线下治理有机融合的社会治理创新技术保障体系。

（四）在要素层面，持续优化与“互联网+”时代相匹配的资源配置

推动“互联网+”背景下的社会治理变革转型，需要政府、企业、社会组织、社会公众等各类治理主体在各自职责权限明晰的前提下，畅通彼此间信息数据传输、共享的通道路径，搭建协商共治的平台体系，有机集成“互联网+”相关技术带来的新的社会与市场资源，形成高效的社会协同治理机制，有效化解由政府单一主体引发的各类社会治理问题。要顺利实现这一目标，需要从跨区域、跨行业、跨部门的角度，遵循整体推进、系统统筹、综合施策的基本原则，通过政治、经济、社会等领域的综合配套改革，制定并执行相关的公共政策，在建设开发资金投入、专业人力资源方面给予完整的要素保障。这样的一种发展趋势要求各级

政府在推进“互联网+”社会治理变革的过程中,要高度重视各种要素资源的集成整合问题。因此,各级政府和相关职能部门应充分运用“互联网+”平台的独特作用,在高效发挥政府对各类社会公共资源的权威配置和整合分配作用的同时,打破传统惯性思维,积极吸纳市场和社会资源,尽量争取将更多的社会公共资源投入到社会治理各个环节、领域。具体而言,首先,在引入“互联网+”相关技术不断推进社会治理创新的过程中,各级政府需要进一步加大财政资金投入力度,尤其要在基层乡镇社区的移动互联网络基础设施建设方面加大资金扶持力度,还可拨出专项资金作为推进该项工作的奖励基金,激发各级政府、各个层面的积极性。同时,要不断加大对财政投入资金使用情况、效果的监督力度,确保资金使用的规范性和高效性。其次,稳步实施“互联网+”社会治理专业人才培养支撑战略。面向各级政府中的专职数据信息管理人员,通过系统化、常态化、规范化的专业技术培训,提升其在信息数据的动态采集、科学分析、顺畅传输、规范管理、安全保障等方面的理论素养和技术水平,以此构建一支专业化水平比较高的数据信息管理人员队伍。此外,应与开设大数据管理等专业的高等院校进行有效合作,以推进“互联网+”社会治理变革的现实需求为出发点,联合培养该领域的专业技术人才。借助以上各种举措,多管齐下,为“互联网+”时代社会治理创新实践提供强有力地人力资源基础和保障。在具体的资源配置过程中,应注意改变传统资源投入中存在的重复性、盲目性、随意性等现象,优化资源配置的动态分析,有效推动党委、政府系统资源之间的互通联动,实现行政、市场和社会资源之间的高度整合,最终形成政府部门上下层级之间的资源有效联动,政府与市场、社会的资源一体化格局,在多方全力的共同作用下形成更为高效的“互联网+”社会治理模式。

参考文献

[1]李宇.互联网+社会治理应用探索[J].行政管理改革,2016(7).

[2]中共诸暨市委政法委调研组.打造“枫桥经验”升级版:构建“互联网+社会治理”新模式[J].公安学刊——浙江警察学院学报,2017(3).

[3]人民论坛理论研究中心.基层社会治理创新的“互联网+”思维——对地方实践的比较、分析与总结[J].国家治理,2017(1).

(原载于《中共乐山市委党校学报》2019年第2期)

基于地方政府行为视角下的营商环境建设研究

魏向前

摘　要:在营商环境建设进程中,地方政府无疑扮演着极其重要的角色。当前营商环境还存在不少亟待解决的问题,其原因与地方政府诸多行为失范不无关系。今后在营商环境建设过程中必须打造高效率服务型政府,营造一个健康的市场环境,构建完善的企业社会化服务体系以及保障企业的合法利益。

关键词:营商环境;政府行为;创新

“水深则鱼跃,城强则贾兴。”营商环境对于促进创新成果的扩散、推动地方政府竞争的重要场域形成、培育地方经济发展的活力均极具战略意蕴。在营商环境建设的过程中,如何发挥好各级地方政府在其中的角色扮演作用,进而探寻出行之有效的营商环境路径选择,无疑是一项全新的研究课题。

一、优化营商环境中地方政府的角色扮演

(一)地方政府是优化营商环境战略与规划的主体

按照市场经济理论,经济的发展是按照市场的逻辑自发推进的,严格遵循市场自身发展规律和演进路径是实现经济发展效果最大化的关键之所在。因此,从严格意义上讲,在人类经济发展史上,尽量减少乃

至完全避免对市场经济活动的人为干预与介入本是天经地义的事情,体现在具体的经济活动中就是充分发挥市场在资源配置中的决定性作用。但是,由于市场逐利的特性,加之买卖双方和供求双方信息的不对称,往往会发生供需失衡现象,若长期累积则势必会诱发经济危机,这已经被近百年来几次全球大的经济危机事件所证明。所以,为了避免"市场失灵"现象的发生,政府必须摒弃市场原教旨主义的理念转而实行积极、适度的干预政策。尤其是在宏观经济调控与市场监管方面政府必须有所作为。当然,对于发展地方经济中营商环境的营造亦是政府职能的题中应有之义。

地方政府必须从传统的管理型政府向服务型政府转变,从直接插手市场活动转向引导市场和企业主体健康良性发展,从而为地方经济发展创造良好的发展环境及营商环境。要实现这一目标,地方政府就必须制定科学合理的战略规划和发展方略。没有权威的规划,营商环境的打造就会各行其是,无序推进,所形成的负面影响也将危害长远。因此,作为依法行使国家职权、履行行政职责的地方政府无疑拥有至高无上的权力和权威,在制定本地营商环境规划中也有绝对发言权和巨大影响力。为了实现优化营商环境科学化、具体化、长效化的目标,地方政府必须综合考量、从长计议、统筹各要素,制定一定时期的营商环境总体发展目标和详尽规划,及时出台具有前瞻性、规范性、可持续性及可操作性强的政策措施。总之,作为优化营商环境战略与规划的制定者的主体,地方政府通过科学规划、合理引导地方营商环境的构建是促进地方经济社会各项事业获得快速发展的必要前提与可靠保障。

(二)地方政府是优化营商环境制度创新与制度供给的主体

从制度经济学视角来看,除了道路、绿化、路灯、国防、治安等公共产品之外,制度、法律、政策、规则也属公共产品的范畴。正是由于政府提供了上述公共产品与制度规则,人类社会的稳定运行才能得到保障,政治、经济、文化及社会生活的发展也得以回归正常秩序。从这个意义上讲,按照制度经济学代表人物道格拉斯·诺斯的观点,作为一种社会游戏规则,为了最大限度地约束人们之间的相互关系,制度通过提供一系列规则来严格界定人们的选择空间,从而实现降低交易成本,尽可能减少人们互动过程中不确定性的目的。同时,制度的重要性还体现在通过提供一系列规则来最大限度地调整扭曲的资源配置,减少寻租、腐败、权钱交易以及有效保护知识产权,促进生产性活动顺利开展。制度既包括正式规则(宪法、法律、政策、规章等),也包括非正式规则(价值观念、行为规范、道德礼仪、习俗习惯等)。因此制度的供给与创新显然是政府责无旁贷的职责与功能。

营商环境的构建是一项涉及面很广的系统工程,在突破原有形态障碍,构筑新形态的过程中,必然要涉及自然环境、经济运行与社会形态等诸方面的要素。因此,在此过程中就需要相关制度的支持与保障,尤其是要建立健全有利于可持续发展的财政、金融、税收、土地、人才、社会化服务等方面政策。另外,原有制度的创新与发展也是一个重要方面。但客观地讲,许多地方营商环境政策都是几年甚至十几年前制定的,时过境迁,已经完全不能适应当前经济社会快速发展以及国际环境迅速变化的需要。破旧立新,或者说对原有制度进行修改与调整就显得势在必行。地方政府只有努力重构一种更加公平与高效的制度体系,才能最大限度地突破原有不合时宜的制度约束与限制,也才能有利于营商环境的打造向良性健康方向迈进。

(三)地方政府是优化营商环境的公共服务主体

美国著名公共经济学家马斯格雷夫认为,社会产品可分为两类:私人产品与公共产品。其中私人产品包括商业服务及市场产品,具有效用上的可分割性、消费上的竞争性和受益上的排他性三重特征。一般而言，在市场经济条件下，该类产品应该，也必须完全由市场提供。纯公共产品或准公共产品则包括了像道路、桥梁、绿地、国防、治安、制度供给、政策创新等方面的内容，具有非竞争性、非排他性以及非分割性等特点。不论是基础设施建设的实施与推进，还是相关制度的供给与改进，都呈现极强的公共属性。加之投入大、周期长、经济回报预期不确定，不可能通过市场交换来获取，也不可能通过市场机制调节来实现。因此，该项职能必须要由政府来承担、协调及介入。

正是因为如此，作为一项宏大的系统工程，在优化营商环境过程中，对于有些本属于公共产品或准公共产品的相关事务，市场既没有相应的热情与动力，也无相应的能力与职责，唯有政府部门权威干预与主动介入才是解决问题之道。一是包括严格的市场准入制度的制定、经济秩序的维护与保障以及市场监管体系的制定与完善在内的健康有序的市场环境的营造；二是包括面向企业及社会的信息网络服务的构建、市场拓展服务的强化以及管理咨询服务工作的跟进在内的企业社会化服务体系的完善；三是包括政府对中小微企业的融资支持、信用担保机构对企业的担保服务力度、风险投资机制的构建与完善在内的企业投融资环境优化；四是包括执法检查行为的规范、出台中小企业的税收优惠政策、政策支持产业转型升级在内的企业合法权益保障与提升。

二、营商环境打造中政府行为失范的归因分析

毋庸讳言，我国营商总体环境虽然有所改善，但也存在不少突出问题：法治意识不强，法治环境有待改善；行政效率不高，服务意识不强；市场秩序尚需规范与整治，市场监管能力不强；企业融资成本较高，融资环境需要进一步优化等。上述问题无疑与政府行为失范密切相关。

(一)政府职能转变不彻底是根本原因

从某种意义上而言,政府驱动是中国经济发展的重要特征。在招商引资、优化营商环境过程中,政府也是强力推动、积极介入。这在计划经济时代很重要,也有必要,可以集中力量、集中资源办大事,实现了对资源的集中优化配置,从而能够集中建设一批事关国计民生的大工程、大项目。尤其是在当时"一穷二白"的国情背景下为实现国民经济持续快速的发展奠定了坚实的基础。但随着时代的发展进步,这一配置资源的方式方法越来越不适应经济的发展需要。在市场经济环境下,如果政府继续强势介入微观经济活动,这将无疑造成政企不分,政府与市场关系将变得更为扭曲,市场在资源配置中的主体作用将难以真正的发挥。同时,由于政府与市场关系没有理顺,政府往往容易利用自己手中权力直接干预招商引资工作,这样势必会大大影响营商环境的构建。另外由于政府职能转变不彻底,加之根深蒂固的"官本位"思想的惯性影响,也使得政府的官僚主义更加严重。如此一来,为市场、为纳税人、为企业服务意识势必难有根本性改观。而这些反过来都无疑会大大影响营商环境的打造。

(二)不合理的干部考核机制和政绩考核标准是主观原因

如果我们理性反思改革开放以来"中国奇迹"发生的动因,其中的最大密码恐怕在于政府在其中扮演了更为关键的角色。主要表现在政府不仅制定出台相应的鼓励与支持经济建设的大量相关政策、法律及文件,也直接参与到具体经济建设当中,如政府加大对基础设施及其他经济活动的投资力度,政府直接参与招商引资活动等。政府的政绩考核与官员的职务升迁也往往与此挂钩。从政府的合法性来看,加快本地经济的发展与提升人们生活水平也就成为其重要职能与施政目标,这也是职责所系,使命所在。从官员的需求层次来看,其所奋斗和争取的最高目标价值是职务的晋升和职位的升迁，这种动机和行为也完全符合人类本能。所以政府介入招商引资活动也无可厚非，但时移世易，如果政府在新时代仍然秉持以前这种不合理的干部考核机制与政绩考核标准，在营商环境过程中不从长计议，急功近利，只重数量，不重质量，盲目引入影响当地可持续发展的高耗能、高污染、低附加值的项目，则只能加剧地方政府职能进一步的错位与越位，从而背离新时代服务型政府建设的初衷。

（三）市场体系不完善是客观原因

市场体系的健全完善程度往往是判断市场经济制度是否完善的重要前提。一般而言，只有当市场经济中的商品要素、金融要素、人力要素、技术要素及产权要素比较完善时，规范统一、竞争有序的市场经济体系才能逐步培育和发展起来。没有上述市场要素的出现，或者说市场要素发育还不成熟时，市场机制对各类资源配置的功能就难以有效发挥。在中国东部经济发达地区，尽管改革开放步伐迈得较快，市场要素培育的速度较快，市场竞争较为充分、市场规则比较健全、市场渠道比较畅通，市场这只无形的手也正在发挥着越来越重要的作用，但在招商引资中，政府依旧要发挥一定的牵引作用。至于在我国其他大部分地区，由于市场发育程度比较低、对外开放程度也比较低，在经济发展及招商引资进程中，市场这只看不见的手发挥的作用也相应较弱，作为市场主体的企业发挥主导性作用呈现的不是特别明显，像外来投资进入上述地区时，市场主体的自主性发挥不够，在更大程度上靠政府的积极介入、强力邀请进入的。加之社会中介组织发育缓慢，政府必然在招商引资中牢牢占据主导地位。

三、优化营商环境中的地方政府行为路径选择

（一）建设高效率服务型政府

随着各地纷纷加大推进行政审批制度改革及服务型政府建设的步

伐,尤其是通过设立行政审批局,将原来分散的政府职能部门的行政审批事务通过设立政务超市的形式集中到统一的地方来推行一站式办公。这不仅方便了市民办事,提高了市民办事的效率,而且也方便了企业办事,减少了行政审批的时间,大大提高了企业生产经营的效率,有力地促进了投资的便利化运作。比如,开创了全国行政审批制度改革的新模式——银川模式,吸引了全国各地学习观摩银川模式与经验热潮;浙江省大刀阔斧推行的"最多跑一次"的行政审批制度改革更是开创了全国此类改革的先河,跑出了令人刮目相看的一流营商环境,其大胆而富有新意的做法无疑树立了行政审批制度改革的标杆与样板。近年来,各地在"放管服"改革方面明显提速,也形成了共识性意见。在优化营商环境过程中,做到了投资审批项目一条龙服务、一站式服务、全方位服务。同时全力推进项目审批负责制、限时办结制度、责任纠错制度。这种无微不至的贴心又暖心的服务对于投资者而言节省了大量时间与精力,有力地减少了非制度性成本,而且还为构建"亲清"新型政商关系奠定了坚实的基础。

(二)营造健康的市场环境

提起招商引资,一般人的直觉思维是与减免税收、土地供应优惠等方面的问题相关联。其实对于外商而言,他们往往更加看重的是营商环境,包括市场准入制度的建立与完善、公平有序的竞争秩序、务实灵活的市场监管制度等。对于外来投资者而言,投资软环境比投资硬环境更为重要,尤其就投资成本与收益而言,包括健康的市场环境在内的软环境是保障企业可持续发展的不竭动力和源泉。身处"两个一百年"重要的历史交汇期,要想实现我国经济高质量发展的宏大目标,必须放宽视野,开阔眼界,以前瞻性思维谋划营商环境的打造。这其中除了继续改善"硬环境"之外,还要尽最大努力来营造健康有序的市场"软环境”。首先,要继续加强市场准入制度的建设。我国对外开放正在进入一个新阶段,中国依然是全球经济最为活跃的国家,也是外来投资者的一片乐土。中国应该与时俱进地建立起符合中国经济高质量发展的市场准入制度。尤其是投资的行业、地域及规模方面应该升级到一个新高度。在这方面,我们应该加大全方位对外宣传力度,以使外来投资者能够充分知晓相关的法律政策。其次,要加强经济秩序的建设。规范有序的市场环境是营商环境建设的重要前提和必要保障。这就需要严厉打击那些造假售假、偷税漏税等非法扰乱市场的种种不良行为,而且还要将其计入企业及个人的诚信档案,并通过媒体将其公之于众。一方面使其信誉扫地,难以立足于社会,另外也能起到震慑及警示教育作用。在这方面,不仅市场监管部门要带头履职、尽职尽责、坚决查处扰乱市场秩序的行为,还要倒逼所有行业协会积极主动担责,加强行业自律行为。最后,要强化电子商务市场的监督。近年来,电子商务遍地开花、方兴未艾,业已成为一种最重要的商业营销模式。但电子商务监管的法律制度尚不完善,监管的领域还有待拓展,监管的方式方法还有待改进。面对这样的全新难题,我们必须要出台缜密严格的相关细则与实施方案,加大人、财、物等方面的支持力度,创新监管的方式,有效提升监管效能。

(三)构建完善的企业社会化服务体系

要想营造一种有利于企业健康有序发展的良好营商环境,完善的社会化服务体系是重要前提与必要保障。因为企业的发展除了其内部的经营、管理、营销等方式与手段外,外部环境提供的企业发展所必需的社会化服务体系也是其中关键因素。这既是企业自身发展之所需,也是适应全球化社会分工趋势与特点之所需。首先,要为企业发展搭建延伸服务。企业往往由于专注于其自身生产任务的限制、市场营销方面信息不对称以及营销平台的制约,在开展经贸活动与交流方面往往显得力不从心,而政府的优势在于其视野开阔、信息全面、组织得力以及执行高效。因此,完全能够也应该能够为企业产品走出去助一臂之力。当前,政府应该凭借其掌握的资源和信息,定期或不定期有计划、有组织地为企业的经贸投资搭建更多且富有成效的产品营销、吸引投资的平台。组团参加全国性乃至全球性进出口商品交易会、经贸投资洽谈会以及高科技交易会。最大程度地实现政府搭台、企业唱戏的目的和效果。其次,要加强企业咨询服务工作。政府可通过建立法律援助中心或推动律师机构与企业间建立长期、固定的法律战略协作关系,从而为企业在市场经营过程中遇到的法律问题提供解决问题的法律思维与法律手段,最大限度地维护企业的合法权益,尽可能减少来自于企业外部所产生的干扰与影响,使企业能够专心生产经营并实现经济效益的最大化。政府还应通过牵线搭桥,努力促成企业与高校、科研院所及社会组织建立稳定的战略协作伙伴关系,为企业的长期发展提供营销策划、内部管理、对外公关、财务分析、人力规划、团队建设及企业文化建设等方面的事务提供智力支持与人才保障。最后,要加快社会信息网络建设的步伐。当今社会是互联网时代,加快建设信息网络步伐是实现企业可持续发展的题中应有之义,特别是建设基于信息咨询与信息共享为特征的互联网平台更是刻不容缓。否则,在一个信息闭塞的信息孤岛的环境中实现企业的长远发展的目标是很难想象的。这就要求在前期建立的互联网信息平台的基础上,紧跟时代发展的大潮,积极借鉴国外发达国家及地区的先进经验与做法,开发适合地方实际情况的财税、金融、法律、人才、管理、营销等方面的信息服务平台,以促使企业尽早实现资源优化配置,提升企业的市场竞争力。

(四)保障企业的合法利益

首先,要加强对企业的法律政策服务。作为各级企业的管理与服务部门的国资委、经信委等政府职能部门要向其辖区企业宣传相关的法律、法规及政策，特别是要教育企业诚实守信、照章纳税以及服务社会。对于个别政府职能部门或执法人员对企业的吃拿卡要等影响企业正常经营行为，当地司法机关应积极有效地介入，以坚决保护企业经营者的合法权益。对于企业提交的行政执法投诉、行政复议申请，司法部门也应及时受理，限时回应，以及时纠正相应的违法违规行为，最大限度保护企业合法权益。其次，要进一步规范执法检查行为。在针对企业的执法检查方面，一方面，要尽可能避免对企业的重复检查，尽量减少企业的时间精力与接待负担，减少外部要素对企业生产经营活动的干扰与影响，从而使企业能够专注致力于生产经营活动。另外，在确实必要的针对企业的执法检查过程中，应该要本着合法、合理、合情的原则，找出企业所存在的突出问题并提出相应的对策。对于一些企业在生产经营中的违规行为，如偷排污染、偷税漏税、劳动用工不规范、不履行社会责任等问题。如果是首次或轻微错误行为，没有造成更大社会影响和重大经济损失的，监管部门应本着“惩前毖后，治病救人”的原则，可对其采用只警告不处罚的方式，要求其限期进行彻底整改，若整改不到位或仍然对此置若罔闻，依旧我行我素者，可根据相关法律、法规及政策给予相应处罚。最后，要做到切实减少企业负担。最近几年，受国际经济大环境的影响，国内经济形势比较严峻，相当多的企业生产经营活动受到了很大影响，经济效益不断下滑，利润空间也受到了很大挤压。在这种情况下，政府相关职能部门一定要从实际出发，充分考虑企业的实际经营状况，对于影响企业生产经营的条条框框进行修改与清理，比如在税收减免、证照办理、融资活动等方面都要尽可能地放宽政策，减少办理的环节、内容与成本。

营造便利化、法治化、国际化营商环境是伴随着我国经济高质量发展的不断推进而迫切需要研究的全新课题,对其进行深度研究需要将实证研究与规范研究结合起来。便利化营商环境研究不仅涉及的范围广,而且研究难度也比较大,这就需要进行长期深入跟踪研究。从现实中看,营商环境的打造绝非易事,要想取得突破性进展,既受制于我国长期处于经济新常态的特殊背景,更受制于相关制度供给的不足。因此,继续对营商环境建设进行更加精细化的研究,将任重而道远。

参考文献

[1]周盛盈,陆茜.珠海法制环境和营商环境的调查与思考[J].中共珠海市委党校珠海市行政学院学报,2014(2).

[2]刘君为.深化"放管服"改革,营造国际化、法治化、便利化的营商环境[J].华东科技,2018(2).

[3]李桂娥.困惑与出路:西宁市相对集中行政许可权改革研究[J].攀登,2018(6).

(原载于《攀登》2019年第3期)

提升全媒体时代领导干部网络舆情的引导能力

李长德

摘　要：领导干部要提高用网水平，在全媒体时代充分提高网络舆情的引导能力。

关键词：领导干部；网络舆情

截止到2019年6月，中国网民的规模已经达到8.54亿，互联网总体普及率已至61.2%。[1]毫无疑问，互联网的影响力已经远远超过各类传统的诸多媒体。因此，提高全媒体时代各级领导干部的网络舆情引导能力已经是绕不开的课题。

一、当前全媒体舆情引导工作中存在的突出问题

（一）对网络舆情引导工作不够重视

全媒体时代，各级领导干部的网络舆情素养在不断提升，但也要客观地看到，部分领导干部在网络舆情引导方面依然存在不容忽视的问题，在内心深处对网络舆情引导重视程度不够。部分领导干部不喜欢上网，对网络世界抱有回避心态，与此形成强烈反差的是网民参政议政的热情高涨，这就可能导致出现网络舆情，如果引导不力，虚拟社区的事件可能快速传播，网上网下，同频共振，迅速蔓延，酿成不可控的突发

事件,对社会治理现状产生不良影响,损害党和政府的形象。

(二)能力恐慌导致网络舆情引导措施乏力

全媒体时代,信息流、云计算、大数据等传播方式都发生了颠覆性改变,已有的舆论环境发生了根本性改变,部分领导干部缺少全媒体的知识储备,知识更新缓慢,距离网络传播时代的要求还很远,网络媒体有自身的传播规律,而领导干部不会运用科学有效的方法进行正确的舆论引导,因此在网络舆情引导中进退失据,疲于应对。一些领导干部"重管轻防",出了问题才想办法,只是希望满足于不出问题,部分领导干部迫于舆情压力,对网络舆情有一定程度的认识,但在处理具体舆情事件的方法上捉襟见肘,引导乏力,以致面对网络舆情,惊慌失措,导致不良后果。

(三)缺失有效的网络舆情引导机制

不注重时效性是面对网络舆情相关信息收集工作时的顽症,舆情报告浅层次、表面化、缺少前瞻意识;缺乏专业的舆情分析深度,新闻舆论信息报送不尽规范,舆情研判、舆情通报以及舆情评估机制不完善,在虚拟的新闻舆论信息的预判方面主观化,实战能力却大打折扣;新闻舆论信息时代的共享理念并没有在各部门之间得到落实,新闻舆论信息工作的评价标准不一,平台不畅,影响到舆情信息的可靠性、完整性及关联性。在处置舆情信息时存在删、堵、封的现象,但删帖、封堵难度大,效果差,删除有时还会适得其反,删帖管控存在治标不治本的问题。

二、提高全媒体时代领导干部网络舆情引导能力的路径思考

提高领导干部的网络舆论引导力,既要"对症下药",也需要多措并举。

(一)提高全媒体时代的认识水平

全媒体时代已经到来,要充分认识到网络媒体是领导干部与人民

群众密切联系的广阔平台。各级领导干部要接受时代的挑战，迎接新时代网络媒体的考验，虚心学习网络舆情引导常识，善于用好网络传媒，率先垂范，做好网络舆论引导的先行者。认真研究网络舆论引导案例，结合自身工作的特点，把握当下网络舆情风险点的研判以及分析，加强业务培训和实战演练，分层次开展技能培训，对口培训，加强工作总结和经验交流；利用典型案例加强教育引导，主动与媒体人交朋友、打交道，掌握舆情引导的主动权。

（二）创新网络舆情引导工作机制

领导干部要拓展视野，创新思维，整合资源，用好互联网平台。高度重视传播手段建设和创新，加强“两微一端”等政务新媒体建设，开展网络问政、电视问政等平台互动交流，征求网民意见，鼓励网民献计献策，接受网民咨询，解答网民疑惑，澄清谬误，消除误解、化解矛盾。建立舆情信息共享机制，实现网信、公安、信访等部门舆情信息线索共享，及时了解事件动态，能够整体把握网络舆情大势；使舆情会商协调机制运行通畅，一旦有重大网络舆情出现时，处变不惊，科学策划，多方参与，重点研判，有效处置；当面对重大突发事件时，网络舆论引导机制要摆在重中之重，不能错失第一时间，要精准发声，明确导向，把好舆情定盘星，充分调动网民的客观思考和判断是非能力，牢牢掌握住网络舆情导向的主动权。

（三）增强法治观念，营造清朗的网络空间

在信息全球化发展的过程中，我国互联网领域取得了突飞猛进的发展。为了营造清朗的网络空间，政府要保证网络空间整治的法治化、规范化。要创新法治思维。政府部门及其领导者在面对群体性聚集、暴力抗法和网络舆情事件的时候，要善于运用法治思维模式和措施处理问题，保障群众的切身利益。在新形势下，领导干部要善于运用法治思维以及相应的方式进一步提升网络舆情的引导和管理力度,在全面依法治国进程中切实做到依法行政,将裁量权交给司法部门,化解矛盾纠纷,确定行为边界。各级政府要依法治理,净化网络空间。领导干部应引导网络媒体主动承担起维护党和政府形象、密切政府与人民群众的关系、弘扬社会主义核心价值观、传播正能量、维护社会和谐稳定的责任。

习近平总书记在第六届世界互联网大会贺信中指出,"发展好、运用好、治理好互联网,让互联网更好造福人类"[2],网络空间是实体社会的自然延伸,从来就没有谁能置身事外,领导干部要把握大势,提高全媒体时代的网络舆情引导能力,肩负责任,为实现中华民族伟大复兴的中国梦而奋斗。

参考文献

[1]第44次《中国互联网络发展状况统计报告》[R].中国互联网络信息中心,2019-08-30.

[2]习近平.向第六届世界互联网大会致贺信[N].人民日报,2019-10-21.

(原载于《传播力研究》2019年第35期)

贫困的多因素、多层次治理逻辑与治理体系研究

——基于宁夏三种扶贫模式的经验分析

周玉婷

摘　要：研究贫困治理的逻辑问题，不仅要考虑经济增长与贫困的关系，更要考虑中国共产党坚持减少和消除贫困的决心、改革开放以来的体制改革、社会文化转型等因素，这是讲好中国减贫故事的关键。基于对宁夏贫困治理东西扶贫协作的"闽宁模式"、金融扶贫的"盐池模式"、易地扶贫搬迁的"平罗模式"的分析，构建贫困治理的逻辑与贫困治理体系，对精准扶贫的深入推进和成果巩固有重要意义。经济发展惠及贫困人口这一政策目标体现了中国特色社会主义制度优越性，是贫困治理的政治定力；突出制度创新和政策创新，联系实际、因地制宜，是贫困治理的活力来源；结合社会文化因素进行"造血式"贫困治理，是减少和消除贫困的内生动力。

关键词：贫困治理；东西扶贫协作；金融扶贫；易地搬迁

党的十八大以来，以习近平同志为核心的党中央将治理贫困上升到治国理政的新高度。党的十九大报告指出，要"确保到 2020 年我国

现行标准下农村贫困人口实现脱贫”,这是中国共产党向人民作出的庄严承诺,也是必须完成的硬任务。2016年习近平总书记在宁夏银川召开的东西部扶贫协作座谈会上指出,“脱贫攻坚是干出来的,靠的是广大干部群众齐心干,贫困地区要激发走出贫困的志向和内生动力”。从2012年到2018年底,中国农村贫困人口从9899万人减少到1660万人,减少了83.2%,连续6年平均每年减贫1300多万人。2017年宁夏回族自治区十二次党代会提出,要实施脱贫富民战略,打造全国脱贫攻坚示范区,实施脱贫富民“三十六条”。到2018年底,宁夏贫困人口从2012年的101万人减少到12.4万人,减少了87.7%,贫困发生率由25.5%下降到3%,全区建档立卡贫困村由2013年的1100个减少到140个。① 也就是说,在宁夏经济欠发达、贫困人口数量相对较多、贫困发生率高于全国平均水平的情况下,宁夏近几年的脱贫速度快于全国平均水平。宁夏采用何种贫困治理模式、如何有效推进精准扶贫,其经验值得探讨和研究。

一、文献回顾:贫困治理的逻辑与影响因素

对贫困治理的研究历经了进取发展模式、贫困陷阱、贫困制度陷阱和贫困文化陷阱等几个不同认识阶段。传统的贫困理论认为贫困的原因在于一部分人缺乏进取的精神[1];“贫困陷阱”理论认为所谓的自由公平的市场竞争并不能改善贫困群体的自身福利,反而阻碍贫富差异的消除,使得发展中国家长期陷入并锁定在贫困中[2];“贫困临界模型”认为越是贫困的国家、贫困的个人,越缺乏积累人力资本和物力资本的经济能力,从而陷入贫困[3];“贫困制度陷阱”强调发展中国家和发达国家之间教育、财产、土地制度、精英主导的不同制度,使得发展中国家无法突破贫困陷阱[4];“贫困文化陷阱”认为落后的国家、群体、个人存在

①数据来源:《宁夏回族自治区政府工作报告》(2012—2019年)。

一种抑制进取的贫困文化，例如对熟人进取精神的排斥、对财富拥有者的嘲笑、对机会和财富进行均等化分配的取向[5]。

贫困内在逻辑的复杂性决定了贫困治理的因素也是复杂的、多维度的，包括经济因素、制度因素、社会文化因素等。经济因素是减少贫困的一个重要维度，1978 年改革开放以后，中国的经济发展是大规模减贫的第一推动力[6]，从 1978 年到 2018 年，农村居民人均可支配收入从 133. 4 元增长到 14 617 元。体制改革因素也是推动减贫的重要动力，农业的增长、工业化和城镇化也为减贫提供了动力。[7]53~54社会文化因素也是减贫的动力，乡村社会的财富嫉妒属于一种对进取文化的抑制[8]75~76，社会网络和公共信任能显著地减少贫困[9]。要分析贫困治理的逻辑与影响因素，不仅需要考虑经济增长与贫困的关系，更要考虑党的领导和坚持减少和消除贫困的决心、改革开放以来的体制改革和社会文化转型对减贫的影响，这是讲好中国减贫故事的关键。本文拟通过分析宁夏贫困治理的实践经验和典型模式，建构出宁夏减贫故事的实践和理论逻辑。

二、典型模式：宁夏贫困治理的实践

宁夏的贫困治理始于 1983 年，主要经历了 5 个大规模扶贫阶段，包括“三西”农业建设（1983—1993 年）、“双百”扶贫（1994—2000 年）、千村扶贫（2001—2010 年）、百万贫困人口扶贫攻坚（2011—2015 年）和精准扶贫精准脱贫（2016 年至今），累计减贫 340 余万人。30 余年来，宁夏贫困治理体现出几个特点：从贫困治理的驱动力来看，由输血式的救济扶贫向造血式的开发扶贫转变；从贫困治理目标群体来看，由分散帮扶的普惠式帮扶向精准扶贫转变；从贫困治理的执行主体来看，由党政主导向政府引导、全社会参与转变。从近几年的具体实践来看，宁夏贫困治理主要有以下几种典型模式。

(一)东西扶贫协作的"闽宁模式"

1996年,福建和宁夏的东西扶贫协作启动。时任福建对口帮扶宁夏领导小组组长的习近平同志指出,这是中央的重要战略决定,先富帮后富,闽宁合作有利于国家稳定与民族团结。

闽宁模式的主要做法是:两省区建立联席会议制度,按照"优势互补、互惠互利、长期合作、共同发展"的原则,由福建对宁夏提供资金、项目、人才、技术、公共服务、基础设施等全方位的帮扶。20余年来,双方召开联席会议22次,以此为平台建立了"产业扶贫""市县结对帮扶""互派挂职干部""部门对口协作"等机制。22年间,福建无偿援助宁夏各类资金的总额超过13.43亿,投资累计超过800亿元;福建在宁援建学校236所、医疗卫生院(所)323个,选派17批1056人次支教教师,272名医疗技术人员,直接参加帮扶的各界人士超过10万人次;通过"市县结对帮扶",福建建设闽宁示范村160个,打水窖1.5万眼,解决了30万人、10万余头牲畜饮水,仅宁夏盐池县就在对口扶持下打井窖超过7650眼、投资新建闽宁示范村12个;通过"互派挂职干部",福建省共选派9批140名干部到宁夏南部山区对口县区挂职锻炼,其中地厅级干部9人、县处级干部79人、科级干部52人,宁夏选派15批248名干部到福建对口县区挂职锻炼。通过"部门对口协作",围绕两省经济发展大局,先后提出闽宁共建"一带一路"和闽宁对口精准扶贫。

在闽宁模式的带动下,福建和宁夏两省形成了"优势互补、互惠互利"的良性互动。福建省以一任接着一任干的精神,对联席会议确定的事项一一兑现。宁夏通过闽商入宁的激励制度,鼓励闽商到宁夏开办企业。在宁夏的福建企业和商户达到5000多家,年创产值超过350亿元,上缴税金10亿元,安置就业10万余人。在20余年的闽宁协作中,福建和宁夏都保持了较高的经济增长速度[10],2018年福建经济增长

8.3%，宁夏经济增长7.6%，超过6.6%的全国平均水平。闽宁模式以实践成果破解了“东部帮西部的扶贫路径是否走得通顺”这个难题，打消了“东帮西、富帮贫”的疑虑。

（二）金融扶贫的“盐池模式”

2015年6月，国务院扶贫办在盐池县召开全国金融扶贫现场会，推广盐池经验。2016年1月27日，国务院常务会议提出对金融扶贫“盐池模式”给予督察表扬，金融扶贫的“盐池模式”向全国推广。

盐池金融扶贫起步于1996年，当时一些国际扶贫非政府组织（如法国沛丰、嘉道理基金会）在盐池县试点小额信贷模式，并获得盐池县委县政府的大力支持。以盐池县小额信贷实践经验为基础，2006年盐池县被国务院确定为全国首批互助资金项目试点。互助资金项目为培养“有借有还、再借不难”的信用观念奠定了基础，以此逐渐形成了系统性金融扶贫模式。

盐池模式的主要做法：一是通过建立评级授信机制，厚植诚信环境。依托互助资金项目的诚信平台，建立建档立卡贫困户评级授信系统，创新开展“631”评级授信模式，将诚信度占比由原来的10%提高到60%，资产状况由60%调整为30%，基本情况由30%调整为10%。到2017年5月，盐池县扶贫小额贷款余额为33亿元，受益农户2.8万户，其中建档立卡贫困户贷款余额5.8亿元，户均7.1万元，并保持小额贷款零违约。[11]二是制定县级金融发展规划，实现精准帮扶。由县委县政府牵头研究并制订了10项“菜单式快捷扶持政策”的产业扶贫计划；通过“财政+企业”的融资模式，由政府和企业出资设立6亿元基金，从而撬动60亿元信贷资金；通过“龙头企业+贫困户+银行”的机制，由龙头企业为农户做担保，由银行为农户提供贷款。三是建立扶贫小额贷款风险防控机制，强化风险补偿和信贷监管。由政府向各银行注入5000万元风险补偿金,银行按照1:10的比例提供扶贫小额信贷,当发生重大灾难、重大疾病等不可抗因素造成不能偿还时,由风险补偿金和银行按照7∶3的比例分担;通过将精准扶贫管理系统与贫困户信用评级和金融贷款信息对接,推动精准的金融扶贫和信贷监管。由政府买单为建档立卡贫困户购买"扶贫保",理赔贫困户因灾返贫、因市场价格波动返贫,2016年理赔超过2000万,2017年理赔超过4000万,"扶贫保"的做法受到中央全面深化改革领导小组的肯定并向全国推荐交流。

(三)易地扶贫搬迁的"平罗模式"

宁夏的贫困治理史也是一部易地扶贫搬迁史。从1983年吊庄移民搬迁政策开始,宁夏共实施过7次大规模的易地扶贫搬迁,包括扬黄灌溉工程移民搬迁、国家易地扶贫搬迁试点工程、中部干旱带生态移民搬迁、"十二五"生态移民搬迁、"十三五"易地扶贫移民搬迁、脱贫攻坚战三年行动。二十余年来,宁夏易地扶贫搬迁累计移民贫困人口超过121.66万人,占1983年以来宁夏减贫人口总量的三分之一,这在全国都是极其少见的。

表1 1983年以来宁夏易地扶贫搬迁情况

时 间	易地扶贫搬迁政策	移民扶贫人数(万人)
1983—1999	吊庄移民搬迁	19.8
1998—2010	扬黄灌溉工程移民搬迁	30.82
2001—2008	国家易地扶贫搬迁试点工程	14.72
2008—2010	中部干旱带生态移民搬迁	15.3
2011—2015	"十二五"生态移民搬迁	32.96
2016—2017	"十三五"易地扶贫移民搬迁	5.5
2018	脱贫攻坚战三年行动	2.5

在宁夏易地扶贫搬迁的各种模式中,平罗县的"插花移民"比较具有特色。平罗"插花移民"的主要做法:一是创新融合机制。将易地移

民安置和农村宅基地自愿有偿推出有机融合,将农民闲置宅基地“收储”和移民安置需求有机融合,将“收储”资金和安置资金有机融合,盘活农村闲置宅基地和房屋,避免重复建设,促进移民尽快融入当地生产生活。在“插花移民”之前,全县 144 个行政村 1044 个自然村房屋平均空置率 40%,最高达 55%,目前“插花移民”已经收储闲置房屋 1635 套,收储农民承包地 8090 亩。二是提升移民安置效率。移民安置成本相较于集中移民安置从 25 万元降低到 16 万元、农户投入从 5 万~10 万元降低到 2 万元,分散融入的方式使得管理成本和服务成本均有所下降。三是提供制度保障。石嘴山市、平罗县两级政府对“三权分置”(所有权、承包权、经营权)的确权登记、评估补偿、交易流转、退出收储、重新分配作出详细规定,让“插花移民”有制度可循、有法可依。四是保障移民生产生活。“插花移民”可以直接使用退出农户的成熟水浇地,能够马上投入生产,亩收入在 1000 元以上,户均耕地 5 亩以上,收入基本有保障。通过孩子就近入学、生产互助、农民专业合作社、妇女发展小组、供港蔬菜基地等农业企业提供就业创业机会,稳定移民的生产生活。

三、体系构建:贫困治理的多因素、多层次运作逻辑

东西对口扶贫的“闽宁模式”、金融扶贫的“盐池模式”和易地扶贫搬迁的“平罗模式”,是宁夏贫困治理中的典型模式。三者虽然扶贫方式有所不同,但也具有相似之处,政府充分重视扶贫工作,结合宁夏经济欠发达、人口少面积小、政策试点先行先试的地方特色进行创新,以激发农村内生脱贫动力为核心,调动社会力量共同参与扶贫实践。

(一)经济因素:使经济发展惠及贫困人口体现了中国特色社会主义制度优越性,是贫困治理的政治定力

让贫困在发展中减少、让发展惠及更多的贫困人口,是我国贫困治理实践的重要经验。改革开放以来的贫困治理实践证明,减少或消除

贫困需要通过政府干预来实现。宁夏的贫困治理实践是我国贫困治理的生动缩影,讲好宁夏贫困治理的故事,就是讲好中国故事。

一方面,经济的持续发展促进了贫困的减少。改革开放以来,宁夏在保持经济增长速度的同时,农村居民人均可支配收入也得到了比较稳定的提升,收入增长率达到8%~15%(见表2)。党的十八大以来,宁夏农村居民人均可支配收入的增长速度普遍高于经济增速,从城乡人均可支配收入的对比来看,农村居民人均可支配收入的增速高于城镇居民人均可支配收入增速。也就是说,近年来宁夏的经济结构与经济增长方式更加有利于农村居民生活水平提高、有利于减少城乡收入差距,这为农村贫困人口的减少提供了有效的经济驱动。

表2　1978年以来宁夏地区生产总值和农村居民可支配收入变化

时　间	地区生产总值①GDP(亿元)	地区经济增速(%)	农村居民人均可支配收入②(元)	收入增长率③(%)
1978	13.0	—	116	—
1980	16.0	11.1	178	23.9
1990	64.8	9.5	578	10.4
2000	295.0	11.5	1760	-3.7
2010	1696.4	25.4	5125	15.5
2012	2352.7	11.4	6776	14.2
2013	2590.3	10.1	7599	12.1
2014	2766.8	6.8	8410	10.7
2015	2927.0	5.8	9119	8.4
2016	3168.0	8.2	9852	8.0
2017	3443.6	8.7	10738	9.0
2018	3705.2	7.6	11708	9.0

①数据来源:2018年《宁夏统计年鉴》、2019年宁夏回族自治区政府工作报告。
②数据来源:2018年《宁夏统计年鉴》、2019年宁夏回族自治区政府工作报告。
③数据说明:2012年及以前的收入增长率采用农村居民人均纯收入增长率。

另一方面，惠及贫困人口的发展是有利于减少和消除贫困的发展。在宁夏的贫困治理实践中，通过倾向于贫困人口的资金、人力、教育资源分配方式，使发展惠及到更多贫困人口，贯穿了中国特色社会主义的制度优势。宁夏作为经济欠发达地区，财力有限，2018 年 GDP 总量为 3705 亿元，地方一般公共预算收入 444.5 亿元，而财政专项扶贫资金 109 亿元，占地方一般公共预算收入的 24.6%，远高于 1.2%的全国平均水平。党的十八大以来，宁夏财政专项扶贫资金占地方一般公共预算收入的比重从 2013 年的 6.8%提高到 2018 年的 24.6%，同一时期中央财政专项扶贫资金占中央一般公共预算收入的比重从 0.7%提高到 1.2%。欠发达地区财政收入吃紧，但扶贫专项资金仍然保持了很高的占比，足见宁夏对扶贫工作的重视，自治区党委、政府将扶贫工作作为重大战略来抓。

表 3　2013 年以来宁夏与中央财政专项扶贫资金比较

时　间	宁夏财政专项扶贫资金(亿元)	地方一般公共预算收入①(亿元)	比　例(%)	中央财政专项扶贫资金(亿元)	中央一般公共预算收入②(亿元)	比　例(%)
2013	21	308.34	6.8	394	60173.77	0.7
2014	20	339.81	5.9	433	64490.01	0.7
2015	30	373.74	8.1	467	69233.99	0.7
2016	53	387.66	13.6	661	72357.31	0.9
2017	56	417.46	13.4	861	81123.36	1.1
2018	109	444.50	24.6	1061	85447.34	1.2

党和政府通过扶贫干预为贫困人口创造机会和条件，让贫困在发展中逐渐减少，是宁夏减贫的重要经验。依靠党的核心领导，立足于为

①数据来源：《宁夏回族自治区国民经济和社会发展统计公报》(2013—2018 年)。

②数据来源：中华人民共和国财政部：关于中央和地方预算执行情况与中央和地方预算草案的报告等(2013—2018 年)。

中国人民谋幸福的初心,各级政府对贫困治理资源形成了整合。“五级书记挂帅”的体制,保证每一级政府将扶贫战略转化为行动,将党的政治资源转化为扶贫的组织资源。

在东西协作扶贫中,东部地区援助的资金、项目、人才、技术、公共服务、基础设施,需要融入到宁夏本土的经济发展思路中才能发挥效用;金融扶贫模式中盐池县政府所提供的金融发展规划资金和扶贫贷款风险防控基金,需要政府在县级财政的分配中向扶贫领域倾斜;易地移民搬迁模式中,政府依托农业产业化体系为移民提供就业创业机会。作为经济欠发达地区,宁夏不仅制定了向农村人口、贫困人口倾斜的经济发展政策,而且在扶贫领域投入了更大的财政支持,这也是西部地区摆脱贫困的重要经验。

(二)制度因素:突出制度创新和政策创新,联系实际、因地制宜为贫困治理注入活力

首先,“全国一盘棋”的贫困治理规划为宁夏的具体扶贫行动与实践提供了顶层设计制度基础,是制度创新和政策创新的起点。以东西协作扶贫“闽宁模式”为例,2016 年习近平总书记在宁夏银川召开东西部扶贫协作座谈会时既肯定了福建和宁夏两省 20 年对口扶贫协作的成绩,也指出东西部扶贫协作和对口支援工作对实现中国特色社会主义共同富裕的重要意义。2016 年 12 月中共中央、国务院印发《关于进一步加强东西部扶贫协作工作的指导意见》,对原来的东西部扶贫协作对口关系进行调整,由东部 9 个省、直辖市对西部 14 个省、自治区、直辖市进行帮扶①,开展携手奔小康行动。截至 2017 年底,全国共有 267 个东

①东西部扶贫协作中东部 9 个直辖市、省,分别是北京市、天津市、上海市、辽宁省、江苏省、浙江省、福建省、山东省、广东省;西部 14 个自治区、直辖市、省,分别是内蒙古自治区、宁夏回族自治区、广西壮族自治区、重庆市、河北省、甘肃省、贵州省、云南省、陕西省、青海省、湖北省、湖南省、吉林省、四川省。

部县市区与406个西部贫困县结对帮扶,占西部地区678个贫困县的71%。东西扶贫协作是党中央从全局角度作出的重要机制创新,为地方东西协作扶贫的实践提供了制度基础。金融扶贫"盐池模式"和易地扶贫搬迁"平罗模式",分别是在国务院政府互助资金试点和全国农村土地制度改革"三权分置"试点等宏观顶层设计基础上,结合宁夏实际进行机制创新。

表4　宁夏三种扶贫模式的多层次协同治理逻辑

	东西协作扶贫 "闽宁模式"	金融扶贫 "盐池模式"	易地扶贫搬迁 "平罗模式"
宏观:顶层制度设计	《关于进一步加强东西部扶贫协作工作的指导意见》,东部9省对西部14省协作扶贫	《关于金融助推脱贫攻坚的实施意见》,精准对接脱贫攻坚多元化融资需求;国务院政府互助资金试点	《中共中央国务院关于打赢脱贫攻坚战的决定》,精准扶贫"五个一批"易地搬迁脱贫一批;全国农村土地制度改革"三权分置"试点
中观:基层机制创新	两省联席会议制度 闽宁产业扶贫机制 市县结对帮扶机制 互派挂职干部机制 部门对口协作机制 闽商入宁优惠政策	评级受信机制 县级金融发展规划 扶贫小额贷款风险防控机制 "扶贫保"	宅基地有偿退出和易地移民安置的融合机制 分散融入机制 确权登记、评估补偿、交易流转、退出收储、重新分配的制度保障移民生产生活保障机制
微观:多元社会行动	企业互通 干部互派 对村援建、农户参建 社会各界医疗卫生援助	互助资金村级试点 非政府组织小额贷 银行、企业共担风险 农户培植信任发展生产	农业企业提供就业 农民专业合作社,妇女发展小组 村民生产互助 农户自愿搬迁或退出

其次,基于地方特色的基层机制创新为宁夏的贫困治理实践提供了生命力,是制度创新和政策创新的关键点。例如平罗的"插花移民",

通过易地移民安置和农村宅基地自愿有偿推出有机融合的创新机制,既盘活了农村闲置宅基地和房屋,又能够促进移民尽快融入当地生产生活。农民退出宅基地和部分承包农田,建立在自愿的基础上,依法依规办理。准备迁出农民自愿报名,由第三方机构对其房屋价值进行评估,村、乡评议后,村集体进行收储并给予退出补偿,办理过程操作单元小、评估公开、权力下放。这种新的移民安置方式直接激活了土地承包经营权、宅基地使用权、房屋所有权的流转,一揽子解决了农村土地闲置问题、房屋闲置问题、移民农业生产问题和配套设施建设问题。同样,福建和宁夏两省通过每年一度的联席会议建章立制,在此基础之上通过体制机制创新促进东西协作扶贫的落实。盐池模式通过评级授信机制、县级金融发展规划、扶贫小额贷款风险防控机制和"扶贫保"机制形成一整套基层金融扶贫创新举措的"组合拳",提高了金融扶贫的效率、降低了农户还贷难的风险。

再次,通过宏观的顶层制度设计和中观的基层机制创新,形成多元广泛的社会动员和社会参与,是制度创新和政策创新的落脚点。以金融扶贫"盐池模式"为例,金融扶贫成功的关键在于发展生产的同时培植了农户间的信任。一方面,通过互助小组的"熟人圈"建立农户信贷,实现自动瞄准机制。农户之间相互熟知并选择信用良好的农户组成互助小组,信用不良的农户则需要提高信用度以应对"熟人圈"的道德压力,从而形成高还款率、高效对接的良性循环。另一方面,在基于地缘组建互助小组时,通过建立活动室、规定固定例会的方式扩展业缘,为农户提供更多的创收机会和收入渠道。除了培植农户信任,政府、非政府组织小额信贷、银行、企业共担风险的机制,为金融扶贫提供了后备保障。金融扶贫的机制创新,解决了农户贷款的担保抵押问题、贫困群体的可获得性问题、农民按时还贷问题、信息不对称问题和受益群体瞄准问题。与此类似,东西协作扶贫通过互派干部、闽商在宁发展、农户参与援建、社会各界援助,两省在微观层面也得到充分的交流与交融;易地扶贫搬迁"插花移民"通过农业企业提供就业机会,通过农民专业合作社、妇女发展小组提供创业机会,通过村民生产互助解决农业生产技术难题等方式,形成了多元的社会行动。

(三)社会文化因素:结合社会文化因素进行"造血式"贫困治理,是减少和消除贫困的内生动力

贫困治理不仅受经济结构、经济增长方式、政府干预、制度创新的影响,在很大程度上还受社会文化因素的影响。贫困治理实践中遇到的一些障碍源于社会文化发展不同步,要提升贫困治理工作的效率和效果,就必须考虑这些社会文化因素。

一方面,对"进取抑制"文化的消解有助于减少贫困。个人社会意义的生产和再生产等构成了消解"进取抑制"的基本文化机制[12]。在"平罗模式"中,易地扶贫搬迁移民分散融入,移民能够生活在经济发展较好、农村居民创业就业素质较高、农村环境保护意识较强的乡村,促使他们主动改变落后的生产方式和生活习惯,在实现社会再融入的同时摆脱贫困,是一种个人社会意义的再生产。在插花移民模式下,贫困人口通过自我规制或社会规制,消解了抑制进取的"贫困文化陷阱"。消解进取抑制文化还包括对乡村内部平均主义思想的消解。乡村社区作为熟人社会更容易陷入"不患寡而患不均"的传统平均主义思维中,给贫困的精准识别和精准帮扶带来一定困难。"盐池模式"中的互助资金小组可以有效应对这种抑制进取的文化,通过机制设计支持信用度更高的农民获得更多贷款发展生产,农户之间既能相互帮助,又能自食其力。

另一方面,对进取文化的弘扬也有助于贫困的减少甚至消除。在

"闽宁模式"中,福建对宁夏的对口支援,在带来资金、项目、人才、技术、公共服务和基础设施的同时,也为贫困地区带来了发达地区的发展范例、超前思维、企业家精神和不断进取的拼劲闯劲。在"盐池模式"中,通过互助资金、熟人圈、评级授信、担保机制和风险防控机制,农户之间建立起彼此信任和合作的基础。农村基层党组织在扶贫资源分配中的程序合理度和方法透明度,即形式理性和工具理性的统一,也能够影响贫困治理的效果,引导进取的社会文化氛围。

(四)宁夏贫困治理多因素、多层次运作逻辑及其治理体系构建

宁夏贫困治理三种典型模式的成功经验,既涵盖了"政府+社会+贫困户"的多元主体和宏观、中观、微观的多层次干预,也涵盖了"经济+制度+社会文化"的多因素逻辑,最终构成了一套系统的贫困治理体系。如下图所示。

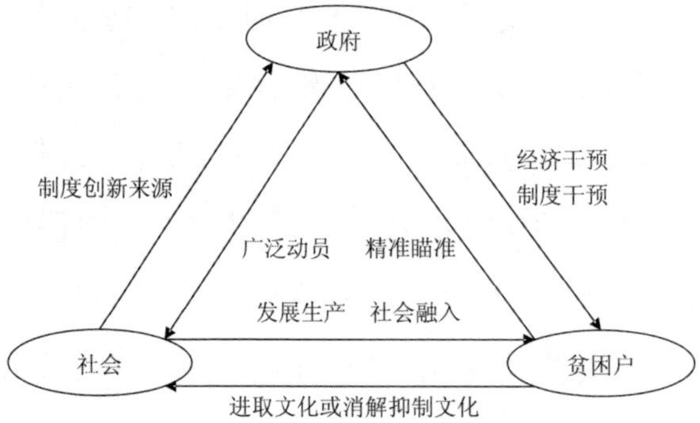

在贫困治理体系构建中,多元主体的共同参与起到决定性作用。政府、社会、贫困户之间是相互协调、相互促进的关系。政府包括中央政府、地方政府、基层政府,通过经济干预和制度干预作用于贫困户,从而实现贫困户的精准瞄准与脱贫;社会包括企业、社会组织、农民合作组织,为政府的制度创新和政策创新提供了实践来源和广泛参与所必要的人力、物力、财力保障;贫困户通过社会为其提供必要的创业就业

机会,进行社会意义的生产与再生产从而融入社会,并形成进取的文化或消解抑制进取的文化。

在贫困治理体系构建中,多因素干预起到关键作用。贫困治理工作已经进入到精准扶贫攻坚阶段,通过经济发展惠及贫困人口的减贫方式不足以解决深度贫困地区脱贫难度最大的贫困人口的脱贫问题,必须结合制度创新和社会文化引导予以实现。习近平总书记在党的十九大报告中指出,要"坚持大扶贫格局,注重扶贫同扶志、扶智相结合"。"扶智"针对的是"贫困制度陷阱","扶志"针对的是"贫困文化陷阱"。贫困治理的制度创新需要通过宏观顶层设计、中观基层机制创新、微观社会动员参与的上下联动实现,多层次的制度干预缺一不可。社会文化因素解决的是"扶志"的问题,只有形成欣欣向荣的社会文化氛围,才能保证脱贫效果,并能在 2020 年进入全面脱贫的"后精准扶贫"时代,巩固脱贫成果。

参考文献

[1] Solow, Robert. A Contribution to the Theory of Economic Growth [J]. *Quarterly Journal of Economics*, 1956, 70(01).

[2] Bowles, Samuel, Steven N. Durlauf & Karla Hoff. "*Introduction.*" In Samuel Bowles, Steven N. Durlauf& Karla Hoff (eds.), *Poverty Traps* [M]. Princeton and Oxford: Princeton University Press, 2006.

[3] Azariadis, Costas. "*What we have Learned?*" In Samuel Bowles, Steven N. Durlauf & Karla Hoff (eds.), *Poverty Traps* [M]. Princeton and Oxford: Princeton University Press, 2006.

[4] Engerman, Stanley & Kenneth Sokoloff. "*The Persistence of Poverty in the Americas: The Role of Insititutions.*" In Samuel Bowles, Steven N.

Durlauf & Karla Hoff(eds.),*Poverty Traps*[M].Princeton and Oxford:Princeton University Press,2006.

[5]Harrison,Lawrence & Samuel Huntington(eds.).*Culture Matters:How Values Shape HumanProgress*[M]. New York:Basic Books,2001.

[6]中国发展研究基金会.中国发展报告2007:在发展中消除贫困[R].北京:中国发展出版社,2007.

[7]黄季焜等. 制度变迁和可持续发展:30年中国农业与农村[M].上海:格致出版社、上海人民出版社,2008.

[8]张 慧.羡慕嫉妒恨:一个关于财富观的人类学研究[M].北京:社会科学文献出版社,2016.

[9]张 爽,陆 铭,章 元.社会资本的作用随市场化进程减弱还是加强?——来自中国农村贫困的实证研究[J]. 经济学(季刊),2007(2).

[10]贾海薇.中国的贫困治理:运行机理与内核动力——基于"闽宁模式"的思考[J].治理研究,2018(6).

[11]滑志敏.宁夏盐池县精准扶贫经验及做法[J].宁夏社会科学,2017(S1).

[12]李小云等.中国减贫四十年:基于历史与社会学的尝试性解释[J].社会学研究,2018(6).

(原载于《宁夏党校学报》2019年第4期)

共建共治共享视阈下创新档案工作机制的思考

桑果果

摘　要：在共建共治共享的社会治理格局下，档案工作迎来了新的历史性机遇和挑战，以社会需求为价值导向，建立党委领导、政府负责、社会协同、公众参与、法治保障的档案工作新局面，创新档案资源收集、档案事务性管理服务外包、重大项目和重大活动档案工作、民生档案的区域性共享、档案资源利用、档案安全防范机制，势在必形。

关键字：共建；共治；共享；创新；机制；档案工作

我国政治体制改革与国家治理模式的转型给档案工作带来了深刻的影响。党的十九大就深化机构改革提出推进国家治理体系和治理能力现代化，打造共建共治共享的社会治理格局。在新时代社会治理格局下，档案工作迎来了历史性的机遇和挑战，以社会需求为价值导向，以档案的利益相关者——政府机构、档案行政管理部门、档案部门、企事业单位、社会组织以及社会公众为共建共治共享主体，创新档案工作机制，实现档案事业从"国家模式"向"社会模式"转变。

一、创新档案资源收集机制

（一）推动档案观从"国家档案""党政档案"到"社会档案"的转变

档案资源是档案事业的基础，是定位档案观的依据。从档案资源收集的历史发展来看,在计划经济时期,档案仅仅服务于党政机关,档案馆作为党和政府的附属机构存在,这种“国家档案观”是档案面向社会、走进公众、贴近生活的极大思想障碍,民企、民间社会组织和个人档案资源不被重视,不予收管。对公众而言,档案馆难以步入。随着市场经济的快速发展,公众对档案有了更多的需求,档案界开始重新思考国家综合档案馆的社会功能和定位,档案馆作为公共事业机构被广泛认可。党的十九届三中全会提出深化党和国家机构改革,优化职能配置,局馆分离的新形势将彻底改变“国家档案观”,迫切需要建立档案资源收集覆盖全社会的机制。

(二)充分利用数字档案资源优势,创新档案资源收集机制

要建立覆盖全社会的档案资源收集体系,国家综合档案馆馆藏资源不应局限于党政机关或事业单位的记录,而应兼顾社会、国家、家庭、个人四个层次,必须关注民生、关注网络、关注社会大众。[1]37~41 获得更高的社会认可度,焕发出档案服务国家社会的生机和活力。要充分利用数字档案的收集范围和来源极大拓展,收集方式更加灵活的优势,满足社会对档案的不同需求,为社会不同人群服务。比如民间档案,民间档案产生于民间,反映底层社会的政治、经济、文化状况与普通民众的日常生活、家庭关系与个人境遇等细节性内容,其中有很多具有极高的历史文化价值与研究价值,是不容忽视的“国宝”[2]。对民间档案就要利用新媒体时代人人都有记录自己生活和存在的载体和能力,建立收集个人的数字档案机制。同时,创新方言建档、非物质文化遗产建档、口述历史数据库建设、网络信息存档等各种不同形式的数字资源建档项目,使档案资源更准确、更全面、更完整地记录人类文化遗产和社会实践活动。随着信息化技术的进步与社会的转型发展,数字档案将会极大拓展档案资源的收集范围和来源。

二、创新档案事务性管理服务外包机制

(一)引导社会力量介入档案事务性管理服务工作

档案管理服务外包已不是新生事物,随着公众对档案需求的不断增加,档案对外开放日益加大,将档案数字化已迫在眉睫,但让档案部门解决信息化建设过程中遇到的技术力量、人员短缺和设备紧缺等问题难度较大,且不经济。因此,需要国家机构联合社会力量,发挥社会力量的专业化、灵活性、高效率以弥补政府提供公共服务的不足,以满足不同社群对档案个性化、丰富化的利益需求。1992 年浙江省建德市档案事务所、湖州市档案事务所成立,开启了我国档案管理服务外包企业建设的脚步,但在近 20 多年的时间里,档案管理服务外包企业发展缓慢,市场普及程度较低,除了北京、深圳、上海等地的档案管理服务外包企业规模尚可外,大部分档案管理服务外包企业的规模较小,服务水平不高。[3]27~30 2014 年 5 月 5 日《中国档案报》(总第 2604 期)第一版全文刊发了中共中央办公厅、国务院办公厅印发的《关于加强和改进新形势下档案工作的意见》,其中第五条指出:"充分发挥档案学会等社会组织的作用。推广政府购买服务,凡属事务性管理服务,引入竞争机制,通过合同、委托等方式向社会购买。"这一意见的出台,必将推动档案中介机构、专业机构参与档案事务性管理服务。各省市要积极制定档案管理服务外包相关法律法规,保障档案管理服务外包企业健康发展。社会力量积极参与档案事务性管理服务,有利于档案部门以外的社会最优秀的专业化资源注入档案行业,有利于档案在形成过程中引入市场竞争机制,降低成本、提高效率,推动档案事业持续协调健康发展。

(二)规范档案事务性管理服务外包流程

档案事务性管理服务外包亟须制定流程进行规范,按相关制度进行操作。目前,档案事务性管理服务外包主要表现是信息技术外包,也

就是档案的数字化问题。首先,要甄别该档案是否适宜外包。将部分技术单一、工作量大、较独立的业务外包出去,以更好提高档案部门的工作效率,让档案工作者从重复、机械的工作中解放出来,投入到档案编研和档案管理等更深层次的工作是档案外包的原则。其次,要控制档案外包的风险。把适合外包的档案进行数字化后,必将满足档案信息的网络化利用,对数据进行深层次的挖掘,让档案资源价值最大化,但同时又要保证档案涉密信息不泄密、个人隐私不泄露等安全问题。对于涉密档案外包时,要对数字化加工场地进行选择并采取保密措施;外包服务商具有保密资质;制定服务商项目工作人员保密管理制度;做好数字化软件、硬件设备安全保密措施;加强系统日常监控。最后,制定严格规范的工作流程图,并严格遵照执行,档案管理部门要严把监管关。档案出入库时要有交接手续,在项目进行过程中,档案部门人员及时到现场进行质量检查,检查过程中发现不合格产品要及时反馈,并尽快督促修改,对正确率达不到标准的立即要求返工重做,保证档案外包质量。项目外包结束后,相关档案部门要对项目进行整体验收,并出具验收报告。

三、创新重大项目和重大活动档案工作机制

(一)明确工作责任,建立纵横行政管理一体化的档案工作机制

将党和国家的重大活动、重大建设项目、重大科研项目等档案及时归档,充分发挥档案作用,服务党和政府中心工作的需要。项目所在省市档案部门应建立一体化工作机制,成立档案工作协调小组,建立管理网络,明确负责人和具体业务人员。按照“谁牵头、谁汇总、谁负责、谁归档”原则,将文件材料归档的责任落实到各个协调小组;确立“应收尽收、应归尽归”工作目标;建立收集整理责任到人、归档管理责任到人、移交进馆责任到人、监督检查责任到人的工作机制,确保工作落实。

（二）提前介入，建立档案工作多部门联合推进的工作机制

在党和国家重大活动和项目中声像档案和实物档案是收集工作的难点，应提前筹划，要求活动和重大项目的主办及其他参与部门配合完成相应档案工作。对于声像档案，建立档案部门与专业部门相互补充的工作思路，一方面要求档案部门承担重大场景的拍摄工作；另一方面要做好报社、电视台等媒体的音像档案收集、移交工作，形成纵横交织的声像档案记录、汇集工作模式，确保重要音像档案的形成和归档。对于实物档案，收集组应在活动和项目实施过程中及时走访，对具有保存价值的档案应主动与主办及其他参与部门联系，能立即接收进馆的，当场办理接收手续；不能立即进馆的，克服困难，落实实物保存地点、移交时间、移交责任人，力求实物适时进馆，避免散失。

四、创新民生档案的区域性共享机制

（一）新时代创新民生档案的区域性共享是档案发展的必然

近十年，以民生档案需求为导向，民生档案建设成为档案界的热点问题。2007 年 12 月，国家档案局印发《关于加强民生档案工作的意见》，2008 年，国家档案局局长杨冬权提出了建立覆盖人民群众的档案资源体系和档案利用体系，2011 年，国家档案局颁布《国家基本专业档案目录（第二批）》，民生档案被纳入，成为国家档案资源的重要组成部分。随着“互联网+”在各领域的应用，民生档案条块分割、各自为政的局面在新技术运用的环境下将不复存在，“民生档案资源的区域内整合与共享”的概念被提出，即利用信息技术整合当地及下属地与民众利益有关的部分或全部门类的专门档案，实现区域内民生档案资源的远程互联。[4]48~54有效解决了百姓利用档案的现实诉求，提升档案公共服务能力，使以信息为渠道的惠民方式逐步融入公共服务和社会治理中，民生档案的资源建设和利用服务成为信息惠民体系的重要组成部分。

(二)新时代建设"三通"是促进民生档案区域性共享的关键技术支撑

建设以政府为主导、档案行政管理机构统筹、档案馆为服务中心的民生档案"三通(平台、数据、网络)"体系,是推进民生档案区域性共享的关键技术支撑。平台通能够做好区域内民生档案服务信息系统对接工作,使区域内各信息点在同一平台系统内运行。这个平台系统中,有实现检索、查询、受理、审批等功能的应用系统前台,有基础设施平台、技术支撑平台以及信息资源平台等多个层面的强大后台,以承载设备、网络、软件等基础设施和民生档案数据库,完成系统管理、检索及数据交换等一系列不为公众所见却又必不可少的工作程序,消除区域内各信息点的交互壁垒,打破区域内民生信息系统各个孤立运行的状态。数据通能够建立区域内互认互通的民生档案数据标准体系,保障分散、孤立、碎片化状态的民生档案数据成功对接,使分布在资源库的数据能在平台上完成数据的实时汇总,实现区域内远程的快速检索和利用。网络通能够在区域内各综合档案馆之间架设"信息高速公路",保障民生档案数据在"信息高速公路"畅通无阻"跑路",减少分散在各个社区的利用者跑路。应特别注意民生档案区域性共享"三通"建设过程中的信息安全问题。

五、创新档案资源利用机制

(一)转变档案重"藏"轻"用"的传统观念,开发档案利用文化服务能力

吴宝康教授在《当代我国档案工作的重要文献》中曾指出:"档案必须利用,通过利用来发挥其作用为社会服务并同社会的政治、经济、科学、教育等方面紧密联系起来,实现档案自身的社会价值。"[5] 近十年来,档案部门响应文化大发展大繁荣的国家战略,推动档案利用的公

共服务能力建设成为档案事业发展的战略。档案馆开始着力提升公共文化服务的水平，有针对性地加强馆藏、信息化等方面的基础建设，在档案馆网站推出了许多人民群众喜闻乐见的文化精品。举办不同主题的展览，与学校合作开展爱国主义教育活动、开辟第二课堂等。各级档案部门走出封闭、各自为政的状态，在网络信息条件下，加强相互之间的交流，避免档案信息孤岛的产生。加强与博物馆、各类科技情报单位、图书馆及相关文化事业机构的合作，打破档案、图书、文博等部门之间的行业、地域界限，借助计算机、多媒体和网络通信等现代化信息技术，实现数字、实体、多媒体的文化利用服务，建立一个完整的社会文化信息利用系统，满足广大人民群众对档案类文化的需求。

（二）新时代创新信息化档案利用机制，满足广大民群众利用档案的需求

信息时代的到来，让档案管理从目标管理模式向信息资源管理模式转变，档案利用服务也要实现从档案实体服务向档案信息服务的转变。如果不改变传统的管理模式，跟上国家信息化建设的步伐，放弃创新档案利用服务机制，那么为用户提供及时、有效、全方位、多角度、多层次的档案利用服务将是一句空话。各类档案部门利用信息化的便利，建立起多种形式的服务创新，档案利用由一元化逐渐向多元化过渡，可提供多样的服务类型，实现既可查阅服务又可专项服务；既可咨询服务又可网上服务；既可信息服务又可展览服务；既可域内服务又可联网服务。档案服务的范围也由提供原始档案信息、复制、检索逐渐向信息咨询、预测、决策参考、用户培训等领域发展，赋予创新档案馆管理和服务新内涵。开拓档案利用服务领域，做到社会主义和谐社会建设发展到哪里，档案服务就延伸服务到哪里，力求把“死档案”变成“活资源”，重塑档案馆作为信息中心、咨询中心和检索中心的文化主体形象。

六、创新档案安全防范机制

(一)建立档案实体和档案信息两个维度档案安全防范机制

目前,各级档案馆所涉及的档案安全包括档案实体安全和档案信息安全两个方面,也就是国家档案局提出的档案安全体系建设的两个维度。在传统纸质档案的年代,档案安全保护是以纸质载体以及其承载的信息组成,安全保护集中在以载体为主"物"的保护阶段,各级档案馆积累了丰富的经验,制定了严格的保管制度和保管措施。进入电子信息时代,档案信息有自身的特质,档案信息安全成为档案工作者在工作实践中逐步探索的新课题。目前数字档案的保管模式主要有双轨制保管、分工合作保管、异地异质并行保管三种保管模式。数字档案保管要在综合考虑财力、人力、物力等因素基础上,针对数字档案的不同用途和特征,科学合理选择数字档案的保管模式,充分发挥数字档案的利用价值,获取最大的社会效益。

(二)建立人防、物防、技防三位一体的档案安全防范机制

档案安全的新概括包括"三位一体",认为档案安全的人防、物防、技防这三个方面是一个不可割裂的有机整体。其一,建立健全人防安全防范制度体系。需要建立健全档案安全的各项保密制度,特别是要高度重视档案安全应急管理制度和档案信息安全制度,用制度管人,靠制度办事,用最严肃的态度去落实规章制度,让制度落到实处。其二,建立健全物防安全防范物理体系。需要切实改善档案保管和保密的硬件条件,严格按照有关标准和规范建设符合档案保管和保密条件的安全档案库房,采用先进设备和材料构筑确保档案安全的最基本屏障,采取最先进的安全保密技术,确保档案保密安全。其三,建立健全技防安全防范技术体系,需要针对不同情况采取有效的技术手段对档案实施综合性保护,确保档案在综合运用各种技术手段下的安全保密。各级

档案部门要加紧对电子文件管理及档案安全保密制度的研究，建立电子文件安全保密管理标准，采取有效措施，确保电子档案在安全保密管理的前提下可以长期利用和保存；各级国家综合档案馆对重要档案实行异地备份保管制度，对重要电子文件档案也要实行异地异质备份保管制度，确保党和国家重要档案绝对安全。人防物防技防联系紧密、不可或缺，任何一方面出现了问题，都会极大影响整个档案安全防范体系的建设，有如木桶理论的“短板”效应，给档案安全带来不可估量的巨大损失。

参考文献

[1]蒋冠.国家综合档案馆馆藏资源建设策略探析[J].档案学研究，2011(5).

[2]王沛郁.民间档案——不容忽视的国宝[N].人民政协报，2007-11-19(B03).

[3]马钰.我国档案业务外包存在的主要问题及应对措施[J].档案时空，2013(10).

[4]安小米，加小双，宋懿.信息惠民视角下的地方民生档案资源整合与服务现状调查[J]. 档案学通讯，2016(1).

[5]吴宝康.当代我国档案工作的重要文献——读王刚同志在全国档案工作暨表彰先进会议上报告的第三部分[J].档案与建设，1996(7).

（原载于《兰台内外》2019 年第 18 期）

媒介融合背景下
地方党报公信力提升策略探析

杨　柳

摘　要:当前,媒体融合已经成为我国传媒业发展的大趋势,融媒体的兴起改变了新闻传播的舆论环境和媒体格局。作为以严肃内容为主,传播社会主义主流意识形态的地方党报,也面临着公信力弱化和影响力迁移的挑战。在媒体融合的背景下,地方党报需要从提高政治站位、找准特色定位、提升内容质量、培养人才队伍等方面入手,重塑和提升公信力。

关键词:媒体融合;党报;公信力;提升

地方党报作为党的耳目喉舌,承担着向广大群众宣传党的路线方针政策、及时传达党的最新理论成果和党委政府决策部署的重任。长期以来,党报以传播社会主义意识形态、弘扬主流价值观,坚持并引导社会发展方向为遵循,在读者心目中形成了具有公平、正义、民主、责任的信任力,这种使受众信赖的职业品质与能力即为公信力。当前,媒体融合已成为我国传媒业发展的必然趋势,全媒体的传播方式使新闻传播舆论环境、媒体格局发生着深刻的变化,地方党报公信力面临挑战,积极应对新形势下公信力弱化和影响力迁移的挑战,是媒体融合背景下地方党报发展的重要课题，也是巩固地方党报的舆论地位、提升办报质量的根本要求。

一、提升党报公信力的意义和时代价值

（一）提升公信力是党报政治性的本质要求

马克思主义新闻观认为，无产阶级党报是党的旗帜，其任务是阐释和捍卫党的原则，党报的存在不仅标志着一个政党的存在，还标志着这个政党对人民的思想影响作用，政治属性就是其根本属性。地方党报作为区域重要的宣传工具和推动区域工作的重要抓手，与党委、政府跟得紧、贴得近，具有新闻源的直接性、传递信息的权威性、舆论引导的政治性特点，报道内容的选取、稿件的撰写，甚至版面的安排、图片的处理、标题的大小等都体现了党的政治方向、政治观点，读者对于报纸的信任和接受程度，就是衡量党报政治性的标准之一。我国正处于全面建成小康社会的关键时期，社会在改革发展的过程中不断遇到新的矛盾、新的问题，作为党的喉舌，地方党报必须时刻牢记坚持正确的政治方向这一根本，通过加强媒体公信力建设，提升政治舆论引导水平，最大限度地凝聚共识、激发正能量，促进社会主义伟大事业持续推进。

（二）提升党报公信力是媒体融合环境下增强竞争力的现实要求

从宏观上看，媒介融合是媒体机构打破传统形式与模式来打造更丰富的新闻与信息服务的过程。人民网研究院发布的 2018 年中国媒体融合传播指数报告显示，在全国 284 份中央、省级、省会城市等主要城市的报纸考察数据中，报纸的微博开通率为 93.3%，党报的微信开通率为 100%，自建客户端比率为 90.8%。[1] 从数据可以看出，在媒体融合的过程中，纸媒虽然逐渐式微，但是报纸不断顺应数字化发展的新趋势，大力发展新媒体。公信力作为新闻舆论的重要品质，公信力越强，读者越多，而读者的数量与质量直接决定了媒体的经济效益和社会价值。从

社会价值来看,作为区域内的官方媒体,必须具备真实客观公正的责任担当,坚持正确的舆论导向,通过获得读者的信任与认同取得良好的社会效益;从经济效益来看,地方党报无论是作为公开出版发行的报纸还是新媒体,都需要强有力的公信力把更多的读者吸引到党报的周围,推动党报参与到市场竞争中,为社会经济发展提供助力。

(三)提升公信力是新时代党报经营发展的实践要求

随着文化事业改革的推进,全国大部分省级党报纷纷成立了报业集团,完成了企业化改制。经营方式的改变,加之在媒体融合的趋势下,党报的办报形式和经营模式由过去单一的纸质报纸经营转变为线上线下同步经营的模式。目前,全国已有287份党报建立了自己的新闻客户端,绝大多数省级党报都建有自己的新闻客户端,甚至部分党报开始尝试将H5、短视频、VR/AR体验式的传播方式融入“两微一端”。在新的经营模式下,新闻客户端传播力的提升最终还要依靠优质的内容吸引读者,才能推动主流声音传播得更广更深。党报在向读者传递信息的同时,广告运营也显得尤为重要,读者按信息传播原则支付货款,广告主则按价值原则支付广告费用,吸引读者、广告投入的根本动因在于公信力,党报通过优质、权威、快速、新颖的信息,尽可能多地获得读者并得到他们的肯定、赞誉,形成公信力,从而实现报业运营过程中的价值补偿和价值增值。

二、媒体融合背景下地方党报公信力面临的困境

(一)话语权威性被消解,舆论引导受到挑战

传播技术的革新,使受众有了更多接受信息的途径。如今,手机APP、微信、微博、网络已成为国民获取新闻的方式,《第十四次全国国民阅读调查报告》显示,2016年国民报纸的阅读率仅为26.3%(2017年35.1%),2018年我国年满18岁的成年国民人均媒体接触中手机接触时

长为 84.87 分钟,而人均媒体读报时长仅为 9.58 分钟,有 61.6%的网民将“阅读新闻”作为主要活动之一。[2] 传播渠道的分散,使党报失去了凭借从各级政府机关获取信息资源的独家优势,打破了地方党报一直以来作为区域官方媒体的信息来源的独有性、时事报道和评论话语的权威性格局。当新闻事件发生时,受众在第一时间选择从移动通信设备中的新闻 APP、微信公众号、微博热搜等平台获取信息,而不是打开电视、收听广播和查阅报纸。话语权威性的消解也使党报的舆论引导作用受到挑战。在媒体融合背景下,“人人都有麦克风”,社会舆论显现出复杂化、多样化的倾向,在一些“网络大 V”的影响下,加之政府与法规的监管不足,容易造成热点事件的失实传播,使得关键节点上的舆论风向常被错误引导,主流媒体对于公众的社会影响力下降,使地方党报在围绕中心、服务大局,巩固和壮大积极、正面的主流思想舆论引导工作上陷入困境。

(二)新闻议程设置守旧,地方特色宣传不足

议程设置是媒体传播影响社会的重要方式,是指大众传播具有形成“议事日程”的功能,媒体通过赋予各种新闻议题不同程度的“显著性”安排,影响受众关注的焦点和对社会环境的认知。一直以来,党报的议程设置主要以服务政治和理论宣传为主,在跟进社会事件和民生热点问题上出现脱节。一方面,从版面安排到新闻报道千篇一律,出现同质化、八股化等问题;新闻言论缺乏真知灼见,版面安排沉闷死板,使党报在读者中形成了呆板说教的“刻板成见”。另一方面,地方党报作为地区最重要的宣传工具,应当及时关注本地区基层民生,展现地方发展中的特色亮点,积极回应本地区人民关切的热点难点。但在媒体融合的趋势下,地方党报以头版或重要新闻出现的议程设置有时并不能带来原本所期望获得的受众高关注度,相反,一些基层发展情况、社会

现象和事件,越来越多的人选择用自媒体进行反映和表达,自媒体丰富的选择性和较强的互动性,使原本单一的文本表达变得生动有趣且贴近生活实际,能够充分展现地方特色并迅速吸引受众关注,由自媒体首发后引起传统媒体的关注和跟进的案例屡见不鲜。地方党报如果不能主动设置议题,议题设置不能很好地聚焦地方特色,而是被动跟风,往往容易丧失宣传的第一时间和第一阵地,导致其公信力的弱化。

(三)融合型专业人才缺乏,新闻队伍素质有待提升

在媒体融合不断加深的趋势下,多样的传播手段和复杂的传播环境给地方党报带来了冲击,就内部而言,新闻队伍的建设水平和采编人员的专业素养也成为影响主流媒体公信力的原因之一。一是新闻机构对于媒体融合下的新闻队伍建设缺乏规划,个别地方党报急于开拓新媒体业务,在缺乏专业运营人员的情况下,采编人员既承担着报纸的采编工作又承担着新媒体的运营任务,往往产生以“办报纸”的旧模式运营“新媒体”,将纸质内容简单地复制、粘贴,稍加编辑,甚至原封不动地发布在自家新媒体上,采编人员只是发挥了“搬运”的作用,造成“线上线下一张脸”的结果。二是部分党报的思想政治建设相对滞后,新闻采编人员政治站位不高,受社会思潮多元化的影响,媒体从业人员的职业道德认同意识下降,少数新闻从业人员在采编过程中产生“以利益为中心”的思想,地方党报政治宣传不到位的现象时有发生。三是传统新闻采编思想受到新媒体的冲击,对新闻编辑的文字功底及媒介素养等职业技能提出了更严格的要求,在理念冲突的情况下,采编工作者极易在工作中迷失自己,找不到工作方向和目标,从而难以形成有价值、有吸引力的新闻作品。四是随着媒体行业的变革,传统媒体采编人员流动加剧。据统计,2012—2016年采编人员离职数量呈上升趋势,特别是优秀新闻业务人才和媒体中坚骨干力量的流失,对传统主流媒体的可持

续发展带来了较为不利的影响。[3]

三、地方党报公信力提升之策

(一)坚持党报姓党原则,以高政治站位发挥好耳目喉舌作用

习近平总书记指出:“党的新闻舆论工作坚持党性原则,最根本的是坚持党对新闻舆论工作的领导。党和政府主办的媒体是党和政府的宣传阵地,必须姓党。党的新闻舆论媒体的所有工作,都要体现党的意志、反映党的主张,维护党中央权威、维护党的团结,做到爱党、护党、为党;都要增强看齐意识,在思想上政治上行动上同党中央保持高度一致;都要坚持党性和人民性相统一,把党的理论和路线方针政策变成人民群众的自觉行动,及时把人民群众创造的经验和面临的实际情况反映出来,丰富人民精神世界,增强人民精神力量。”[4]地方党报作为重要的宣传阵地,既承担着体现党的意志、宣传党的主张的重任,也承担着展示、传播一个地区的党委政府决策、社会发展和人民生活情况的任务。因此,提升地方党报公信力的根本在于坚持党报姓党原则,在于提高报纸的政治站位。首先,要把马克思主义新闻观贯彻到办报的全过程,运用马克思主义的观点和方法指导新闻实践,在准确反映事实的同时,旗帜鲜明地宣传党和人民的立场、观点和主张,突出党报的政治性和权威性。其次,要充分借助与党委政府机关、科研院所等单位的紧密联系,充分发挥桥梁纽带作用和资源聚集优势,从大局着眼真正把政治方向、政治要求体现在新闻采编中,让时政新闻更权威、理论解读更深入、民生报道更温暖、重大事件先亮剑,这样才能使受众对党报有新的认识,从而获得更多的认可和信任。再次,要更多地寻求与地方党委、政府、政协及其他厅局机关单位的合作,在利用报纸及时刊发公告、法规、文件等权威信息的同时,采用社论、约稿等形式对政策法规等进行深入解读,使读者知晓并了解与切身利益相关的政策主张。

(二)以提升内容质量为核心,做贴近百姓的新闻

高品质的内容是媒体的核心竞争力,也是地方党报在媒体融合的环境下寻求战略突围,凝聚受众关注,提高新闻舆论传播力、引导力、影响力、公信力的突破口。一是主动设置议题,以亮点策划推动舆论引导。地方党报要在议程设置中具有较高的敏锐性,既要"仰起脖子"及时关注党委政府最新的决策部署,也要"竖起耳朵"了解区域发展中的动态和亮点,还要"俯下身子"迅速摸清受众的所想所急,将三者结合,筛选出高质量的议题内容。地方党报要通过角度、形式新颖的栏目策划大力弘扬时代主旋律,传播正能量,进行正面、积极、向上的舆论引导。二是了解受众阅读需求,及时改进报道方式。地方党报需要及时纠正新闻报道中"同质化、泛政治化、模式化"的不良倾向,同时也要在报道形式和文风上下工夫,使报道更加灵活多样,语言更加平易近人、通俗易懂、生动活泼。三是融合新媒体模式,打造媒体特色。地方党报要在与新媒体的融合中以优质内容为着力点,实现资源的优化整合,形成线上线下既相互联系又各具特点的传播模式,打造出特色鲜明、辨识度高的党报品牌。

(三)以队伍建设为抓手,培养全媒体型新闻人

优秀的人才队伍是地方党报品质提升过程中不可忽视的关键要素,也是增强报纸公信力的重要抓手。一要在媒体融合的形势下,对现有人才队伍进行全面的评估和清楚的定位,在充分了解采编人员能力水平与技术特点的同时,积极探索和创新内部管理体制机制,主动营造能够促进媒体融合发展的健康可持续平台。二要培养具有全媒体思维方式的新闻人。美国学者鲍尔认为,具有全媒体思维方式的记者能更好地应对充斥着信息的复杂环境。[5]19 纸质媒体的新闻采编人员同样需要掌握基本的视听编辑技能,充分理解不同媒介的传播语言特点和逻

辑,通过动用各种资源,增加新闻观点的力度和新闻报道的深度,使新闻素材丰满立体。三要在提升专业能力上下工夫。习近平总书记强调,新闻工作者要坚持正确新闻志向,提高业务水平,勇于改进创新,不断自我提高、自我完善,做业务精湛的新闻工作者。[6]采编人员要在脚力、眼力、脑力、笔力上下工夫的同时,强化对党的政策理论的学习,坚持“走基层、转作风、改文风”,深入改革第一线,倾听群众心声,写出更多“沾泥土”“冒热气”“带露珠”的好作品。

参考文献

[1]2018 报纸融合传播指数报告发布.人民网,2019-03 -27.

[2]刘彬.第十六次全国国民阅读调查结果公布[N].光明日报,2019-04-21.

[3]杨驰原,鲁艳敏,左志新等.我国新闻采编队伍现状调查报告[J].传媒,2017(12)

[4]习近平在党的新闻舆论工作座谈会上强调:坚持正确方向创新方法手段 提高新闻舆论传播力引导力.新华网,2016-02-19.

[5]斯蒂芬·奎恩.融合新闻报道[M].张龙,侯娟,曾嵘,译.北京:北京大学出版社,2015.

[6]习近平在会见中国记协理事会代表和中国新闻奖、长江韬奋奖获奖者代表时强调:做党和人民信赖的新闻工作者[N].人民日报,2016-11-08.

(原载于《新闻世界》2019 年第 12 期)

后 记

春发其华,秋收其实。《中共宁夏区委党校(宁夏行政学院)2019年公开发表论文汇编》在校(院)委的关心支持下,在广大教研人员的无私帮助下,由科研处收集整理并勘校出版。

2019年,广大教研人员在校(院)科研工作的整体安排部署下,牢牢把握党校(行政学院)是党的思想理论建设的重要阵地,是党和国家的哲学社会科学研究机构及重要智库的明确定位,积极开展对习近平新时代中国特色社会主义思想和党的十九大精神的学习研究、宣传贯彻。聚焦党和国家中心工作,以及自治区党委和政府重大决策部署,深入思考、深化研究,全年在全国社科理论期刊公开发表论文70余篇。本书收录了其中的31篇,按照国家社科基金项目学科分类规范,将其分为六部分:第一部分马列·科社(3篇),第二部分党史·党建(4篇),第三部分经济学(6篇),第四部分法学(4篇),第五部分社会与文化(8篇),第六部分管理学(6篇)。这31篇论文是教研人员在某一研究领域长期关注并笔耕不辍收获的理论成果,以图书形式公开出版,旨在为广大哲学社会科学理论工作者开展学术研究提供参考。

因为篇幅有限,本书不能将2019年度公开发表论文悉数收录,恳请广大教研人员理解包涵。

本书由中共宁夏区委党校(宁夏行政学院)编,校(院)委委员、科研处处长王丛霞,工作人员桑果果承担了前期编校和编务工作。

由于编者和作者水平有限,不足之处在所难免,敬请读者批评指正。

编者

2020 年 10 月